T0203281

Crece
con los
elementos

Crece
con los
elementos

GABRIELA HERSTIK

Traducción de María Angulo Fernández

Rocaeditorial

Este libro está dedicado a la Madre Tierra,
a la Diosa, en todas sus facetas,
a quien me entrego en cuerpo y alma.
A los elementos y elementales,
a la Tierra, el Aire, el Fuego, el Agua y el Espíritu.
A los seres fantásticos.
A mi familia, la de sangre y la escogida,
porque sin ellos no habría sido capaz de escribir este libro.
A las brujas que ya no están,
a las brujas que caminan a mi lado,
a las brujas que todavía no han nacido.
A la magiak que vive en nuestro interior.

Crece
con los
elementos

UNA GUÍA PARA EMPODERARTE
A TRAVÉS DE LA TIERRA, EL AIRE,
EL FUEGO, EL AGUA Y EL ESPÍRITU

GABRIELA HERSTIK

Título original: *Bewitching the Elements*
© 2018, Gabriela Herstik
Fotografías: © Alexandra Herstik
Ilustraciones lineales: © Ollie Mann
Carta astral original: © Rursus Wikimedia Commons
Primera publicación en 2018 por Ebury Press.
Ebury Press forma parte del grupo Penguin Random House.

Primera edición: febrero 2021

© de la traducción: 2021, María Angulo Fernández
© de esta edición: 2021, Roca Editorial de Libros, S.L.
Av. Marquès de l'Argentera, 17, pral.
08003 Barcelona
actualidad@rocaeditorial.com
www.rocalibros.com

Impreso por Egedsa

ISBN: 978-84-18417-12-2
Depósito legal: B-22257-2020
Código IBIC: YN; HRQX5

RE17122

Índice

Prólogo   11

Introducción: Hechizada por los elementos   15

Capítulo 1 Tierra: ánclate   32

Capítulo 2 Aire: respíralo   89

Capítulo 3 Fuego: quémalo   133

Capítulo 4 Agua: siéntela   185

Capítulo 5 Espíritu: encárnalo   245

Capítulo 6 En conexión   312

Apéndice 1: Correspondencias elementales   340

Apéndice 2: Correspondencias de hierbas   342

Apéndice 3: Correspondencias de color   343

Lecturas adicionales   344

Agradecimientos   348

Prólogo

Cuando conocí a Gabriela Herstik, sentí que me había topado con un rosal en plena floración, o con un ser de otro planeta. Era el alma más pura y bondadosa que jamás había conocido, pero, al mismo tiempo, destilaba sabiduría y experiencia; en cierta manera era como si ya hubiese llegado a este mundo tranquila, anclada, con un propósito y sin cargas que asfixiaran o minaran su existencia. Un alma anciana en un espíritu joven. Nuestros caminos se cruzaron gracias a la obra y trabajo de mi querida colaboradora y gran amiga Ruby Warrington, escritora y visionaria. Juntas estábamos marcando el inicio de una nueva era; recuperando y reclamando antiguas tradiciones que, desde nuestro humilde punto de vista, formaban el corazón de la humanidad, tradiciones que necesitábamos y anhelábamos, tradiciones que el patriarcado se ha encargado de condenar y castigar.

Al igual que Gabriela, desde muy pequeña supe que este mundo se había vuelto loco y sentí que mi deber era intentar aportar mi granito de arena. Ya en la universidad escribí varias obras de teatro con la intención de narrar otra historia porque estaba decidida a entender y estudiar los motivos por los que las mujeres, las personas que forman parte del colectivo LGTBIQ o los pueblos indígenas, por poner algunos ejemplos, se han borrado de «la» historia. Quería saber por qué nos consideraban inferiores. Por qué nos habían arrebatado nuestro poder. Y por qué nos habían silenciado. Cumplí los veinte años y empecé mi carrera artística, haciendo rituales e inmortalizándolos con mi cámara, en fotografías y en vídeos, e inspirándome en diosas como la virgen María, Perséfone o María Magdalena para crear obras de arte. Pero el profundo anhelo de que resurgiesen las viejas tradiciones, de volver a conectar con la Tierra, con los elementos y con algo sagrado y femenino, mucho más allá de los límites impuestos por el hombre blanco, no dejaba de alimentar el fuego que ardía en mi interior. Deseaba rescatar nuestro poder sexual. Nuestra voz. Nuestro corazón.

Nuestra historia. Nuestra brujería. Fue en ese momento cuando decidí crear una comunidad global *online* y fundé un círculo llamado Moon Club (El club de la Luna), con el objetivo de disponer de un espacio seguro y accesible para que las mujeres pudiesen explicar sus historias, aceptar y amar sus cuerpos, compartir y expresar todas sus emociones y sentimientos, reclamar su mística y sacerdotisa interior y sentirse empoderadas para guiarse a través de los ciclos lunares.

Muchas culturas y civilizaciones de todo el mundo están cansadas de los sistemas patriarcales y religiones que dictan su día a día y buscan una forma de conectar con la sabiduría innata que empezamos a recordar que todos tenemos. En este libro, Gabriela te proporciona las herramientas más ancestrales y eficaces para ayudarte en esta remembranza, en esta recuperación, en este ritual tan personal de regresar a nuestra casa, a nuestro verdadero hogar.

Los elementos. Las diosas. Los ciclos lunares. Las sencillas pero a la vez profundas maneras a través de las que nosotros, la especie humana, hemos conectado con nosotros mismos y con las divinidades durante miles de años. Las religiones han fracasado, nos han fallado porque han fomentado guerras y división y supremacía, así que les hemos dado la espalda y buscado en nuestro interior. Ahora observamos la magia que nos rodea, y la valoramos. Agua. Fuego. Aire. Tierra. Aunque el agua parece algo mundano e insignificante, cuando nos tomamos la molestia de contemplarla, es misteriosa; en ella reside un poder infinito, no podemos vivir sin ella, puede evaporarse, sus olas pueden golpearnos, derribarnos, puede brotar de nuestros ojos en forma de lágrimas gloriosas. Y el fuego arrasa, se alza y proporciona calor; sin embargo, no lo valoramos. Parpadea e ilumina, una magia pura que sucede ante nuestra mirada y, sin embargo, buscamos lo divino en otros lugares.

Gabriela nos enseña a parar unos instantes y observar la magia que tenemos *delante* de nuestras narices. Alguien planta una semilla y, como por arte de magia, esa diminuta mota se convierte en un árbol robusto que parece rozar las nubes del cielo. Es una resensibilización del alma. Y el futuro de este planeta depende de ello. Cada día que pasa se extinguen varias especies animales. El cambio climático está inundando aldeas remotas, obligando a sus habitantes a huir a otro lugar. El capitalismo y las grandes empresas están expulsando a muchas comunidades indígenas de sus bosques y junglas porque los están destruyendo a un ritmo frenético.

Es más que evidente que el planeta agradecería que todos nos alzáramos, que sujetáramos la llama del fuego en nuestra mano, que cultiváramos la tierra, que atendiéramos el agua y que aprovecháramos la fuerza de los vientos. Esa es nuestra magia ancestral.

Todos y cada uno de nosotros somos capaces de despertar y resucitar la magia que siempre hemos tenido. La magia que nos han intentado arrebatar durante siglos. Ha llegado el momento, y Gabriela va a guiarte y acompañarte en este viaje. Prepárate. El poder reside en ti. El cómo vayas a utilizarlo depende de ti, solo de ti. He dedicado toda mi vida a ayudar a otras personas a recuperar y reavivar su poder y su relación con los ciclos lunares, los ciclos de la naturaleza y de los elementos, así como a reconectar con su poder interior, por lo que puedo asegurarte que el tiempo, la práctica y la devoción merecen la pena. Recuerda que te estás iniciando y que este aprendizaje no es inmediato, ni rápido. No esperes que Google te dé la respuesta: se trata de cortejar algo ancestral. No te apresures, ten paciencia, confía, no te rindas. Deja el teléfono y dedícate a observar la naturaleza; así te darás cuenta de lo paciente y a la vez implacable que es. Sé implacable en tu búsqueda de la libertad, de la justicia, de la magia. En tus manos está liberarte de los sistemas de opresión, romper esas cadenas y salir como una luz gloriosa que inspira este mundo.

Acepta el desafío y da el salto. Yo estoy aquí, contigo. Y Gabriela también. Se ha dejado la piel, el alma y el corazón y está en primera línea, guiándote como un líder valiente, sin miedo. Está preparada para conducirte y acompañarte hacia un mundo nuevo. Disfruta del proceso. Te aseguro que es una verdadera delicia reclamar a la bruja que habita en tu interior, y a tu sacerdotisa, sanadora, alquimista, maga… Saborea cada momento. Hazlo en honor a todas esas personas que no pueden hacerlo. Que no pudieron hacerlo. A ellas les dedicamos nuestra práctica.

Que este libro ayude a nuestro planeta y despierte los poderes de sus habitantes, provocando así una reacción en cadena, un efecto dominó que escape del ojo humano. Que los corazones se iluminen. Que las raíces penetren en lo más profundo de la Tierra. Que las aguas se calmen. Que los vientos soplen con el poder que convocamos. Por nuestros ancestros. Por los árboles. Por los más pequeños. Por los océanos.
Que así sea.

Con todo mi amor,

Alexandra Roxo
escritora, sacerdotisa, bruja y cocreadora del Moon club

Hechizada por los elementos

Sí, has sido hechizada. La corriente de magiak te ha embrujado y ha removido las profundidades del mar de tu subconsciente. Has buscado tu círculo, probado rituales, practicado conjuros de sanación y leído tus cartas. Crees firmemente en la libertad y el valor de todos los seres vivos y eres plenamente consciente del poder de la energía y de la intención. Veneras tus ciclos, igual que veneras los ciclos de la Tierra y del Cosmos. Eres, por supuesto, una bruja, un oráculo, una mística. O, como mínimo, estás dispuesta a embarcarte en la aventura de convertirte en una. Hay algo que merodea a tu alrededor, algo que espera y anhela que lo encuentres. Es invisible a los ojos y, sin embargo, sabes que está ahí; es una familiaridad que no puedes definir con palabras. Y entonces, un día, te percatas de su presencia. Al principio siempre es sutil: los destellos del sol, el murmullo del viento, el rocío que cubre las flores a primera hora de la mañana, el aroma que desprende la tierra después de la lluvia. Los elementos —la Tierra, el Aire, el Fuego, el Agua y el Espíritu— están a tu alrededor, a la espera de que les permitas llevarte hasta lo más profundo de tu magiak. A través de la meditación, del control de la respiración, de ejercicios de encarnación, de las cartas del Tarot, de cristales, de rituales, de trabajar con diosas, de anotar tus experiencias en un diario, te irás acercando poco a poco al corazón de cada una de las enseñanzas de estos elementos.

Las herramientas, prácticas y ejercicios de este libro te ayudarán a encontrar una conexión con la magiak, el Universo y tu poder interior. Comprometerse a seguir un camino que te tiene en cuenta a *ti*, a tu verdadero y auténtico ser, es un acto radical. Cuando decides escuchar y venerar tus deseos, lo que realmente te ilumina y despierta tu alma, hay ciertas cosas que cambian. Te centras en ti misma y te adentras en tu naturaleza real, sin pedir permiso a nadie, ni a nada. Y cuando haces esto en armonía con la naturaleza, convirtiendo a sus elementos en tus guías y maestros, encuentras el mapa que te llevará a la sabiduría intuitiva ancestral. Encuentras el mapa que te guiará hacia lo expansivo y salvaje. Regresas a un espacio de anclaje y de presencia. Regresas a la encarnación, al empoderamiento y al propósito, siempre anclada a la magiak que la vida puede ofrecerte.

Tu poder es infinito, así que siéntete empoderada

A los ojos de la hechicera o de la bruja, el poder no es una herramienta que podemos utilizar para controlar a otra persona, guiados por el ego y amor propio, ni tampoco para dañar o herir a otro ser vivo. Ahondar en el poder que reside en ti puede ser una manera de conocerte, una oportunidad de descubrir quién eres más allá de todo lo que se espera de ti, más allá de la imagen superficial que hasta ahora has mostrado a los demás. Es una ocasión perfecta para reflexionar y preguntarte qué situaciones crees que necesitas controlar o gestionar mejor y analizar tu reacción cada vez que te topas con esa situación y saber a qué fuentes externas recurres. El poder es una manera de conocerse a una misma y de analizar las relaciones personales que tenemos.

El clima político se ha enrarecido en los últimos tiempos y, por ese motivo, muchas de nosotras hemos decidido recuperar ciertas tradiciones, rituales y hechizos; así podremos movernos por este mundo con una intención, con un propósito y con una pizca de paz y serenidad. Estamos tratando de encontrar el empoderamiento, y lo hacemos a través del vínculo que nos une a algo mucho más poderoso que el ser humano. Solo así podremos compensar el daño que hemos hecho. Le estamos pidiendo a la Tierra que nos guíe para llevar una vida holística. Gracias a los elementos podrás averiguar quién eres en realidad, saber tus necesidades y conocer tu espíritu y energías. Gracias a los elementos, aprenderás ciertos rituales y herramientas que podrás utilizar para decidir qué vida quieres llevar, pues los elementos *son* vida.

La naturaleza es la bruja más poderosa de la faz de la Tierra. Si no me crees, te invito a que observes el océano: parece una balsa de aceite, pero, en un abrir y cerrar de ojos, se embravece y se vuelve destructivo. La naturaleza alberga el poder de cultivar y propagar, pero también de arrasar y matar. Sin embargo, tildar a la naturaleza de «malvada» o «negativa» o «dañina» no sería justo, pues debemos tener en cuenta todas sus facetas. Cuando por fin contemples tu yo multidimensional desde la perspectiva de la compasión y del amor, y no desde la ira o la censura, podrás trabajar esos aspectos de ti misma que tanto temes, que tanto te cuesta aceptar; y no solo eso, sino que además se convertirán en tu guía para seguir creciendo y para cultivar un corazón abierto, un espíritu compasivo y tu resiliencia.

La naturaleza no le pertenece a nadie, pero todos podemos disfrutar de su belleza. Al conocer y trabajar con sus elementos podrás realizar prácticas y rituales espirituales que no te costarán nada.

Los elementos como encarnación

Todas las tradiciones mágikas y espirituales, tanto las orientales como las occidentales, respetan y veneran la naturaleza. De hecho, cualquier magiak recurre a los elementos en un momento u otro. La Tierra, el Aire, el Fuego, el Agua y el Espíritu forman parte del mundo que te rodea, forman parte de *ti*. Estos mismos elementos aparecen en el Hermetismo, también conocido como ocultismo occidental, la medicina china, paganismo, tantra, y en muchas otras prácticas espirituales del mundo. En la tradición hindú se los conoce como *tattvas* o *tattwas*, que significa «realidad» o «verdad». También están presentes en el Tarot y en la astrología. La Tierra representa el mundo material, tus relaciones y tu conexión con la madre naturaleza. La Tierra te proporciona límites, un propósito y un anclaje y abarca cualquier cosa física, como tu casa, tus relaciones, el lugar al que acudes en busca de comida y de amor, así como la persona a quien recurres cuando necesitas nutrirte. El Aire es tu respiración, tu guía para poder conectar con tu propio cuerpo. El Aire es expansión y es libertad, está presente en tu quietud y en tu serenidad, te depura de todo aquello que no necesitas y trabaja con tu mente como una aliada, y no como una enemiga. El Fuego simboliza tu sexualidad, tu pasión, tu capacidad de transmutar tu energía erótica en creatividad y en expresión y manifestación personales. El Fuego es acción, la

chispa que crea nuevas ideas, que convierte en ceniza lo que ya no necesitas y que purifica lo que sí necesitas; es tu habilidad de explorar tu erotismo sin vergüenza, sin tapujos. El Agua representa tu faceta más emocional, tu conexión con el corazón y tu capacidad de sentir. El Agua es tu intuición, tu relación con la divina feminidad, tu oportunidad de encarnar el amor como algo que puedes ofrecer a los demás, pero también a ti misma. El Espíritu es el hilo con el que entretejemos el resto de elementos, el acto de encarnarlos a través de la ceremonia y el ritual. El Espíritu es la divinidad que se refleja en tu interior, pero también la oportunidad de contemplar todo lo divino que te rodea. Es la esencia de la conexión que nos evoca y nos invita a regresar a la comunidad.

Si pretendes encontrar ese empoderamiento que te brinda la Madre Naturaleza, debes transmitir su mensaje y su esencia, pero también debes aprender a respetarla y venerarla. A través de prácticas mágikas, movimientos, rituales con intención y trabajos energéticos, aprenderás el lenguaje de los elementos y por fin podrás vivir en armonía con la naturaleza, pues su mensaje se convertirá en tu guía personal. Al incluir sus elementos en tu vida, no solo vas a respetarlos y a honrarlos, sino también a encarnarlos.

Los elementos como conexión con el poder y el placer

¿Cómo te cambiaría la vida si te propusieras disfrutar y gozar de los placeres que te rodean a diario? ¿Si decidieras que cada día es el mejor para sentir toda la alegría y felicidad y magiak que fuese posible, o si al menos te plantearas la idea y estuvieras dispuesta a intentarlo?

Los elementos pueden ayudarte a conectar con tus sentimientos, e incluso te invitan a honrar y venerar esas emociones tan delicadas y tan difíciles de abordar y gestionar, como un trauma del pasado, el dolor o la tristeza. Te permiten deambular entre las sombras para que tú puedas transformar esa oscuridad en luz. Cuando das prioridad a tus heridas, a tu dolor, expandes tu capacidad de sentir amor y felicidad. Es imposible sentir una emoción en su totalidad, con todos sus matices, si no te permites sentir todas las demás. Y cuando por fin te comprometas a mostrar todos tus sentimientos podrás disfrutar de una experiencia espiritual plena, lo que se traduce en no separar la vida espiritual de la vida material, sino en tratar de que convivan en perfecta armonía. Muchas de nosotras oímos casi a diario que las mujeres debemos encogernos, achicarnos y mostrarnos «menos»: menos sexuales o menos libres o menos salvajes. Nos enseñan a ser discretas y tímidas, a pasar desapercibidas. Nos repiten hasta la saciedad que el placer es algo que se siente de vez en cuando, no todo el tiempo. Pero ¿y si pudieras conectar con los elementos de la naturaleza? ¿Y si lavarte las manos de forma consciente —o dejar que los rayos de sol acaricien tu piel desnuda, o tomar una bocanada de aire fresco— te permitiera acceder a esa felicidad? Podrías tener la sartén por el mango y controlar aquello que te hace sentir más eufórica.

A través de los ejercicios que te propongo a lo largo del libro experimentarás una mayor sensación de alegría y bienestar. Como mínimo, podrás establecer un nuevo vínculo con el mundo que te rodea y, al encarnar los mensajes que los elementos tienen que enseñarte, te venerarás como una hija de la Tierra, y del Cosmos.

Empoderamiento como forma de activismo

Realizar ciertos rituales y retomar el contacto con la magiak y la naturaleza son formas de resistencia al clima político actual, cuyo principal objetivo es que te sientas desamparada, desilusionada y desconectada del mundo que te rodea. Este proceso se conoce como activismo espiritual, el primer paso del activismo real. El activismo espiritual es una fase previa que consiste en llenar tus propias reservas y venerar tu espíritu para mantener una fortaleza interior inquebrantable que te permita provocar cambios a tu alrededor. Es el momento en que iluminas tu propia alma y después ayudas a otros a hacer lo mismo (podría decirse que es la versión consciente o energética del clásico «Póngase su mascarilla de oxígeno antes de ayudar a otros»). ¿Recuerdas la famosa frase de Gandhi «Sé el cambio que quieres ver en el mundo»? Esa célebre cita resume bastante bien lo que significa el término activismo espiritual. Para poder cambiar el mundo que nos rodea antes debemos cambiar nuestro mundo interior.

Para la mayoría de nosotras, realizar un trabajo espiritual que se desmarque del marco impuesto por la sociedad capitalista no siempre es posible. Sin embargo, los ejercicios que encontrarás en estas páginas dependen sola y exclusivamente de ti: de tu dedicación y de tu compromiso con conectar con la naturaleza y con tu verdadero ser. Sí, también te sugeriré ciertos cristales, cartas, velas y hierbas, pero recuerda que son herramientas que, aunque te pueden venir bien, no son imprescindibles. Imprime tus propias cartas del Tarot, recoge un puñado de piedras cuando salgas a dar un paseo (¡no sin antes pedir permiso y dar las gracias!), haz una visita a tiendas de segunda mano... lo caro no siempre es lo mejor. Si anhelas emprender este viaje, no habrá nada que te impida alcanzar tus metas.

Cuando te dedicas en cuerpo y alma a aprender y equilibrar tu magiak, también estás invitando al Universo a ayudarte en tu evolución. Y cuando por fin te des cuenta de que no necesitas comprar un millón de cosas para ser una bruja o mística moderna, te embarcarás en un viaje al pasado y te trasladarás a una época en la que el ser humano y la naturaleza mantenían una relación mucho más íntima, en la que la Tierra lo era todo. En ella encontrabas todo lo que necesitabas. Espero que en este libro halles ejercicios que te ayuden a recordar lo maravilloso que es el ser humano. Que estas páginas te sirvan como guía para que encuentres el camino de vuelta a tu hogar, que reside en tu interior.

Qué necesitas para poder usar este libro

Lo único que necesitas para empezar a usar este libro es creer que la naturaleza es multidimensional, mágika y poderosa, y que refleja tus propios círculos de muerte y renacimiento. También deberías confiar en tu propia magiak y en tu poder o, como mínimo, estar abierta y dispuesta a reconocerlos. Te aconsejaría que tuvieras la mente abierta y respetaras y veneraras la energía y la intención, ¡y que admitieras que eres una bruja muy poderosa! A continuación mencionaré algunos conceptos que se van a ir repitiendo a lo largo del libro.

Los elementos: los cinco elementos son Tierra, Aire, Fuego, Agua y Espíritu (a veces también denominado «éter») y se encuentran tanto en el reino físico que nos rodea como en el reino astral que habita en nuestro interior. Son muchas, y muy variadas, las culturas y tradiciones del mundo que tienen su propia versión de dichos elementos. Los celtas, por ejemplo, veían los elementos como Castillos de Viento, o vientos que soplaban desde distintas direcciones; los hinduistas, por su lado, los describen como *tattvas* o *tattwas*, o principios de la verdad y, aunque hay más de cinco, se dice que cada uno representa una faceta distinta de la divinidad. Si te interesa saber cómo otras culturas, tradiciones y personas conectan con los elementos y sus relaciones, te recomiendo que leas *Magia celta*, de D. J. Conway.

Magiak: sí, la magiak existe y es real. ¡Y sí, debes practicarla! La fórmula que mejor describe este concepto es: energía + acción + intención = magiak. Ocurre cuando diriges y apuntas tu energía hacia una intención y llevas a cabo una acción para hacer que ocurra. La emoción también debe estar presente, pues para que la magiak funcione debes sentirla y confiar en ella. Mi ejemplo favorito de magiak es cuando cantamos el «Cumpleaños feliz» a alguien. La intención de la acción es desearle a esa persona un feliz cumpleaños y regalarle una buena dosis de energía positiva para este nuevo año. La energía se invoca al entonar la canción y al entregar al cumpleañero todo tu amor y luz, y la acción es soplar las velas del pastel (¡es el único conjuro que conozco en el que se sopla una vela!).

Hechizos: los hechizos son una forma de invocar energía a través de acciones específicas con el fin de conseguir el resultado deseado. Suelen incluir ciertas correspondencias, como colores específicos, hierbas, cánticos, cristales, cartas o cualquier otra cosa que esté en consonancia y armonía con el deseo. Recuerda encender una vela con intención, cargar cristales o bendecirte a ti misma, o a un objeto. A lo largo de este libro tendrás la oportunidad de practicar varios hechizos y rituales.

Rituales: los rituales constituyen acciones que repites con el fin de abrir una brecha en tu vida normal y corriente, en tu vida mundana, e invitar a entrar a lo sagrado y lo sublime. Así que, aunque todos los hechizos requieren un ritual, no todos los rituales requieren un hechizo. Un ritual puede ser largo, laborioso e incluir unos pasos que hay que seguir, como invocar a los elementos, crear un círculo de protección, lanzar un hechizo, despedir a los elementos y, por último, cerrar el círculo. Pero un ritual también puede ser algo mucho más sencillo, como tomar té por la mañana o quemar ciertas hierbas antes de ponerte a trabajar. Los rituales son lindes energéticos que creas para contarle al Universo que estás haciendo algo especial, con veneración y desde el más profundo respeto.

Brujería: la brujería es un camino espiritual inspirado en la naturaleza que tiene en cuenta los ciclos de la Tierra, del Cosmos y de uno mismo. Trabaja codo con codo con la magiak para así fomentar y crear cambios en este plano, pero también en los planos de la existencia invisibles al ojo humano. Además, la brujería suele recurrir a la astrología, el Tarot, la alquimia, la herbología y otras prácticas esotéricas. Las brujas realizan rituales y hechizos para venerar ciclos, para disipar y para expresar, para sanar y para celebrar. Las brujas suelen alinearse con las estaciones y días festivos sagrados conocidos como la Rueda del Año, y muchas trabajan con las fases lunares. La brujería considera la Tierra como la mayor fuente de sanación, como la madre y la maestra, e interactúa de una forma íntima con las diosas y arquetipos de la divina femineidad, pero también con dioses, guías espirituales, ancestros, familiares, animales, ángeles u otros seres.

El Universo: me oirás hablar mucho sobre el Universo. Quizá el término no signifique lo mismo para mí que para ti. ¡No pasa nada! Para mí, el Universo es el Todo. Es la consciencia, es la conexión, es la divinidad. El Universo, tal y como yo lo entiendo, es mi madre y padre espiritual, una bomba de amor tan grande que resulta inconcebible para la humanidad. El Universo es mi dios, mi diosa, mi poder superior, mi consciencia. Cuando hablo del Universo me refiero al amor que entrelaza toda existencia. Ahí es donde nació tu alma y ahí es donde regresará cuando hayas evolucionado. El Universo es tu hogar espiritual, la emoción que te embarga cuando ves algo tan hermoso que no puedes describir con palabras. El Universo representa la encarnación de la magiak, la felicidad infinita y la presencia perfecta. Nunca lo entenderás, pero nunca deberías dejar de intentarlo.

Divina feminidad: también conocida como la Diosa, o energía *Yin*, según la filosofía china. La energía de la divina feminidad es receptiva, intuitiva, psíquica y vigorizante. Es la madre universal, pero también es el amor que desprenden la tierra y el océano y la conexión que tienes con tu ser más profundo, con tus sombras y con tu sexualidad. La divina feminidad es venerada y adorada en todos los rincones del mundo, aunque no siempre bajo el mismo nombre. Hay quien la llama Isis, Afrodita, Hécate, Virgen María, Oshun, Lakshmi. Debes saber que cuando trabajas con esta energía en realidad estás trabajando con el amor divino. La brujería, al igual que otras prácticas espirituales terrenales, da suma importancia a la divina feminidad porque considera que la Tierra es la materialización de esa energía, la que nos permite crecer, evolucionar y prosperar. Muchas de nosotras, que hemos nacido en sociedades regidas por religiones patriarcales, nunca nos hemos visto reflejadas en la imagen de Dios. Trabajar con diosas te permitirá contemplarte como un reflejo sagrado y celestial del Cosmos, lo cual es una de las experiencias más increíbles que puedes vivir. A lo largo de este libro encontrarás varios rituales pautados para poder conectar con distintas diosas y arquetipos de la divina feminidad representados en los elementos. Así, tú también podrás ver a través de sus ojos.

Divina masculinidad: la energía de la divina masculinidad, también conocida como energía *Yang*, según la filosofía china, es poderosa, estructurada y amorosa, y está orientada a la acción. La divina masculinidad es la antítesis de la masculinidad tóxica o, dicho con otras palabras, representa un «dios» sin todos los matices patriarcales que suelen acompañarlo. Es la energía del Sol, que permite que todo lo que yace bajo la tierra pueda sobrevivir y crecer hasta brotar y salir a la superficie. Es la energía del potencial, de la fuerza, de la convicción y de la integridad. Complementa la divina feminidad, pues simboliza las orillas que permiten que el río de la feminidad fluya con normalidad.

Poder superior: cuando menciono un poder superior, no me refiero a un ente todopoderoso que nos observa desde el Cosmos. Me refiero a *ti*: a tu esencia y sabiduría, a tu alma. Tu poder superior es la versión más pura de ti misma, lo que permanecerá cuando tu cuerpo se marchite. Eres tú, pero cuando vibras y te sientes dinámica, potente, motivada y activa. Es la versión más divina y mística de tu ser. No está separada de ti, sino enterrada bajo varias capas de condiciones, karma y vida. Conectar con tu poder superior significa retirar esas capas, arrancarlas para que la luz que ilumina tu interior brille con mucha más fuerza. Pero también implica venerar tu sabiduría y saber que todas las respuestas están, en realidad, en ti. Tu poder superior es un espejo en el que se refleja el universo, y una oportunidad para conocer a tu verdadero yo.

Las direcciones: cada elemento está relacionado con una dirección, es decir, con un punto cardinal. A pesar de que no son los mismos en todas las culturas y tradiciones, trabajaremos tal y como aparecen a continuación.

Norte - Tierra
Este - Aire
Sur - Fuego
Oeste - Agua
Arriba - Espíritu

Energía: la energía ni se crea, ni se destruye; todo lo que nos rodea es energía. Es el hilo que une el mundo físico con la magiak y, si aprendemos a dirigirla con una intención, podremos provocar cambios tangibles, tanto en el reino terrenal como en el reino astral y energético. La materia es un conjunto de átomos que vibran tan rápido que pasan desapercibidos al ojo humano; pero incluso eso, que describiríamos como algo físico, no es más que energía.

Reino astral: imagina el mundo como una especie de cebolla, y tú en el centro. Todo es muy *denso* porque estamos en el plano material. Todo eso es lo que puedes ver, sentir y tocar. Pero cada vez que meditas, o realizas un ritual o practicas magiak, no solo estás moldeando este nivel de la realidad, sino también fomentando y provocando cambios en otros reinos. El reino astral es aquel que te ofrece visiones, al que viajas cuando meditas o cuando haces una visualización. Es donde viven los seres fantásticos, o los espíritus o ancestros de la naturaleza. Allí es donde puedes conocer a tus guías, a tu yo superior. Es donde te transportas cuando tienes un sueño lúcido, es otra capa de existencia a la que puedes acceder a través del poder mental. Es una dimensión paralela a nuestro mundo, pero no podemos adentrarnos en ella físicamente hablando. A medida que las capas de la cebolla se van retirando y apartando, las dimensiones de la realidad son más energéticas y menos materiales. El mundo astral es un mundo paralelo al que vivimos, un mundo energético en el que se desarrolla la magiak antes de materializarse e influir en el reino físico.

Chakras: según el hinduismo y otras tradiciones basadas en la práctica del yoga, los centros energéticos del cuerpo están ubicados a lo largo de la columna vertebral y se conocen como chakras, término que, en sánscrito, significa «disco» o «rueda de luz». Hay siete chakras: el chakra raíz, situado en la base de la columna vertebral; el chakra sacro, en la pelvis; el chakra del plexo solar, justo encima del ombligo; el chakra del corazón, en el esternón; el chakra de la garganta, justo en el centro de la garganta; el chakra del tercer ojo, entre las cejas, y el chakra de la corona, ubicado en la coronilla de la cabeza. Son nuestros puntos energéticos principales, aunque hay muchos muchos más. Cada chakra tiene su propio símbolo y nombre en sánscrito, propiedades energéticas únicas y correspondencias particulares. Cada uno regula y rige cosas distintas y si los siete están en equilibrio y alineados puedes darte por satisfecha, pues significa que gozas de muy buena salud, en todos los sentidos. Cada camino espiritual tiene su propia versión de los puntos energéticos del cuerpo, aunque la mayoría destacan entre cinco y siete centros principales. Encontrarás información más detallada sobre los chakras en mi libro *Inner Witch: A Modern Guide to the Ancient Craft*.

Elementales: los elementales, los arquetipos energéticos de los elementos, son todos los seres que representan la Tierra, el Aire, el Fuego y el Agua. Los gnomos representan la Tierra —sí, se parecen a esos gnomos de jardín tan adorables que todos hemos visto alguna vez–, son los protectores de la flora y fauna y pueden resultarte de gran ayuda cuando invoques magia sanadora en animales o en la propia Tierra. El Aire está representado por las sílfides, que pueden concederte la bendición de la creatividad, la inspiración y la efervescencia. Las sílfides son esas criaturas fantásticas con alas que todos imaginamos cuando escuchamos la palabra «hada». Las salamandras simbolizan el Fuego y son el equivalente energético del lagarto con el mismo nombre. Son intensas y pueden ayudarte a observar tus verdaderas pasiones y a disipar todo lo que ya no necesitas. Las ondinas, un término que abarca ninfas acuáticas y sirenas y demás seres mitológicos del océano, representan el Agua y pueden venirte de maravilla para conectar con tu naturaleza emocional, con tu sensualidad y con tu feminidad.

Prepárate para un ritual

El primer paso antes de iniciar cualquier ritual es preparar el espacio. Eso implica apagar el teléfono, o ponerlo en silencio, ir al cuarto de baño para que no surjan imprevistos durante la práctica, atender a tus mascotas e informar a tu pareja o compañeros de piso para que no te molesten. Una vez dentro del espacio elegido para celebrar el ritual, ten a mano todo lo que vas a necesitar, enciende el incienso o las velas que desees, baja la intensidad de la luz y prepárate. Quizá te apetezca cambiarte la ropa y ponerte algo cómodo y holgado, aunque también puedes hacerlo desnuda. Cuando el espacio esté listo, y tú también, podrás empezar el ritual.

Trabajar con la mano no dominante versus con la dominante

Cuando se utilizan cristales o talismanes, siempre aconsejo sujetar el objeto con la mano no dominante porque, según se dice, esta es la mano que recibe energía. La dominante, en cambio, la que utilizas para escribir, por ejemplo, es la que envía o desprende energía. Para recibir la energía de un cristal, debes sostenerlo en tu mano no dominante. Sin embargo, si pretendes cargar un talismán o un cristal con una intención, es preferible sostenerlo en tu mano dominante para así transmitirle toda tu energía. Puedes probarlo de ambas formas para averiguar qué te funciona mejor; recuerda que es una guía, no una norma estricta que se deba seguir a rajatabla. Si te sientes más conectada haciéndolo al revés, ¡pues que así sea!

Cuando te apetezca trabajar con afirmaciones o rituales que impliquen contemplar tu propio ojo en el espejo, te recomiendo que claves la mirada en tu ojo no dominante, por el mismo motivo, aunque también porque siempre es más fácil fijarse en un ojo que en los dos a la vez. ¡No olvides que tú eres la que manda en tus rituales! Así que haz lo que te resulte más fácil y cómodo.

Qué es y qué no es este libro

Este libro pretende reclamar y recuperar la espiritualidad basada en la Tierra para la bruja moderna. Es una invitación a que aceptes de una vez por todas tu magiak y disfrutes de la naturaleza, de los placeres de la vida y de tu pasión. Es una oportunidad para reconocer tu propio poder. Este libro es la materialización de la magiak en su estado más puro, más sensual y más creativo, la magiak que te invita a contemplar el mundo y todos sus misterios desde una perspectiva totalmente distinta. Es una oportunidad para aprender a conocerte y a conectar con la Tierra, el Aire, el Fuego, el Agua y el Espíritu de una forma que nutra y alimente tu ser.

Este libro no es la solución rápida a todos tus problemas. Se denomina práctica espiritual por algo. No es una receta médica, sino una receta culinaria que puedes modificar a tu gusto. No es un grimorio, sino el punto de partida de tu propio viaje místico hacia el mundo que te rodea.

Bienvenida.

Un pequeño apunte: para escribir el libro he tenido que cubrir algunos conceptos con los que quizá ya estés familiarizada. Si es tu caso y conoces algunas de las prácticas mencionadas, como el anclaje o el trabajo con los elementales o las fases lunares, puedes saltarte esos apartados y centrarte en el contenido más jugoso y novedoso para ti.

CAPÍTULO 1

Tierra: ánclate

La Tierra es la madre de la bruja. Allí es donde naciste, y allí es donde regresarás. Celebras sus ciclos con días sagrados, te alimentas de su abundancia y conectas con ella siempre que invocas magiak. La Madre Naturaleza muestra todo su amor y belleza a través de sus flores y criaturas, y te invita a apreciarlas y a valorarlas. Te recuerda que existen maravillas, y muchas de nosotras vivimos nuestros primeros momentos de asombro y de entrega entre sus brazos. La magiak de la Tierra consiste en incluir todo eso en tu práctica espiritual; consiste en trabajar con el Cosmos y con los ciclos de las estaciones, pero también en aprender y conocer las distintas propiedades de las flores, plantas y raíces. La tierra habla del cuerpo y su magiak nutrirá tu cuerpo para que así puedas florecer. La magiak de la Tierra es firme pero a la vez amorosa; también comprensiva e inspiradora, magiak de la cocina y energética comida para el alma. La magiak de la Tierra implica difuminar algunos límites impuestos para así poder entender el poder que reside en ti y manifestar tus deseos con claridad e intención, no desde el ego personal. La magiak de la Tierra significa desacelerar y bajar el ritmo, estar presente en el aquí y el ahora y vivir el momento.

Una de las lecciones más importantes que este elemento puede enseñarte es a trabajar con anclaje, es decir, desde un lugar con raigambre. Puede ser un roble, cuyas raíces son tan robustas y profundas que ni siquiera un huracán podría arrancarlo, pero también puedes encontrar ese anclaje en mitad del caos gracias a la práctica espiritual y a los rituales. A través de ejercicios mágikos, como son las meditaciones de anclaje, la estimulación del chakra raíz o algo tan sencillo como experimentar con las plantas y hierbas del jardín o pasar tiempo en mitad de la naturaleza, puedes empezar a crear límites firmes. Estar anclado es una forma divertida de decir que has alcanzado la seguridad espiritual. Es como el roble que he mencionado antes: el anclaje te proporciona tu propia red de seguridad. No importa lo que esté ocurriendo en el mundo, sabes que podrás lidiar con ello porque sabes que estás a salvo. Tus necesidades están siendo atendidas. Crees en ti misma y confías en tu poder. Has establecido unos límites que te ayudarán a comunicar tus anhelos y necesidades y que, al mismo tiempo, veneran el espacio que ocupas. Estar anclada es un juego de imitación de la naturaleza. No se trata de pensar que nunca más soplarán vientos huracanados, sino de estar preparada y de saber que todo irá bien cuando vengan momentos turbulentos.

Una de las lecciones más valiosas que espero aprendas de este libro es la de valorar la inmensa importancia de la intención y la consciencia, también conocida como *mindfulness*. Ser consciente, que significa estar en cuerpo y alma en el aquí y en el ahora, es una forma de reflexión y meditación. Puede adoptar distintas formas, muchas de las cuales comentaré más adelante en este libro, por supuesto. La consciencia se manifiesta cuando hacemos yoga, por ejemplo, pero también cuando plasmamos nuestros pensamientos en un diario, o cuando meditamos, o nos masturbamos, o creamos una obra de arte. Y cuando haces deporte, o cuando das un puñetazo a un cojín, o cuando estás en un atasco e intentas respirar para calmar los nervios. Todo lo que haces puede ser consciente, y esto también incluye rituales; crear un ritual al cual le dedicarás parte de tu tiempo también es consciencia, y su poder es inmenso, además de transformador.

Cuando combinas la consciencia con el anclaje, se te presenta una oportunidad que no puedes dejar escapar, la oportunidad de crear prácticas que honren y satisfagan tus necesidades de forma consciente.

¿Qué te hace sentir a salvo? ¿Qué te hace sentir acompañada y respaldada? ¿Qué te hace sentir poderosa? Estas preguntas provocan distintas reacciones en cada persona, y es normal y necesario. Lo que realmente importa es qué te funciona a ti. Tal vez cinco respiraciones profundas te ayuden a sentirte anclada, pero quizá sea un estiramiento, o una carrera de dos kilómetros, o una visualización. No te fijes en lo que hacen otras mujeres e intenta descubrir qué te funciona realmente a ti, y solo a ti. En una práctica espiritual, los ejercicios de anclaje te ayudan a conectar, de una forma literal, con la Tierra que tienes a tu alrededor y bajo tus pies. Pero también puede lograrse con ejercicios de respiración, de meditación o de movimiento. O con hierbas sagradas, o con cartas del Tarot. También puedes anclarte a través de sensaciones o emociones, o simplemente apoyando los pies sobre la tierra, en mitad del bosque u otro entorno natural. O quizá tomando una taza de té de ortiga, o dándote una ducha larga y caliente y después tumbarte sobre el suelo. Lo importante es saber qué te ayuda a estar presente y ser consciente de tu poder.

Tener unos límites sanos es una parte importante de este trabajo. No significa levantar un muro para que nadie pueda verte, o ayudarte, o amarte, sino más bien todo lo contrario. Los límites emocionales sanos te ayudan a comunicar tus necesidades y a expresarte cuando sientes que alguien no te ve o no te respeta. Te permiten forjar relaciones de amor y de confianza que se han consensuado y que, por lo tanto, son justas y equitativas. Si estableces estos límites, ganarás confianza y no intentarás complacer a los demás; por fin, dirás «sí» cuando realmente quieras decir sí y «no» cuando quieras decir no.

Los ejercicios que encontrarás en este capítulo están escritos para ayudarte a conectar con la Tierra de una forma totalmente distinta. Te pediré que observes el árbol que crece en el jardín y lo consideres como algo más que un simple árbol, como un aliado conmovedor. Te pediré que visualices la Tierra expandiéndose bajo tus pies cuando estés meditando, pero también que veneres las hojas de té antes de tomártelo y que regreses a tu cuerpo siempre que necesites recordar la magiak que habita en ti. La majestuosidad de la Tierra está en todas partes, así que solo debes mirar a tu alrededor. Cuando empieces a verte como parte de ella y te esfuerces por recordarlo hasta tenerlo siempre presente, entonces es cuando encarnarás su poder.

Pero este poder conlleva una gran responsabilidad. La bruja debe ser plenamente consciente de cómo trata a la Tierra, pero también debe abogar por Gaia, pues nos ayudará a conectar con ella. El cambio climático es una realidad. Vivimos atemorizadas mientras la avaricia sigue destruyendo el planeta. Cada vez que participas en un voluntariado, donas dinero, envías energía positiva, recoges plásticos de una playa o reciclas, por poner algunos ejemplos, estás poniendo en práctica un ritual ancestral, el ritual de vivir en tándem con la Tierra. La honras y la veneras porque la proteges, del mismo modo que ella te protege a ti y te proporciona todo lo que necesitas. La bruja debe dejar este planeta mejor que como lo encontró. Dedicarte a cuidarlo es una intención muy noble, una intención que crea un vínculo de reciprocidad con la Tierra.

Crear un ritual

Una de las formas de conectar con los elementos es a través de un ritual. El abanico de rituales es muy amplio y variado, y el que tú elijas será único y especial. Es importante recordar que no existe el ritual «adecuado» o «perfecto». Tú eres quien debe decidir cuál es el adecuado y perfecto para ti, y solo para ti.

Cuando diseñas una práctica y la incluyes en tu rutina, ya sea algo que haces a diario, o una vez a la semana, o cada luna llena, estás entregándote a tu magiak y a tu ser superior. Te estás comprometiendo y, al mismo tiempo, estás reafirmando esta conexión. A través del ritual, recibes con los brazos abiertos tu estilo personal de magiak a la vez que pules y perfeccionas tus habilidades, practicas la adivinación, conectas con el mundo natural y descubres en qué punto estás de tu viaje espiritual. Y si eres constante y tenaz con los rituales, podrás hacer un seguimiento de tus progresos y modificar lo que sea necesario

para zambullirte de lleno en la experiencia. Espiritualidad, disciplina, magiak, ocultismo… Su objetivo primordial es ayudarte a evolucionar y a crecer y, con un poco de esperanza, a apreciar y valorar la vida todavía más. Esta es la intención que debes inducir en tus rituales.

Te animo a empezar una práctica diaria, aunque tan solo dure unos cinco o diez minutos. Cualquier ritual que puedas incluir en tu rutina habitual será más que bienvenido. Ser constante con los rituales no es fácil, exige tiempo y dedicación. Mentalízate de que tardarás un tiempo en encontrar los que mejor se adapten a ti y a tus necesidades, y asume que más de un día te sentirás impotente y te enfadarás contigo misma por «no hacer suficiente» o «no dedicar suficiente tiempo y esfuerzo», o por llevar una vida ocupada que apenas te deja tiempo libre. Ten paciencia y no te exijas demasiado. Haz lo que puedas. Ve pasito a pasito y no dejes que los rituales sean otro motivo de estrés o preocupación.

¿QUÉ ES UN RITUAL?

Como ya he comentado antes, existen multitud de rituales, pero si hay algo que tienen en común es que todos se crean sobre un pilar fundamental: un elemento de la naturaleza. La Tierra, el Aire, el Fuego, el Agua y el Espíritu son las piedras angulares de todo ritual. Cada capítulo aborda una pieza de este rompecabezas. Al final del libro encontrarás una ficha que te servirá para personalizar tu práctica de rituales con todos los elementos. También he incluido rituales específicos para cada uno de los elementos con el fin de ayudarte a comprender sus mensajes y propiedades.

RITUAL DE ANCLAJE

El primer paso de cualquier ritual debería ser el anclaje, aunque sea breve. Anclarse significa conectar con la Tierra, con tu respiración, con el aquí y el ahora. Debes encontrar ese hilo energético que te conecta contigo misma. Cuando te anclas, evocas tu preciada energía y esperas unos segundos antes de regresar a tu cuerpo para disfrutar de esa calma y serenidad. Una vez anclada puedes empezar el ritual, o la adivinación, o el hechizo, o la magiak sexual… o la práctica que más te apetezca.

Existen muchas maneras de anclarse: técnicas de respiración, posturas físicas, visualizaciones, sonidos. Explorar ese mundo de posibilidades es una de las partes más emocionantes de la magiak, así que, si lo que te sugiero y propongo no acaba de convencerte, investiga un poco y prueba con otros métodos hasta encontrar el que mejor se adapte a ti y a tus necesidades.

En cuanto encuentres una técnica de anclaje con la que te sientas cómoda y te funcione, utilízala siempre que te sientas abrumada, inquieta o nerviosa. Los rituales son sistemas de apoyo. Te guían, te muestran el camino de vuelta a tu hogar y te ayudan a hallar el equilibrio en el caos que, a veces, amenaza con absorberte. Cuando usas prácticas inspiradas en la Tierra, cuya resiliencia se ha sobrepasado, puedes hallar el espacio para seguir avanzando y creciendo, a pesar de los contratiempos y obstáculos que se crucen en tu camino. Es como si abrieras una pequeña grieta en mitad de la tormenta y te adentraras en un remanso de paz. Y a ese lugar es al que debes acudir siempre que lo necesites.

Formas de conectar con la Tierra

Hablaré de meditación, Tarot, cristales, encarnación y diosas, por supuesto, pero también quería compartir otras formas de conectar con la energía de los elementos; son técnicas que, en términos básicos, te ayudarán a conectar con la naturaleza y a regresar a tu cuerpo y al aquí y al ahora. No pierdas de vista esta lista porque te puede venir de maravilla cuando te sientas un pelín descentrada. Y no dudes en añadir otras prácticas que consideres que merecen la pena.

- Cierra los ojos y respira hondo varias veces mientras imaginas unas raíces que nacen en la base de tu columna vertebral y penetran en la Tierra para así proveerte de una luz dorada y cálida.

- Pasa tiempo al aire libre, en plena naturaleza y desconecta del teléfono móvil y del presente. Pasea descalza por el césped y presiona la planta de los pies contra la tierra. Si no dispones de tiempo suficiente, visualiza esta imagen con tu ojo mental.

- Apoya la frente en el suelo (si estás familiarizada con el yoga, esta postura te sonará, ya que es la postura del niño) e imagina que, a través de tu tercer ojo, la energía regresa a la Tierra.

- Enciende humo sagrado, ya sea incienso, artemisa, cedro, sándalo, copal, pino, enebro o cualquier otro.

- Cuida tu jardín, o compra un ramo de flores. Adopta una planta; cuídala, riégala y aliméntala con amor. Y cada vez que veas una flor, dale las gracias.

- Toma un té de hierbas y dedica unos instantes a conectar con cada hierba presente.

- Pisa con fuerza y libera esa energía, deja que vibre a través de las plantas de tus pies. Deshazte de toda esa energía contenida y reprimida.

- Abraza un árbol y conecta con su espíritu; siente su vibración energética, reconoce su sabiduría y asimila su mensaje.

- Abrázate fuerte, o abraza a otra persona y disfruta del placer de sentir piel con piel.

- Haz estiramientos o practica yoga; mueve el cuerpo sin perder el control de la respiración para así liberar tensiones y preocupaciones y revitalizar el espíritu.

- Haz deporte y comprueba por ti misma que el ejercicio físico es una forma excelente de conocer tu cuerpo, además de un maravilloso ritual que estimula la fuerza y la resistencia.

- Practica brujería también en la cocina; bendice los alimentos, conecta con los ingredientes y aliméntate, tanto en términos literales como metafóricos.

- Practica sexo o mastúrbate, ya que es una manera de experimentar sensaciones y emociones muy intensas en todo el cuerpo.

Una meditación de anclaje para encontrar tus raíces

Esta sencilla meditación está inspirada en Starhawk, una feminista neopagana, y puedes utilizarla para anclarte antes de realizar cualquier ritual o magiak. Es la visualización que más utilizo antes de invocar mi magiak para cualquier ritual o práctica porque me ayuda muchísimo a conectar con la Tierra. No olvides que puedes modificarla para que se adapte mejor a ti.

Lee el siguiente párrafo y después practica la meditación. También puedes grabarte mientras la lees en voz alta y escucharla como si fuese una meditación guiada hasta que le cojas el tranquillo o la aprendas de memoria.

Antes de empezar, debes prepararte y disponer el espacio que has elegido siguiendo las instrucciones de la página 29. Después ponte cómoda, ya sea sentada o tumbada boca arriba, y cierra los ojos. Empieza concentrándote en tu respiración; inspira hondo varias veces y expulsa el aire poco a poco, hasta encontrar un ritmo natural que te transmita calma y tranquilidad. Ahora, centra toda tu atención en las partes de tu cuerpo que están en contacto con la Tierra, como el asiento de una silla o los tablones o baldosas del suelo. Respira a través de ese espacio; para ello, imagina que tu columna vertebral se extiende como las raíces de un árbol dorado, unas raíces que alcanzan la tierra, que logran penetrar el suelo que te sostiene, pero también el cemento, hasta sumergirse en lo más profundo de la Tierra. Cuando consideres que tus raíces ya no pueden hundirse más en la Tierra, empieza a sentir una energía cálida y agradable que asciende por esas raíces y se va extendiendo hasta alcanzar la base de tu columna vertebral.

Pero esa calidez no se queda ahí atascada, sino que fluye por toda tu columna, pasando por el corazón y por tu garganta hasta llegar a la coronilla. Esas raíces doradas pueden seguir creciendo, de forma que traspasan tu cabeza como un rayo de luz sanadora que te conecta con el Cosmos. Si lo prefieres puedes imaginar que esas raíces doradas, una vez sobrepasan tu cuerpo físico, siguen creciendo como las ramas de un árbol que se alimentan de la energía del Cosmos o que caen en cascada hacia la Tierra para así crear un círculo energético. Experimenta y decide por ti misma qué te funciona mejor: sentir esta conexión con el cielo o sentir ese flujo de energía circular. Te aconsejo que pruebes los dos métodos y después te decantes por el que más te haya gustado. Disfruta de ese momento y saborea esa luz dorada tan cálida, sanadora y reparadora.

Para terminar la meditación, imagina que las raíces dibujan un camino de vuelta al hogar, que eres tú; empiezan a retroceder hasta llegar a esa parte de tu cuerpo que estaba en contacto con la Tierra. Después, visualiza la luz del Cosmos, que empieza a perder intensidad hasta disiparse por completo, o imagina que las ramas del árbol se van replegando poco a poco hasta desaparecer en la coronilla de tu cabeza.

Después de cada meditación, me encanta apoyar la frente en el suelo (la postura del niño que he mencionado antes) e imaginar que todo el exceso de energía, es decir, aquella que ya no necesito, regresa a la Tierra a través de mi tercer ojo.

ANCLARSE DESPUÉS DE UN RITUAL

Si decides hacer esta visualización al inicio de un ritual, tendrás que repetirla pero de forma invertida cuando termines, en especial el último paso. En resumidas cuentas, si has imaginado que las raíces brotaban de tu columna vertebral y se hundían en la Tierra, cuando termines y estés lista para cerrar el ritual tendrás que visualizar esas raíces retrocediendo en la Tierra hasta volver a tu columna vertebral, aunque también puedes imaginar que se disuelven poco a poco hasta desaparecer.

La Tierra como límite

Además de ayudarte a encontrar el camino a tu fortaleza interior y al presente, es decir, al aquí y al ahora, la Tierra también es una maestra extraordinaria que puede enseñarte a establecer ciertos límites. Las fronteras naturales de la Tierra, como ríos o montañas, te recuerdan que tú también debes tener ciertas fronteras. La Tierra, en toda su estabilidad y tenacidad, te recuerda que los límites no solo son importantes, sino *necesarios*. La Tierra solo crece y evoluciona si las condiciones son apropiadas, y tú deberías hacer lo mismo. Aunque no siempre es posible, debes aprender a rechazar todo aquello que no te parece justo o apropiado y aceptar lo que consideres que sí merece la pena.

Tener límites no significa estar atascada o encerrada, ni impide un crecimiento o evolución personal. Tampoco significa decir *no* a todo lo que se te propone, ni convertirte en una persona inflexible que no se ofrece a ayudar a los demás. Cuando establezcas unos lindes sanos, podrás analizar y venerar el lugar donde estás, lo que estás sintiendo y lo que necesitas antes de comprometerte a algo, o a alguien. ¿Cuántas veces has dicho que sí a algo a sabiendas de que no disponías de tiempo suficiente y has terminado resentida o enfadada? Cuando creas límites sanos, ya sea en el plano emocional, físico, mental, sexual o espiritual, estás dedicando tiempo a valorar tus propias necesidades y a reconocer lo que realmente te hace sentir segura, cuidada y amada. Tal vez esto implique reducir el uso de las redes sociales, o dejar de asistir a ciertos eventos, o rechazar trabajos por los que no te van a pagar, o quizá decidas pasar más tiempo o menos tiempo a solas. Sea como sea, te aconsejo que inviertas cierto tiempo en analizar y valorar aquello que te parece justo, apropiado y correcto porque, de esta manera, forjarás relaciones más fuertes con las personas que te rodean; les recordarás qué esperas y qué necesitas de ellos para ser un amigo, pareja o amante excepcionales. A la Tierra no le asusta crecer allí donde las condiciones son propicias; cuando aprendas a decir «no» empezarás a evolucionar y a mejorar porque sentirás que, al fin, tus necesidades son atendidas y satisfechas.

La base de la bruja entre los mundos: crear el círculo

En tu vida cotidiana, tus límites son etéreos, es decir, intangibles, igual que el elemento al que están conectados. Utilizas la voz, e incluso puede que también tu cuerpo, para reforzar esos límites y crear una intención. En la magiak, utilizas tu cuerpo y tu *energía* para establecer este límite, y lo haces creando un círculo. El círculo de una bruja es uno de los muchos recursos que guardamos en nuestra caja de herramientas para derrocar al patriarcado, ya que nos permite aislarnos en el tiempo y en el espacio y así llevar a cabo hechizos y magiak con total seguridad. El círculo siempre es uno de los primeros pasos de cualquier ritual; te anclas, creas el círculo, realizas el ritual y, para terminar, lo cierras. Este círculo es un punto de encuentro entre mundos, un lugar que no está ni aquí ni allá, una especie de intersección energética; y es precisamente ahí, en esos espacios liminales e intermedios donde nace la magiak.

El círculo te permite acceder a tu subconsciente y adentrarte en el reino astral, un reino que existe en todas partes y, al mismo tiempo, en ninguna parte. Pero lo más importante es que ese círculo te ofrece protección y seguridad porque actúa como escudo espiritual que no deja pasar vibraciones o energías tóxicas, viciadas o marchitas. Cuando abres un círculo, estás diciendo: «Solo aquello que yo invite será bienvenido a este espacio sagrado». Aunque no debes vivir con miedo a la energía negativa, debes saber que existe y que se manifiesta de la forma más inoportuna y desagradable que puedas imaginar, como vampiros psíquicos, parásitos, sentimientos oscuros y enfermedades. Sin embargo, al igual que ocurre con todo, si te cuidas y tomas ciertas precauciones, como cerrar puertas o crear un círculo, no hay motivo por el que preocuparse. El círculo actúa como un seguro de prevención que te mantiene protegida, sobre todo cuando evocas o invitas ciertas energías, como elementales, en tus rituales (consulta la pág. 64 para un ritual). También puedes crear un círculo como una forma de invocar energía y mantenerla ahí guardada hasta que estés preparada para liberarla. De ese modo, cuando consideres que has alcanzado tu cima energética, puedes transmitir la intención por la corona de tu cabeza y enviarla al Cosmos en forma de cono, una técnica conocida como «cono de poder». Se dice que debes entrar en el círculo con amor y confianza. Entras en el círculo como una sacerdotisa de la Tierra y como una hija de los dioses de la sabiduría, y en esa esfera puedes crear un espacio para invocar tu magiak. Cuando hayas dispuesto el espacio, preparado el ritual y tomado unos momentos para anclarte, estás lista para adentrarte en ese reino intermedio.

CREAR UN CÍRCULO

Para empezar, colócate mirando hacia el norte. Si no sabes dónde está el norte y no tienes forma de averiguarlo, dispones de una alternativa: adjudicar un punto que actúe como «norte energético». Para ello, deberás expresarlo en voz alta o a través de tu ojo mental.

Utiliza una varita mágika, un *athame* (una daga de mango negro para rituales), la punta de un cristal o tu dedo índice para guiar y dirigir la energía. Apunta al suelo, justo al lado de tus pies, y camina por el espacio formando un círculo siguiendo el sentido de las agujas del reloj, o en *deosil*. Imagina que la punta de tu dedo, o el extremo del objeto, irradia una luz blanca o una llama vibrante de color azul que, poco a poco, va formando un campo de protección desde tu dedo hasta el punto que estás señalando. Mientras caminas, imagina que esa luz se va expandiendo hasta formar una esfera que abarca todo tu cuerpo, desde la cabeza hasta los pies. Recorre el círculo tres veces y termina de nuevo mirando hacia el norte.

Una vez hayas vuelto al punto de inicio, puedes decir algo parecido a lo siguiente:

> *Como punto de encuentro entre los mundos*
> *He creado este círculo sagrado.*
> *Con un amor infinito y una confianza infinita*
> *LO he creado y abierto está.*

Y ahora puedes hacer el ritual o magiak que más te apetezca.

SI TIENES QUE SALIR DEL CÍRCULO

Si necesitas salir del círculo y ausentarte más de cinco o diez minutos, te aconsejo que vuelvas a crearlo cuando regreses, para así reforzar el límite. Sin embargo, si necesitas salir porque te has dejado algo y vas a volver en un abrir y cerrar de ojos, puedes crear un umbral, o puerta energética, con el mismo elemento que usaste para dibujar el círculo y después atravesarlo. A mí me gusta utilizar las manos para correr unas cortinas imaginarias antes de cruzar la puerta que he creado; es otra forma de romper el velo y regresar al mundo terrenal desde ese punto intermedio.

CERRAR EL CÍRCULO

Una vez hayas terminado el hechizo o ritual, llega el momento de cerrar el círculo. Lo harás del mismo modo en que lo creaste, colocándote mirando hacia el norte, pero esta vez caminarás en sentido contrario a las agujas del reloj, o *widdershins*. Utiliza la misma herramienta de antes (varita mágika, el dedo índice…) e imagina que esa misma luz blanca o llama de color azul vuelve a ti, fluye por todo tu cuerpo, se extiende por tus piernas y regresa a la Tierra, anclando así su energía. Hazlo una vez y, cuando hayas vuelto al punto de inicio, di algo parecido a lo siguiente:

> *El círculo está abierto; que jamás se rompa.*
> *El linde se ha disuelto, pero la magiak no ha desaparecido.*
> *¡Que así sea!*

¡Y que así sea! Acabas de crear y cerrar tu círculo, de dibujar un límite energético. Lo has hecho genial, bruja.

VISUALIZACIÓN ALTERNATIVA

Otra forma de crear ese círculo de protección es a través de una visualización. Después de anclarte, debes invocar y atraer la luz blanca del Cosmos, de forma que entre por el chakra de la corona y fluya hasta tu corazón. Sin perder el control de la respiración, visualiza una burbuja de luz que se va expandiendo con cada inhalación. Esta esfera luminosa va creciendo y creciendo hasta que te envuelve por completo, de pies a cabeza, creando así un círculo de protección a tu alrededor. Respira hondo y, cuando creas que la burbuja ha alcanzado su mayor tamaño, ya puedes dar el límite por establecido.

Cuando creas que ha llegado el momento de cerrar el círculo, harás la misma visualización pero al revés, es decir, encogiendo la burbuja de luz con cada inhalación hasta que se disuelva, justo a la altura de tu corazón. Cuando esté cerrado, decláralo como tal. Quizá te apetezca dar una palmada, o pisotear el suelo, o inspirar hondo, como si estuvieras respirando con una pajita, o apoyar la frente sobre el suelo y así asegurarte de que el círculo está cerrado y, además, devolver a la Tierra la energía que no has utilizado.

La Tierra, el primer paso para crecer

Gracias a la Tierra, puedes brotar, crecer y florecer como la planta más vigorosa y radiante de la naturaleza. Y a través del mundo físico y terrenal puedes ver con tus propios ojos los regalos que nos ofrece la Tierra. Cuando este elemento está en armonía con el Aire, el Agua, el Fuego y el Espíritu, el dinamismo es más que evidente. Y el renacimiento, también. Allá donde mires, verás abundancia y belleza, la alegría del inicio de una nueva estación. Sí, la Tierra es anclaje, pero ese es el primer paso que debes dar antes de florecer. Siempre que notes que estás atascada en tus hábitos y ciclos o que no avanzas, recuerda que el crecimiento siempre te está esperando a la vuelta de la esquina. Inspírate en las estaciones del año; por muy largo y frío y crudo que haya sido un invierno, al final siempre llega la primavera que, con un poco de lluvia y el cálido abrazo del sol, hace renacer a toda la naturaleza. Que esa comparación te sirva para darte cuenta de que, en momentos turbulentos, con un poco de compasión y mimo y amor, tú también puedes desplegar todo tu esplendor y renacer.

El Tarot: leer las cartas

En cada capítulo encontrarás información sobre el Tarot, pues es una herramienta perfecta para explorar los elementos y descubrir todas sus enseñanzas. El Tarot es un antiguo método de adivinación que, en su origen, se utilizaba a modo de juego de cartas. Se cree que surgió en Italia en el siglo XV. La baraja de setenta y ocho cartas está dividida en dos partes, los Arcanos Mayores y los Arcanos Menores (el término «arcano» significa «secreto o misterio»). Los Arcanos Mayores contienen imágenes como la Torre, la Muerte y los Amantes; estas cartas representan grandes cambios vitales, lecciones kármicas y acontecimientos importantes o trascendentales. Narran una historia, el viaje y aventuras del héroe, y explican los ciclos del espíritu de la humanidad, desde el crecimiento y la superación hasta la conexión con el karma y lo divino. Los Arcanos Menores, por su lado, están divididos en cuatro partes, denominadas palos: pentáculos u oros (Tierra), varas o bastos (Fuego), cálices o copas (Agua) y dagas o espadas (Aire). Representan tu vida cotidiana, los pequeños contratiempos que vas a encontrarte en el camino y todo lo que puedes aprender de ellos. El Tarot utiliza numerología, simbolismo y, sobre todo, arquetipos para transmitir sus mensajes.

Pero no te preocupes; tu futuro no está decidido, ni tampoco escrito en ningún sitio. Tienes voluntad propia y tienes poder de elección. A mí me gusta ver el Tarot como un mapa que muestra partes de ti con las que no estás familiarizada. Es un espejo que refleja tu situación personal en ese preciso momento para que tú puedas observarla desde otra perspectiva. El Tarot es un guía energético con el que puedes mantener una conversación. Aunque sí puede advertirte de lo que va a ocurrir en tu vida, recuerda que también puede ayudarte a despertar tu intuición, a mostrarte soluciones que jamás se te habrían ocurrido a ti sola, o a contemplar puntos de vista que quizá habías pasado por alto.

Aunque la baraja clásica es la Rider Waite, te aconsejo que busques una baraja que realmente te guste y con la que conectes nada más verla. Existe el mito de que el primer Tarot debe ser un regalo, pero no es cierto. Eres *tú* quien va a leer las cartas, así que tu opinión es crucial a la hora de elegir una baraja en particular. Encuentra un Tarot con el que te sientas identificada y cuyo diseño te fascine. Hay barajas para todos los gustos, créeme. Echa un vistazo en tu librería local o tienda metafísica, y no te olvides de rastrear la red. A pesar de que abordé el tema del Tarot, interpretaciones y lecturas de cartas en mi libro anterior, *Cómo ser una bruja moderna*, he querido incluir algunos sencillos pasos en el siguiente apartado.

Además de familiarizarte con las cartas que he seleccionado para cada elemento, te invito a que explores el resto de la baraja que has adquirido. Si te apetece colocar varias cartas de tu baraja en tu altar porque deseas dedicarlo a un elemento en particular, hazlo. Si prefieres meditar con una carta en especial para que te guíe hacia su entorno natural y te transmita sus mensajes, hazlo. Y si un día quieres vestirte como uno de los arquetipos que aparece en las cartas, con ropa del mismo color o el mismo estilo para así estar en sintonía con su energía, hazlo. Como ves, el abanico de posibilidades que te ofrece el Tarot es ilimitado. Hay quien se inspira en una carta en especial y escribe poesía, o dedica tiempo a investigar acerca de la imagen que aparece en ella, o anota en su diario qué le transmite el personaje en cuestión. También puedes utilizar las cartas de tu baraja para hechizos y rituales, para representar aquello de lo que quieres desprenderte, o sanar, o atraer. Pregúntale al espíritu de la baraja que tengas entre manos qué quiere revelarte, y después pregúntaselo a las cartas. No te castigues si al principio metes la pata o no logras tus objetivos y disfruta de este viaje psicodélico hacia el inconsciente.

LEER LAS CARTAS

1. Purifica las cartas

Utiliza el humo de hierbas, como artemisa, cedro, sangre de dragón, lavanda o hierba santa. También puedes usar algún tipo de resina, como copal o incienso. Enciende algunas ramitas de esas hierbas y, cuando prendan, sopla la llama para que humeen; asegúrate de colocarlas sobre un plato que soporte bien el calor, o sobre una concha de abulón. Si te has decantado por la resina, enciende un trozo de carbón y espera a que se consuma; déjalo sobre un plato o una bandeja que soporte bien el calor y coloca la resina justo encima. Pasa la baraja por el humo y ruega a las cartas que se purifiquen, que se desprendan de cualquier clase de energía negativa o tóxica. También puedes utilizar ese humo sagrado para purificar las palmas de tus manos, las piernas, los brazos, el torso, la entrepierna, la coronilla y las plantas de los pies.

2. Prepárate

Antes de proceder a la lectura de cartas, dedica unos instantes a anclarte y a respirar. Puedes hacer la visualización de anclaje que he explicado en la página 40 para conectar con el Cosmos, pero también con la Tierra. Si quieres, puedes pedir la bendición de los dioses, diosas, guías espirituales, deidades, ancestros o de cualquier otra entidad. Si vas a leerle las cartas a otra persona, infunde su presencia en la baraja y pídele que conecte con esa tercera persona; así podrás transmitir sus mensajes de una forma segura, por el bien de todos los presentes.

3. Elige tirada

Hay muchas tiradas distintas, desde las más sencillas, en las que solo se destapa una sola carta, pasando por las tiradas de tres cartas, que representan el pasado, el presente y el futuro, y, cómo no, la clásica y famosa cruz celta. He incluido una tirada diferente para cada elemento, pero puedes elegir la que más te guste o, si lo prefieres, buscar más ideas en la red, o en libros especializados. Cada tirada adjudica una pregunta, cuestión o postura a una carta distinta, de forma que, al destapar las cartas, una puede representarte a ti y otra puede simbolizar todo aquello que deberías soltar, o liberar. La tirada es crucial para interpretar y leer las castas.

4. Piensa en la pregunta y mezcla las cartas

Ha llegado el momento de formular la pregunta que esperas que las cartas puedan responder. Es preferible no hacer preguntas con respuestas de «sí» o «no», pero, aun así, intenta que sea lo más precisa y específica posible. Si quieres echarte las cartas a ti misma, es decir, si tú estás formulando la pregunta, tú eres quien debe mezclar las cartas. Pero si se las echas a otra persona, entonces debe ser esa persona quien las mezcle. Mientras barajas las cartas, céntrate en la pregunta y, cuando te sientas preparada, para.

5. Lee las cartas

Cuando te sientas preparada, deja de barajar las cartas. Empieza a destaparlas, y a interpretarlas. He incluido algunos recursos en la página 344, en el apartado de «Lecturas adicionales» por si necesitas más información. Presta atención a tu intuición y escucha a tu corazón; puedes consultar tus dudas en Internet, en libros especializados, o incluso en el folleto de tu Tarot, para aprender a interpretar el significado de las cartas. ¡Lleva su tiempo! Así que ten paciencia.

6. Ánclate

Cuando hayas terminado, te aconsejo que tomes nota de las cartas que has destapado y la tirada que has elegido en un diario dedicado única y exclusivamente al Tarot. También puedes anotar las sensaciones que has tenido, o las interpretaciones. Después, cierra los ojos, conecta con tu respiración y haz una visualización de anclaje para finalizar el ritual y regresar al reino físico. Da las gracias y *voilà*, ya habrás leído el Tarot.

La Tierra en el Tarot: los pentáculos

La Tierra, al igual que el cuerpo humano, crea espacios para que tú los llenes de vida; te proporciona un hogar y en tus manos está decidir quién entra y quién no. A lo largo de tu vida te rodearás de amantes y amigos con quienes convivirás, a quienes profesarás un amor incondicional y de quienes aprenderás muchas lecciones vitales. También desempeñarás distintos trabajos y empleos que te enseñarán valores con los que a veces estarás de acuerdo y otras, no. La Tierra en sí misma es el recinto etéreo y sagrado más importante, un orbe flotante de gas y agua y materia que te permite poblarlo de vida en todas sus dimensiones. En el Tarot, la Tierra está representada por los pentáculos, u oros, que gobiernan sobre el mundo material. Los oros, o estrellas de cinco puntas, hacen referencia a todo lo que puedes tocar y palpar y te proporcionan seguridad. La energía de los pentáculos simboliza tu hogar, ese lugar al que sientes que perteneces, pero también simboliza tu salud. Este palo describe tu relación con el dinero, pero también tu carrera profesional, tus esfuerzos por alcanzar la felicidad, o la abundancia, o el autoconocimiento. Los pentáculos relatan tu vida, pero también los altibajos, si te cuidas, si te mimas, si priorizas tus necesidades. Te recuerdan el equilibrio; cuando solo te fijas en las cosas materiales que te rodean, no estás viviendo, sino sobreviviendo. Los oros son la base, los cimientos sobre los que debes poner toda tu energía primero. Si solo prestas atención a lo material, si solo valoras la cantidad de dinero que has logrado atesorar, o si solo te fijas en tu aspecto físico o en tu estatus social, entonces este palo representará la pérdida, la avaricia y la muerte del ego.

Igual que la Tierra, los oros simbolizan los límites, el anclaje, la abundancia. La Tierra anhela proveerte de todo lo necesario y alberga la esperanza de que un día le devuelvas el favor. La energía de este palo te suplica que celebres y compartas tu abundancia; esta energía te recuerda que no estás hecha para vivir sola, pues la vida es mucho mejor cuando compartes tu buena suerte con los demás.

LA ENERGÍA DE LA OPORTUNIDAD Y EL CRECIMIENTO: EL AS DE OROS

La primera carta de cada palo de la baraja es el as, que siempre augura nuevas oportunidades. La energía del as representa nuevos comienzos, esas oportunidades y bonitas coincidencias que parecen un regalo caído del cielo, pero los ases describen los momentos previos, cuando la semilla está a punto de germinar. Se trata de la posconcepción y el prenacimiento, la manifestación de posibilidades infinitas. Los ases te recuerdan tu capacidad de crear y, en el caso de los oros, de crear en el reino corpóreo y material. El as de oros puede querer mostrarte que estás en el camino apropiado y lo hace a través de sincronicidades, presagios, mensajes u oportunidades. Esto puede traducirse en palabras de ánimo y validación por un proyecto profesional en el que has estado trabajando, por ejemplo, o por esa persona tan especial que acabas de conocer, o por ese hábito saludable que has empezado a seguir, o por esa mudanza que llevas meses planteándote, o por esos límites sanos que anhelas establecer. Las oportunidades son ilimitadas. Puedes invocar la energía del as de oros cuando estés tratando de anclarte, de marcar ciertos límites o de manifestar alguna intención. Cuando anhelas provocar un cambio en tu vida, o cuando quieres que ocurra algo, o cuando te das cuenta de lo que debes hacer para alcanzar tus metas (aunque quizá todavía no hayas descubierto el porqué), es el momento en que la energía del as de oros se manifiesta. Te informa de que ya tienes lo que necesitas para dar ese paso que tienes en mente y, llegados a este punto, todo depende de ti. Lo que suceda a partir de ahora está en tus manos. Los ases siempre representan algo que está en proceso, así que mantén los ojos y el corazón bien abiertos. La parte más difícil ya está hecha. Ahora es momento de recibir las oportunidades que llevas tanto tiempo esperando, y de hacerlo con los brazos abiertos.

LA ENERGÍA DE LA IMPOTENCIA: EL CINCO DE OROS

Si bien el as de oros simboliza la energía de nuevos comienzos y de expresar nuestros deseos en el plano más material y terrenal, el Cinco de Oros simboliza la energía de sentirse atascado, vencido, impotente, como si tuvieras las manos atadas y no pudieras cambiar tus circunstancias. Se puede manifestar de varias maneras: quizá te sientas víctima de una situación, o quizá necesites ayuda pero no sabes cómo pedirla. En esta carta aparecen dos personas que parecen estar peleándose frente a un edificio en cuyo interior brilla una luz cegadora. Esta carta invita a la reflexión y, al pertenecer al palo de oros, es muy posible que esta lucha sea real: puede referirse a un trabajo, a tu situación familiar, a un problema de salud o a una relación tóxica. Sin embargo, aunque estén de mierda hasta el cuello, esos dos están dispuestos a ayudarse. Una de las lecciones más importantes que debemos aprender del Cinco de Oros es que tienes que pedir ayuda. ¡PIDE AYUDA! Sé compasiva contigo misma, pero ten la valentía y el coraje de saber que cuando las cosas no funcionan, debes cambiarlas. Si sientes que te has quedado atascada, no tires la toalla y sigue adelante. Sigue avanzando. Recuerda que para conseguir resultados distintos, no puedes seguir haciendo lo mismo, ni tomando las mismas decisiones. Intenta abordar el problema desde otra perspectiva porque quizá, de esta manera, el problema desaparezca.

La energía de los pentáculos se manifiesta y prospera cuando te sientes a salvo. Piensa en la Tierra; es capaz de sobrevivir a grandes catástrofes (¿te suena de algo el calentamiento global?) y, además, se muestra feliz y agradecida cuando alguien se toma la molestia de escucharla, de mimarla, de cuidarla, igual que ocurre con un jardín o con cualquier ser humano. El as marca el inicio de cada palo de la baraja del Tarot y el número diez, el final. Eso significa que el cinco está justamente en el medio, en un espacio que puede resultar impredecible, como si estuvieras perdida, confundida. A veces es difícil saber qué va a ocurrir después; por ese motivo, el cinco simboliza grandes cambios o decisiones importantes. Si estás viviendo momentos de confusión, o estás librando una batalla interior, o sientes que estás en el ojo del huracán de este Cinco de Oros, recuerda que puedes salir si perseveras. Tienes permiso para pedir ayuda y para decir «no» a aquello que está consumiéndote por dentro. Tienes permiso para albergar una esperanza. Pero hasta entonces es fundamental que no te castigues, que tengas piedad y cuides de ti misma, como si fueses un jardín. Mímate y riégate todo lo que puedas y ten presente que todo es cíclico, que todo pasa y que vas a estar bien.

LA ENERGÍA DE LA MADRE TIERRA: LA REINA DE OROS

Uno de los obsequios más valiosos que te ofrece este palo de la baraja es la abundancia; crecer, florecer y renacer. La Madre Tierra te regala todo lo que necesitas para sobrevivir, y mucho más. Cuando disfrutas de tu propia abundancia, cuando eres testigo de los milagros de la naturaleza, cuando estás conectada con el placer de tu propio cuerpo, la Reina de Oros se manifiesta. Esta reina es majestuosa pero tiene los pies en la tierra, lo que significa que, a pesar de ser flexible, está anclada. Cuando llevas una vida en consonancia al arquetipo de la Reina de Oros, estás íntimamente conectada con los ciclos de la Tierra, y con los tuyos. Gozas de las experiencias sensuales que te brinda la vida: comes bien, te rodeas de personas sofisticadas y aprecias las cosas bellas. La Reina de Oros valora las experiencias estéticas, igual que Dionisio.

La Reina de Oros es la carta de la intuición; cuando sientas que ha llegado el momento de dar un paso al frente y de disfrutar de la riqueza y la seguridad que tanto te mereces, invoca esta carta de la baraja. Esta reina te invita a conectar con tu sensualidad, sea cual sea, y a canalizar esta energía hacia algo importante. Puedes invocar a esta reina siempre que necesites crear o manifestar algo desde un lugar seguro, pero también desde el corazón. Este arquetipo podría ilustrarse con ese jardinero que ama su jardín y a quien no le tiembla el pulso a la hora de arrancar las malas hierbas para así proteger al resto de plantas. La Reina de Oros te puede ayudar a reforzar los límites, pero siempre desde la compasión. Puede ser tu guía cuando estés asustada porque vas a hacer algo por primera vez, o porque vas a escalar una cima inalcanzable y necesitas ayuda. La Reina de Oros es generosa, fuerte y no tiene remordimientos. Es firme, pero no rígida. En resumidas cuentas, es la aliada perfecta para sentirte orgullosa de ti misma y caminar con la cabeza bien alta.

En una lectura, esta carta puede pedirte que celebres el esfuerzo que has realizado para crecer, para florecer. Pero también puede plantearte un desafío; en lugar de conformarte con la abundancia que te ofrece la naturaleza, busca situaciones que supongan un reto personal y te recuerden todas tus virtudes.

UNA TIRADA PARA CUIDAR EL JARDÍN INTERIOR DE TU ALMA

Siguiendo con la analogía de un jardín, esta tirada te ayudará a averiguar qué aspectos vitales debes cuidar o atender un poco más. Puedes echar esta tirada porque buscas la respuesta a una pregunta específica sobre un tema (¿debo aceptar esta oferta de trabajo?), o simplemente porque necesitas guía u orientación en un momento determinado. A veces somos nuestras peores enemigas; somos demasiado exigentes y críticas con nosotras mismas y nos cuesta darnos cuenta de qué aspectos debemos cuidar más. Límites sanos, ¿recuerdas? Espero que esta tirada te ayude a ver las cosas desde una perspectiva más objetiva. Antes de empezar, te aconsejo que te tomes unos instantes para preparar el espacio, encender velas o incienso, bajar la intensidad de la luz eléctrica y hacer los rituales que consideres necesarios. Quizá te apetezca hacer la visualización de anclaje descrita en la página 40 antes de tirar las cartas. Después, mezcla bien las cartas mientras piensas en la pregunta y analiza todas las sensaciones que te embargan. Corta la baraja cuando te sientas preparada y anota todos los detalles en un diario para poder revisarlos más tarde y así analizar tu crecimiento y evolución.

Carta 1: mis raíces (lo que me mantiene anclada).
Carta 2: debajo de la superficie (información que no puedo ver).
Carta 3: la planta (punto de crecimiento actual).
Carta 4: qué me nutre y alimenta.
Carta 5: qué me agota y me merma.
Carta 6: qué necesito para seguir creciendo.
Carta 7: límites que necesito reforzar.

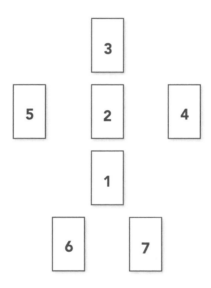

Los cristales y la Tierra

Los cristales están en todas partes; ya estés leyendo una revista, de camino a tu tienda metafísica de confianza, pasando el rato con tu mejor amiga en vuestro rincón brujil preferido o disfrutando de un paseo en plena naturaleza, puedes estar segura de que estas gemas te protegen bajo su hechizo. Los cristales, que también incluyen piedras preciosas y minerales, son trozos ancestrales de la Tierra que pueden tardar siglos, e incluso milenios, en convertirse en lo que son. Por este motivo, y también porque su estructura geométrica roza la perfección, se dice que contienen una sabiduría ancestral, además de la vibración sanadora de la propia Tierra. Estos trabajadores milagrosos, por decirlo de algún modo, son seres que han evolucionado, que desprenden energía y de los que, a través de su increíble belleza, puedes aprender muchísimo.

Para descubrir el poder que tiene un cristal, solo tienes que contemplarlo. La belleza de estas formaciones, además de ser asombrosa e hipnotizante, también es sagrada. Los cristales te ayudan a ajustar tu vibración y a transformarla en placer; podríamos compararlos con sirenas que entonan una canción para atraerte hacia esa luz mística y brillante, la misma que te vio nacer. Conocer y trabajar los cristales significa conocer y trabajar el alma de la Tierra, conocer y trabajar las energías que muchas culturas han utilizado a lo largo de miles de años. Los cristales, igual que las cartas del Tarot, te guían hacia reinos olvidados; son inquietantes, desde luego. También pueden actuar como guardianes del tiempo, pues conservan energía ancestral. Cada cristal tiene sus propias correspondencias, es decir, sus propias asociaciones sagradas. Algunos te ayudarán a abrir tu corazón, otros a anclarte, otros a hallar protección. El color, forma y densidad (ya sean opacos o translúcidos) del cristal son factores que describen la calidad de la piedra. Se han escrito muchos libros sobre el tema, he incluido algunos de mis favoritos en el apartado de «Lecturas adicionales», de la página 344, por si te interesa saber más. Hablaré de los distintos cristales que pueden ayudarte a conectar con cada elemento. Y, puesto que los cristales están íntimamente conectados con el elemento de la Tierra, en este capítulo también he querido compartir una meditación con algunas piedras.

Cristales para el elemento de la Tierra

Puesto que las piedras provienen de la Tierra, una podría suponer que todos los cristales están relacionados con ese elemento. Sin embargo, se ha demostrado que algunos tienen propiedades más flexibles, estables o protectoras que otros. El cuarzo ahumado y la turmalina, por ejemplo, te ayudarán a comprender la energía de la Tierra gracias al modo en que interactúan con tu cuerpo sutil y sistemas energéticos.

Un pequeño apunte: si no dispones de la versión física de estos cristales, no te preocupes. Puedes imprimir una fotografía, o descargarla en tu dispositivo móvil y ponerla como fondo de pantalla.

PARA CANALIZAR EL ELEMENTO DE LA TIERRA: TURMALINA NEGRA

La turmalina negra no se anda con tonterías. Si lo que pretendes es equilibrar tu aura, limpiarla y purificarla de toda aquella energía que ya no te sirva y anclarte, anclarte y anclarte, esta piedra está hecha para ti. Equilibra los centros energéticos del cuerpo y, al mismo tiempo, sana y cicatriza cualquier herida, grieta o agujero de tu campo energético. Al igual que la Tierra bajo tus pies, la turmalina negra te ofrece algo a lo que agarrarte y te ayuda a vivir en el reino terrenal de una forma más plena y consciente, pues disipa todos los miedos y energías negativas y te protege. Esta piedra también puede ayudarte a asimilar e incorporar tu sombra, tu lado oscuro (hablaré más sobre este tema en el capítulo dedicado al Agua), ya que te permite ver la importancia y el valor de la luz, pero también de la oscuridad. Además, te invita a ser compasiva contigo misma, pues solo así te aceptarás y empezarás a evolucionar. Si estás asustada o angustiada, o si crees que corres un grave peligro, esta piedra te ayudará a sentirte a salvo y protegida.

Llévala siempre contigo si crees que necesitas de su protección. Colócala en la base de tu columna vertebral, el punto en el que se encuentra el chakra raíz (chakra, en sánscrito, significa «rueda de luz»), cuando estés meditando para así alejar toda energía negativa y anclarte en este reino. También puedes dejar un trozo de turmalina cerca de la puerta de entrada y salida de tu casa para estar protegida.

ENERGÍA DE LA TIERRA PARA ENCONTRAR EL EQUILIBRIO: CUARZO AHUMADO

El cuarzo ahumado es una piedra de color grisáceo de la misma familia que el cuarzo transparente, una piedra muy versátil, pero con más energía estabilizadora. El cuarzo ahumado te ayudará a encontrar el equilibrio en un momento determinado y transformará cualquier sensación de preocupación e inquietud en calma y serenidad. Es perfecta para calmar la ansiedad, porque te invita a despejar la mente, a dejarla en blanco y a centrarte solo en ti misma. Si la energía de la Tierra te abruma y sientes que te has zambullido en un lago y que necesitas un pequeño empujón para volver a la superficie, te aconsejo que trabajes con esta piedra.

El cuarzo ahumado te ofrece un punto de apoyo en el presente y te proporciona un espacio privado y personal para que puedas dar rienda suelta a todos tus sentimientos y sensaciones sin que te superen ni te paralicen. Este cristal también es purificante y energizante, pues te permite alejar cualquier clase de energía estancada de tu campo energético (o áurico) y transforma esa energía terrenal tan pesada en tierra fértil. El cuarzo ahumado es compasivo y piadoso, y por eso te permite asimilar el poder de la Tierra y florecer.

Si sufres ansiedad, te aconsejo que lleves un cuarzo ahumado siempre contigo para poder sostenerlo cuando lo necesites. También puedes incluirlo en tu meditación, colócalo en la base de la columna vertebral, o sobre la pelvis, donde se sitúa el chakra sacro. El cuarzo ahumado también alivia el dolor, así que puedes colocarlo sobre la zona donde sientas esas molestias y dolor para beneficiarte de sus efectos calmantes y sanadores.

UNA MEDITACIÓN PARA ANCLARTE Y CONECTAR CON LA ENERGÍA DE TUS PIEDRAS

Esta meditación es muy versátil, de forma que puedes adaptarla e incluir otros cristales, por ejemplo. Para esta meditación en concreto, te aconsejo que utilices cristales de anclaje, como el cuarzo ahumado o la turmalina negra. Tal vez prefieras leer la meditación varias veces para así familiarizarte con ella, aunque también puedes grabarte mientras la lees en voz alta para así escucharla como si fuese una meditación guiada.

Busca un lugar cómodo en el que sentarte y reúne todos tus cristales. Túmbate, boca arriba, y coloca la turmalina negra en el suelo, entre tus piernas o muy cerca de la base de la columna vertebral, es decir, cerca del chakra raíz. El cuarzo ahumado debe estar justo encima de tu pelvis, sobre el chakra sacro. Recuéstate y empieza a conectar con tu respiración. Si te resulta imposible estirarte sobre el suelo, no te preocupes; siéntate y sostén las piedras sobre la palma de la mano, o déjalas cerca de ti. Mantén el control de la respiración; inspira y expulsa el aire siguiendo un ritmo constante (empieza por cuatro o cinco segundos) y siente cómo tu mente empieza a despejarse. Sin perder de vista la respiración, imagina que tu cuerpo se funde con el suelo. Cuando inhales, visualiza una luz dorada brillando en tu interior y, cuando exhales, imagina que tu cuerpo se hunde en el suelo, en la Tierra. Centra tu atención en las preocupaciones y tensiones que sufre tu cuerpo y cúbrelas con ese resplandor dorado cuando inhales. Y al expulsar el aire, visualiza que la turmalina negra absorbe toda la energía negativa y tóxica. Continúa inhalando luz dorada y exhalando toda tu preocupación, malestar, ansiedad y miedo en la turmalina. Dedica todo el tiempo que consideres necesario.

Ahora vamos a seguir con el cuarzo ahumado. Inspira y absorbe la energía protectora de esta piedra; para ello, imagina una luz plateada muy brillante que se va extendiendo desde la base de tu columna vertebral hacia el resto de tu cuerpo, hasta alcanzar la coronilla. Sigue respirando, asimilando toda esta energía hasta que sientas que estás envuelta en una especie de nube que te cobija y te protege. Siente cómo toda la ansiedad y la tensión se van disipando hasta desaparecer por completo. Y al exhalar, suelta toda la energía que ya no utilices o no te sirva.

Cualquiera de estas visualizaciones te servirá para sacar el máximo partido a estos dos cristales y beneficiarte de su energía. Cuando creas que ha llegado el momento de terminar, imagina que esa luz dorada del inicio recorre de nuevo todo tu cuerpo mientras toda la energía negativa se disuelve y desparece. Después abre los ojos, incorpórate poco a poco y no olvides expresar tu agradecimiento a los cristales.

Anota todas las sensaciones, visiones o imágenes en tu grimorio o diario personal y repite esta meditación siempre que lo necesites.

Tierra y encarnación

Aunque el objetivo principal de muchas prácticas espirituales es tratar de alejarse del mundo material y separar la mente del cuerpo para así alcanzar el equilibrio y la paz interior, el objetivo de la brujería es totalmente distinto. Nosotras pretendemos unir el cuerpo y el espíritu *en esta vida*. La brujería, igual que muchas otras prácticas espirituales, como el Tantra y algunas ramas occidentales del ocultismo, prefiere que la práctica espiritual esté basada en el aquí y el ahora, porque es en este reino material y terrenal en el que vivimos y en el que podemos evolucionar y crecer.

Tal vez tu sueño es alcanzar la encarnación o, dicho de otro modo, llevar tu práctica espiritual al reino físico y material para así poder sentir y disfrutar la vida en toda su plenitud. En lugar de escabullirte a una cueva oscura y meditar durante largas horas para llegar al nirvana (lo cual es bastante absurdo, por cierto), creas rituales que te permiten conectar con tu práctica espiritual en tu día a día. Interiorizas esta magiak y recurres a ella para analizar sensaciones y conocer tu cuerpo, y tu espíritu. En lugar de abandonar este reino, te comprometes a vivir de una forma plena y consciente, como un ser humano que mete la pata y comete errores pero se esfuerza por mejorar y por evolucionar y por mantener una conexión con el Universo. Estás presente y, como tal, puedes ayudar a otros a estarlo: conviértete en su fuente de inspiración. Aun así, habrá momentos en los que te sientas ansiosa o

nerviosa o deprimida... Es normal, eres humana al fin y al cabo. Pero si logras interiorizar una práctica espiritual, serás capaz de reconocer los sentimientos que se esconden en lo más profundo de tu ser, de no caer en la trampa de la obsesión y de no dejarte vencer por la oscuridad, o por energías negativas; de esta manera, cuando la ansiedad o la preocupación llamen a tu puerta, podrás recibirlas en un estado de presencia intensa. E incluso cuando estés triste, podrás encontrar cosas por las que sentirte agradecida. Y si de repente tu vida se vuelve caótica, dispondrás de herramientas y rituales para encontrar tus raíces y recuperar la seguridad. O para pedir ayuda cuando la necesites.

Cuando hablo de encarnación, me refiero a dos cosas distintas. Por un lado, prácticas que utilizan la respiración, el movimiento, el sonido y las sensaciones para anclarte a este reino y recuperar el contacto contigo misma. Y, por el otro, todo lo relacionado con la estética y el glamur, es decir, cuidar el estilo personal y encarnar los elementos a través de tu imagen, lo cual incluye maquillaje, ropa, perfume, colores y talismanes. Así que nos adentraremos de lleno en ambos aspectos.

EJERCICIO DE ENCARNACIÓN: UN RITUAL DE MOVIMIENTOS LENTOS PARA ABSORBER LA ENERGÍA DE LA TIERRA

La finalidad de este ejercicio es ayudarte a sentir lo mismo que siente la propia Tierra, y puedes hacerlo en casa o en plena naturaleza. Ponte algo cómodo para que puedas moverte con total libertad y sigue las indicaciones de la página 29 para preparar el espacio.

Túmbate sobre el suelo, boca arriba y con las piernas y brazos ligeramente separados del cuerpo; en yoga, esta postura se conoce como la postura del cadáver, o *savasana*. Si lo prefieres, puedes colocarte en otra postura que te resulte más cómoda, siempre y cuando tengas algo sobre lo que apoyarte. El primer paso es conectar con tu respiración; inspira y expulsa el aire siguiendo un ritmo constante. Cuatro o cinco segundos para inhalar, y otros cuatro o cinco para exhalar. Repítelo al menos cinco veces y después imagina que de la base de tu columna vertebral, de tus pies y de tus manos empiezan a brotar unas raíces que atraviesan el suelo y se abren camino hacia el corazón de la Tierra. Estas raíces te nutren de una energía deliciosa, una energía cálida y reconfortante. Disfruta de esta energía dorada y, poco a poco, empieza a mover y a estirar todo tu cuerpo, sintiendo las raíces que han brotado de tus manos, de tus pies y de tu columna vertebral. Extiende los brazos por encima de tu cabeza, balancea las caderas y pide a la energía de la Tierra que te guíe. ¡Sigue controlando la respiración! ¿Qué notas en el cuerpo? ¿Cómo debes moverte para sentir mejor el apoyo que te ofrece la Tierra? Muévete hasta hallar el punto de equilibrio, pero no fuerces el cuerpo. Trata de rotar las caderas y el torso; estira primero un brazo y después, el otro. Disfruta de esta conexión con la Tierra y, cuando estés preparada, imagina que empiezas a crecer y a crecer, hasta que tu cuerpo es como el de un gigante y tu alma, como un rascacielos. Sigue moviéndote durante cinco o diez minutos más; de vez en cuando, haz una breve pausa para escuchar a tu cuerpo y saber qué necesita. Cuando hayas terminado, da las gracias a la Tierra e imagina que las raíces se disuelven, o retroceden hasta volver a tu cuerpo. Anota todo lo que has sentido en tu diario personal.

Rituales para conectar con la Tierra

En cada apartado encontrarás distintos ejercicios mágikos inspirados en un elemento en particular. En este capítulo te mostraré rituales inspirados en el elemento de la Tierra.

BRUJERÍA VERDE

La Tierra simboliza el corazón de la bruja. Y es allí donde debes regresar. La Tierra te ofrece un hogar seguro, te proporciona la energía necesaria para anclarte antes de un ritual y te regala presentes cuyo valor es incalculable, como comida, medicina, flores, belleza y amor. Gracias a la Tierra puedes atestiguar el paso de las estaciones, celebrar los días sagrados de la Rueda del Año y dedicar parte de tu tiempo a honrar y venerar a Gaia.

Cada bruja tiene su propia forma de trabajar con este elemento. Las brujas enamoradas de la Tierra sienten especial interés y atracción por la brujería verde porque se centra, sobre todo, en la naturaleza. Si eres de las que tiene buena mano con la jardinería, no habrá nada que te guste más que pasar tiempo al aire libre. Hay brujas a las que les apasiona el mundo de las plantas, las flores, las hierbas aromáticas, los huertos… Si eres amante de la naturaleza, ¡tal vez ya estés familiarizada con alguno de estos caminos! La brujería verde no es más que brujería, aunque, como es de suponer, se centra sobre todo en el elemento de la Tierra, y lo hace a través de la jardinería, de la elaboración de tés medicinales, de invitar a elementales terrenales (como dríades o espíritus de árboles) y de hechizar alimentos, es decir, infundirlos de energía a través de ciertas técnicas culinarias.

Si te apetece probar esta clase de brujería pero no sabes por dónde empezar, ¡no tienes más que mirar a tu alrededor! ¡Estás rodeada de naturaleza! Puede ser un jardín pequeño, un parque o un simple árbol. Empieza conectando con esos espíritus, ya sea en la vida real o a través de una meditación. Atiende y cuida de una planta, si puedes. Empieza a establecer una conexión con la comida que preparas, da las gracias a la Tierra por regalarte su abundancia y practica brujería culinaria. Llena de luz blanca todos los alimentos y canaliza la energía que recibes del Cosmos por la corona de tu cabeza hacia las palmas de tus manos. Medita con la Tierra, practica la meditación que aparece en la página 40 con Gaia o medita en un lugar al aire libre si así te sientes más conectada con este elemento. Haz algo y contribuye al bienestar de la Tierra, como recoger plásticos de una playa o plantar árboles en una zona deforestada.

Si te gusta el té, aprovecha las hojas que has utilizado y añádelas a la bañera para así absorber los mensajes que esas hierbas quieren transmitirte. Pasa tiempo en la naturaleza, desconecta de las redes sociales, realiza rituales de anclaje. Deja ofrendas de miel, vino, pasteles dulces o incluso tu sangre menstrual para la Tierra. Deja que la Tierra te guíe, que comparta sus secretos y deseos contigo mientras sigues avanzando por este camino. Se han escrito muchos libros sobre el tema, así que, si te apetece descubrir más, te animo a que lo hagas.

El ritual del té

Estos rituales o ceremonias cuentan con varios siglos de historia, pues son una forma perfecta de conectar con la Tierra. Desde Nueva Zelanda hasta China, pasando por la India y Estados Unidos, muchas son las culturas que consideran que al beber

hierbas sagradas podrán beneficiarse de sus propiedades sanadoras y conectar con el espíritu de las plantas. Aunque no seas una bruja de cocina, beber té puede convertirse en un poderoso ritual de curación y sanación. El secreto, como ocurre con todo, reside en la intención. ¿Cómo puedes trasladar tu consciencia al té? Pues bien, preparándolo y bebiéndotelo con plena consciencia. Conoces las propiedades de las hierbas que has elegido y, de hecho, las has elegido por un motivo. Visualiza ese motivo y conecta con el té mientras te lo tomas poco a poco, sorbo a sorbo. En otras palabras, igual que en el resto de rituales, el simple hecho de tomar té se convierte en algo sagrado.

A continuación leerás una lista de distintas hierbas y un poco de información sobre sus propiedades. Las opciones que tienes a tu disposición son múltiples, aquí solo encontrarás algunas de mis favoritas. Cada una está gobernada por un planeta distinto, pero como todas las hierbas provienen de la Tierra, he decidido incluirlas todas en este capítulo. Los rituales del té también pueden conectarte con otros elementos, como el Agua, así que da rienda suelta a tu imaginación y pregúntate, a ti y a las hierbas, qué necesitas antes de planear el ritual.

Camomila: es una hierba del Sol, una hierba sanadora que aliviará el insomnio y el estrés. La camomila también te ayudará a recibir la energía del éxito y a abrir tu chakra sacro para así ganar confianza, calor y luz.

Diente de león: esta hierba está relacionada con Hécate, la diosa griega de la brujería, nigromancia y del reino intermedio. Además de ser una hierba poderosa y sanadora, también está relacionada con el paso del tiempo y con aceptar el cambio. El diente de león se aconseja para anclarse y funciona de maravilla para aliviar problemas de hígado.

Jengibre: además de estar relacionado con la carta del Tarot de la Suma Sacerdotisa, el jengibre es una raíz con propiedades protectoras. Es una hierba purificante que te ayudará a ser consciente de tu cuerpo, a encontrar tu fuego interior y a sanar lo que necesita sanarse. Se recomienda para el dolor de estómago.

Lavanda: la lavanda es una planta sanadora que te conecta con tu intuición a la vez que estimula la relajación. Es una gran aliada de la fertilidad, y te ayudará a contemplar el mundo desde una perspectiva más espiritual y holística. Pero por encima de todo la lavanda te ayuda a liberarte del estrés diario, a sanar las heridas en tiempos de oscuridad y a expresar tus deseos futuros.

Menta: aunque existen distintas variedades de esta planta, como la yerbabuena o la piperita, cada una con sus propiedades, todas ellas son hierbas relacionadas con la abundancia y el éxito. Se suele utilizar la menta para atraer la riqueza, pero también para refrescarte y purificarte.

Artemisa: es una de las hierbas más psíquicas de nuestra flora, por lo que puede ayudarte a conectar con tu intuición y a adentrarte en tu interior a través del chakra del tercer ojo y de la corona para que así florezcas. La artemisa es la hierba más utilizada para tener sueños lúcidos y visiones, pero también alivia el dolor menstrual, algo que muchas padecemos cada mes.

Rosa: las rosas, además de representar a Venus, son las flores del amor, de la devoción y del corazón. Puedes utilizar las rosas para conectar con la energía del amor incondicional, del placer y de la belleza. También es una hierba maravillosa para sanar y cultivar el amor propio.

Verbena: es una de las hierbas preferidas de las brujas; está relacionada con Venus y se utiliza para bendecir un hogar y para consagrar objetos para rituales. La verbena intensifica cualquier magiak y te puede ayudar a manifestar y aprovechar sus propiedades amorosas. Te inspirará y te preparará para tus ejercicios mágicos.

UN RITUAL DEL TÉ PARA QUE TE SIENTAS ANCLADA EN TU CUERPO

Para este sencillo ritual puedes elegir la hierba que más te guste. Este ritual incluye un control constante de la respiración y una visualización muy fácil y es el ritual perfecto para esos momentos en los que la ansiedad te supera, o estás nerviosa por algo, o necesitas el cálido y luminoso abrazo del Universo.

Lo más maravilloso del té es que puedes tomarlo sin haber preparado y pensado un ritual y, aun así, estarás creando un ritual. Con esto quiero decir que, aunque aquí encontrarás un paso a paso muy detallado, también puedes hacerlo mentalmente cuando estás frente al ordenador, en la oficina, o esperando en la cola del Starbucks. ¡Nadie tiene que enterarse! Tan solo debes cerrar los ojos y respirar.

Necesitas: hierbas de tu elección (te he dejado algunas ideas en la lista anterior), un saquito de té, un infusor o un té de hierbas preparado, una taza que te guste, una tetera (si tienes), agua caliente, miel, leche (si te gusta tomar el té con un chorrito de leche), una cuchara, cristales que quieras sostener en la mano (como turmalina negra o cuarzo ahumado) y un lugar tranquilo para sentarte y reflexionar.

Paso 1: prepara el espacio y el té

Lo primero que debes hacer es preparar el espacio. Apaga el teléfono, pon música ambiental, informa a tu pareja o compañeros de piso que no te molesten o interrumpan durante unos minutos y reúne todo lo necesario. Hierve el agua y elige una taza y un puñado de hierbas. Y mientras el agua empieza a calentarse, áncalate y conecta con tu respiración, liberando todas las tensiones y preocupaciones en cada exhalación. Cuando te sientas anclada, da las gracias a las hierbas que has elegido para el ritual. Si estás utilizando hierbas sueltas, colócalas en el infusor o en el saquito y, si utilizas una bolsita de té, métela en la taza. Te aconsejo que uses tu taza favorita. Algo que hice para que mis rituales de té fuesen todavía más especiales fue pintar mi propia taza en un taller de cerámica: dibujé imágenes planetarias y varios motivos de ocultismo para así dedicársela a Venus. Si te apetece personalizar una taza en especial y utilizarla únicamente para ceremonias y rituales de té, hazlo. También puedes hacer lo mismo con una tetera, por ejemplo.

En cuanto el agua rompa a hervir, échala sobre las hierbas, o en la tetera, y después vierte el té en la taza elegida. Da las gracias al elemento del Agua por su purificación y por haber conectado con el elemento de la Tierra. Sigue controlando la respiración.

Paso 2: deja que infusione y respira

El té ya está preparado, así que ha llegado el momento de incluir consciencia al ejercicio. Coge la taza, la cuchara, la tetera (si tienes una) y el resto de ingredientes que puedas necesitar, como miel, azúcar o leche, y dirígete al lugar donde vas a tomarte el té. Deja la taza en un lugar seguro, coge los cristales con los que quieres trabajar, colócalos delante de ti o sostenlos en tu mano no dominante, y cierra los ojos.

Primero, conecta con el Cosmos. Imagina una luz blanca de consciencia y amor puro que nace de los cielos y se adentra en tu cuerpo por la coronilla hasta alcanzar la planta de tus pies. Esta luz blanca y cegadora limpia y purifica tu aura y te ayuda a anclarte. Cuando estés preparada, empieza a llenar todo tu cuerpo con esta luz y decide qué intención quieres infundir en el ritual; quizá lo utilices para anclarte, para sanar, para estar presente. Utiliza el tercer ojo para no perder la intención de vista.

Paso 3: mezcla los ingredientes

Cuando estés lista, coge la taza de té con ambas manos y dedica unos instantes a sentir su calor. Si quieres añadir una cucharadita de miel o de leche, ahora es el momento. Remuévelo en el sentido de las agujas del reloj, o *deosil*, para expresar e invocar anclaje y prosperidad. Quizá quieras remover el té en múltiplos de tres, un número sagrado.

Paso 4: gratitud y oración

Y ahora ha llegado el momento de expresar tu gratitud y de orar. Imagina esa misma luz blanca deslizándose por tu columna vertebral y por tus manos hasta alcanzar el té. Transmite gratitud al té y a la luz y dedica unos segundos a dar gracias a las hierbas por su magiak y por su apoyo mientras vuelves a conectar con tu intención. Si te apetece, puedes susurrar una pequeña oración, como la que te propongo a continuación:

Elemento de la Tierra, te doy las gracias por esta ofrenda que me ha permitido conectar con tu energía. Que reciba las propiedades sanadoras de [la hierba que has elegido para el té] y que tanto necesito en estos momentos. Que así sea.

Paso 5: disfruta

En cuanto te sientas conectada con el té, ¡ya puedes disfrutar de él! Saboréalo. No tengas prisa y tómate tu tiempo. Siéntete agradecida por esta ofrenda que te regala la Tierra. Al terminar, da las gracias al té e imagina que ese rayo de luz blanca empieza a replegarse y vuelve a los cielos. Respira hondo varias veces y disfruta del resto del día.

UN RITUAL Y UNA MEDITACIÓN PARA CONECTAR CON LA NATURALEZA

Siempre me ha gustado caminar descalza. De hecho, hay estudios que demuestran que caminar descalzos sobre el barro o sobre el césped nos ayuda a dormir mejor, a soportar más el dolor y a vivir con los pies en el suelo. El motivo, al parecer, es que los electrones de la Tierra se acercan a las plantas de tus pies y ayudan a neutralizar y aliviar cualquier dolor corporal. Quizá te parezca una tontería, pero lo cierto es que, en mi opinión, tiene bastante lógica: la Tierra es sanadora. Toda bruja lo sabe. Y tú también. Lo sabes porque cuando te encuentras en plena naturaleza tienes la sensación de estar más conectada con tu propia naturaleza salvaje; y porque tienes siempre presente que naciste en ella. La Tierra es tu madre, y la madre de todo ser viviente de este planeta. No olvides que, al morir, regresarás de nuevo a ella.

Este ritual te ayuda a recordarlo a través del cuerpo. Cuando notas el tacto y la caricia de la Tierra bajo las plantas de tus pies, te sientes a salvo, más tranquila y más segura de ti misma. Y es que la Tierra tiene la capacidad de calmarte, de serenarte; es tu cobijo particular, donde te sientes sana y salva. La sensación es como la de volver al hogar después de un largo periodo de tiempo. Si vives en una gran ciudad y no puedes pasar tiempo al aire libre, no te preocupes porque también puedes reconectar con la naturaleza desde tu casa.

Necesitas: un lugar por el que caminar descalza, como un jardín o un parque, una toalla o un poco de papel para después limpiarte las plantas de los pies, un diario o una libreta y un bolígrafo.

Es posible adaptar este ritual y convertirlo, por ejemplo, en una meditación que puedes hacer en casa y no en un parque. Sigue los mismos pasos y te prometo que podrás anclarte y sentir esa conexión tan especial con la Tierra.

Paso 1: prepara el espacio y piensa en tu intención

Lo primero es lo primero. Busca un lugar que te transmita calma y seguridad y por el que puedas caminar con los ojos cerrados (aunque puedes saltarte esta parte si no te apetece). Quítate los zapatos y los calcetines y guárdalos a buen recaudo. Si es un lugar público y temes que alguien pueda robarte tus cosas, invita a un amigo o amiga para que vigile tus pertenencias, por si acaso. Comprueba que no hay basura, cristales rotos o cualquier otra cosa que puedas pisar y hacerte daño. Vas a andar dibujando círculos, así que tampoco necesitas muchísimo espacio. Apaga el teléfono y empieza a controlar la respiración mientras notas los rayos de sol besándote la piel. Y ahora, cierra los ojos.

Siente el suelo bajo tus pies y siente cómo te sujeta. Siente cómo la gravedad te mantiene a salvo y te retiene en la Tierra. Respira hondo varias veces y piensa en la intención de este ritual. Quizá pretendas disfrutar del momento, o anclarte en la Tierra. O tal vez quieras establecer ciertos límites o una conexión más íntima con la Tierra para así vivir con más libertad. Sea cual sea tu intención, transmite toda tu gratitud a la Tierra y mantén esta intención en tu corazón.

Paso 2: conecta y muévete

Cuando te sientas conectada, ya sea con los ojos cerrados o con la mirada clavada en el suelo, justo delante de la punta de tus pies, empieza a caminar. Siente cómo la planta de tus pies se apoya en la Tierra y presta atención a la suave caricia de las briznas de hierba, a la humedad del césped. Sigue andando unos cinco o diez minutos, pero no te distraigas. Debes ser consciente de todas las sensaciones que recorren la planta de tus pies. Y ahora, piensa en la intención. Puedes menear los dedos de los pies, o clavar los talones en el suelo o quedarte quieta unos instantes. Honra lo que está por venir y lo que tu cuerpo anhela hacer.

Paso 3: termina y toma notas

Recuerda que el límite de tiempo lo impones tú, y solo tú. Cuando estés lista, quédate quieta y concéntrate de nuevo en tu respiración. Respira hondo varias veces y piensa de nuevo en tu intención. Da las gracias a laTierra por su apoyo, toma una buena bocanada de aire y abre los ojos.

Anota todo lo que has vivido, como sensaciones, olores o visiones en tu libreta o diario personal. Después límpiate bien la planta de los pies, cálzate y disfruta de lo que queda de día.

Trabajar con diosas

Una de las partes más transformadoras de mi viaje espiritual ha sido poder trabajar con la divina feminidad y, sobre todo, reconocer y venerar la divinidad que vive en mi interior. Muchas de nosotras nos hemos criado en sociedades gobernadas por religiones patriarcales que adoran e idolatran a una divinidad masculina, a un hombre. Nos han enseñado que Dios es un anciano que, apoltronado en suaves y esponjosas nubes, se dedica a juzgarnos. Se trata de un dios furibundo, que nos castiga y que nos despoja de cualquier placer vital. Oh, es imposible que ese dios sea una mujer.

A la mierda, yo me niego a creer en eso. Dios, lo divino, la energía, el Universo… sea lo que sea que *es*, una cosa está bien clara: es mucho más grande que todos nosotros. Esa fuerza a la que denominamos «Dios» o «el Universo» no es humana, desde luego. Es una energía, algo tan grande y poderoso que nuestra mente no es capaz de concebirlo. ¿Y qué hacemos los humanos cuando no comprendemos algo? Pues creamos una imagen para poder visualizarlo. Hemos diseñado un dios, o varios dioses y diosas, porque necesitamos personalizar esa energía divina que no somos capaces de entender. Es como tratar de mirar directamente el Sol; la luz es tan cegadora que resulta imposible.

Dios no es un anciano que está recostado en las nubes. No te juzga. De hecho, ni siquiera es un «él» o «ella»; Dios existe, sin más. Y el Universo existe, sin más. Reconozco que, para mí, dios es una mujer, y siempre me refiero al Universo como a *ella*, pero lo cierto es que en el plano divino estas diferencias de género no existen. Todo el mundo tiene una faceta masculina, y otra femenina, o una parte activa y otra receptiva. Pues lo mismo puede aplicarse a ese ente divino. Sin embargo, lo divino está hecho de luz pura, de amor puro, de consciencia pura y de presencia. Aunque te cueste comprender qué es, puedes trabajar con las diosas y dioses de distintos panteones para que te ayuden a establecer un vínculo con él, o con ella.

Comentaré y haré una pequeña descripción de varias diosas y su relación con los distintos elementos. Aunque también puedes trabajar con dioses, debo admitir que siento debilidad por las diosas y la divina feminidad. En mi caso, me ayudan a equilibrar la balanza de lo masculino y femenino. Es gracias a la Diosa y a través de la Diosa que puedo llevar a cabo este ejercicio. A todas las que crecisteis creyendo que Dios era un hombre, venerar y trabajar con las energías femeninas del Universo puede resultar algo novedoso y radical. Te verás reflejada en algo celestial y podrás crear un vínculo con la divina madre que te permitirá reconocerla bajo la multitud de máscaras que atesora. Y no solo eso, distinguirás a la Diosa que habita en tu interior e incluso podrás interiorizar y encarnar los diferentes elementos si invocas a las diosas con los que están relacionados. Al principio, esto puede resultar incómodo, incluso angustioso. ¡No pasa nada! Tómatelo con calma y no tengas prisa. Recuerda que también debes escuchar y honrar lo que no te satisface, lo que no se adapta a ti. Recibe ese malestar y desasosiego que te grita «¡para!» y venéralo.

PREPÁRATE

Algo importante que debes recordar antes de empezar una relación con una diosa o deidad es que no va a ser más que eso, una relación. El respeto es algo que debes mantener cuando trabajas con lo divino. ¡Recuerda tus buenos modales! Haz tus pesquisas, investiga. Conoce a fondo la diosa con la que vas a trabajar. Diseña un espacio dedicado a ella, como un altar. Deja una ofrenda. No hagas promesas que no puedas cumplir, ¡y no le exijas nada!

Crear rituales de devoción es otra forma muy poderosa de forjar relaciones con las diosas. Es algo que puedes hacer a diario o de vez en cuando: repetir una oración, encender una vela, dejar una ofrenda, tararear una canción. Al repetir estos actos sagrados, reafirmas tu dedicación a esta diosa y la conexión se vuelve más intensa, más profunda. Aprenderás a crear un ritual de devoción en el capítulo dedicado al Espíritu de este libro.

Gaia: Diosa griega de la Tierra

Si nos remontamos en el tiempo y viajamos hasta la mitología griega, nos encontramos con Zeus y con Afrodita y antes que ellos, con los Titanes. Pero si echamos la vista todavía más atrás, nos toparemos con el caos absoluto y previo a ese caos, Gaia. Podría decirse que Gaia es la primera diosa de la Tierra, venerada y adorada como si fuese la personificación de este elemento. De ella nace cualquier forma de vida, y a ella regresa. Gaia es la madre del cielo, también conocida como Urania, y fue ella quien dio a luz a los Titanes, a los gigantes y al océano.

Cuando pienses en Gaia, piensa en el espacio natural más hermoso e impresionante que jamás hayas visto o soñado. Gaia es la Madre Naturaleza y es en su esplendor cuando podrás conectar con ella de una forma plena y eficaz. ¿Cómo te sientes cuando estás al aire libre, en plena naturaleza? ¿Qué cambios notas en tu cuerpo cuando estás en contacto con la Tierra? Presta atención y piénsalo bien; aunque no hayas empezado a trabajar con esta diosa, estoy segura de que ya la conoces.

Por otro lado, Gaia es una diosa de extremos. A pesar de que la naturaleza puede ser dulce y afable, y acariciarnos con una brisa suave o una mañana soleada, también puede ser intensa y volátil y arrojarnos desastres naturales, como tornados o huracanes. Gaia está orgullosa de todas sus facetas, y jamás pedirá perdón; y al aceptarla tal y como es, con sus defectos y sus virtudes, podrás aprender lo que significa aceptarte a ti misma, también con tus defectos y tus virtudes.

Gaia es la creadora. Es la energía de todo lo que necesitas para expresarte, para manifestar tus deseos. Cuando trabajas con esta diosa, forjas una relación de beneficio mutuo con la Tierra. Eres consciente de que tus acciones tienen un impacto en el planeta, conoces tus necesidades y también tus límites y disfrutas de los regalos que se te han dado. El jardín de tu alma está creciendo, prosperando. La consciencia de Gaia es la del reino natural, la del principio y la del final. Es el símbolo del infinito y siempre está en perfecto equilibrio. Gaia es cariñosa, compasiva, delicada, salvaje e impredecible. Cuando necesites regresar a los brazos de la Madre Tierra, conectar con el reino natural, estar en contacto con la flora y fauna que te rodea, puedes invocar a Gaia. Ella es la personificación de la Tierra, pero también está en todas las criaturas que habitan en ella. A través de esta diosa podrás empezar a crear una relación mucho más profunda e íntima, y no solo con la Tierra, sino con su espíritu. Gaia es la divina feminidad porque es creadora de vida y, al venerarla, tú también puedes florecer en un ecosistema energético que te conecta con algo cósmico.

Crea un altar

Una buena forma de empezar una relación con cualquier diosa es creando un altar. Un altar representa un punto energético de un espacio, además de ser el hogar que cobija y protege tu magiak. Los altares se diseñan para venerar una intención específica, como un día sagrado o una fase lunar o porque quieres dedicárselo a tus ancestros. En este caso, el altar está dedicado a una diosa. Te aconsejo que elijas un rincón con una superficie plana; sin embargo, si no dispones de suficiente espacio en casa o no te apetece enseñar tu altar y herramientas mágikas a tu pareja y/o compañeros de piso, siempre puedes diseñar un altar portátil en una caja de madera o de plástico.

Piensa en objetos que tengan un significado especial para ti: cartas del Tarot, cristales, velas, talismanes, notas de amor, un caldero, una daga para rituales, una varita mágica, joyas, flores y cualquier otra cosa que te inspire. Puedes utilizarlos como decoración, junto con fotografías, obras de arte y herramientas mágikas dedicadas a tu intención. También puedes dejar ofrendas a la deidad que has elegido aquí, en su altar.

Un pequeño apunte sobre ofrendas: si no puedes dejar comida, dulces o bebidas toda la noche porque temes una invasión de hormigas o porque tu mascota va a devorárselos, te recomiendo que, por la noche, lo guardes todo en la nevera. Si las ofrendas se han marchitado o podrido, debes tirarlas o deshacerte de ellas; para ello, tómate unos segundos para comunicarle al Cosmos que el intercambio ofrenda-energía se ha completado y después ya puedes tirarlo todo.

UN ALTAR PARA GAIA

Recuerda que vas a invocar y venerar la energía de Gaia, o la Madre Tierra, por lo que decorar el altar con plantas, flores, hierbas y demás elementos naturales es más que recomendable. Si te apetece, puedes salir a dar un paseo y recoger algunas hierbas o flores tú misma. Aunque antes de arrancarlas, cierra los ojos y pide permiso a la planta o flor que quieras coger. Si presientes que acepta, cógela y dale las gracias. También puedes decorar el altar con estatuas de la divina feminidad, como la Venus de Willendorf. No olvides incluir alguna planta, hierbas aromáticas o flores frescas. Coloca alguna vela de color verde oscuro, blanco, azul y dorado. Y añade también un cáliz, que representa el vientre o la madre. Si quieres, puedes encender una vela cada día, o quemar hierbas sagradas, como artemisa o lavanda.

En cuanto a las ofrendas, prueba con postres, flores, miel y néctar, chocolate, tabaco o cualquier otra cosa que te ayude a sentir la energía que desprende la Tierra.

Colores: elige siempre los colores propios de la Tierra: el verde oscuro de un bosque, el borgoña de un vino tinto, el marrón del chocolate puro, el azul profundo del océano, o el azul claro del cielo. O incluso tonalidades plateadas y doradas.

Objetos sagrados y correspondencias: todas y cada una de las hierbas y flores que existen en nuestro planeta, cualquier cosa que germine de la Tierra. Plantas, suculentas, animales (tengo mi pecera en mi altar), cristales.

Cristales: todos los cristales que provengan de la Tierra pueden usarse para honrarla y venerarla. Cuarzo ahumado, ónice, turmalina negra.

Carta del Tarot: el As de Oros, la Reina de Oros o la Emperatriz; de hecho, la Emperatriz representa a la madre. Encarna la energía de Gaia como una creadora y una cuidadora comprometida y fiel al amor. Coloca esta carta del Tarot en tu altar como si fuese una invitación a conectar con esta energía de crecimiento y una invitación a conectar con Gaia.

Ofrendas: miel, pasteles dulces, flores, tabaco, licor.

Una meditación para conectar con Gaia

Hay muchas razones para meditar, entre las cuales está el invocar y trabajar con diosas. La meditación es una práctica que te permite conectar con energías que, en el reino físico y terrenal, escapan de tu alcance. Cuando viajas al reino astral, puedes encontrar tu consciencia, pero también la consciencia humana y seres y arquetipos energéticos, como dioses y diosas. Como poco, te ofrece la oportunidad de ahondar en tu interior y así conectar contigo misma y con tus guías a través de la introspección, el silencio y la calma.

Para esta meditación, lo único que necesitas es un lugar tranquilo en el que puedas sentarte o estirarte (¡pero cuidado no te quedes dormida!), y una libreta y un bolígrafo para tomar notas cuando hayas terminado. Antes de nada, prepárate. Para ello, sigue las indicaciones de la página 29. También puedes usar humo sagrado de hierbas, como lavanda, hierba dulce, artemisa, copal o incienso para purificar el espacio en el que vas a meditar, pero también para purificarte a ti.

Te aconsejo que leas esta meditación varias veces hasta familiarizarte con los distintos pasos a seguir. También puedes grabarte mientras la lees en voz alta y así disfrutar después de una meditación guiada. A mí me gusta meditar al menos diez minutos, pero el mínimo está entre tres y cinco. Si te preocupa perder la noción del tiempo, pon un temporizador.

Cuando estés preparada, cierra los ojos y empieza a anclarte. Concéntrate en la respiración; inspira y expulsa el aire poco a poco, siguiendo un ritmo constante. Siente cómo la Tierra te mantiene y te sostiene. Después, imagina que estás en un prado o en un lugar al aire libre que, además de ser hermoso, es vigorizante y reparador. Este lugar puede ser real, o imaginario, pero lo importante es que sea natural y que, allá donde mires, solo veas naturaleza. Siente los rayos de sol besándote la piel y empieza a andar mientras admiras el paisaje que te rodea. Hay florecitas de todos los colores, el aire huele a primavera y varios animalillos salvajes corretean por ahí. Sigues caminando y, de repente, el paisaje cambia y te adentras en una hermosa pradera.

En cuanto pones un pie en la pradera, percibes algo. Notas un calor en el corazón que se va intensificando poco a poco, como si una presencia amorosa te estuviera estrechando entre sus brazos. Sabes que es Gaia, la diosa de la Tierra, y eso te reconforta. En ese preciso instante, reconoces el resto de elementos y te das cuenta de que todas las plantas y pájaros y árboles te envían su energía, su amor y su luz. Dedica unos segundos a transmitir todo tu agradecimiento a Gaia, y prométele que seguirás cuidando y protegiendo a la Tierra. Quizá te apetezca compartir algo más con la diosa; si es el caso, ahora es el momento de hacerlo. También puedes pedirle que te brinde su compasión y su guía mientras sigues cultivando una relación con ella.

No tengas prisa; puedes quedarte todo el tiempo que necesites. Disfruta del dulce intercambio de esta bendición. Cuando estés preparada, mete la mano en el bolsillo (si no tienes bolsillo, imagina que sí) y visualiza que sacas un trozo de cuarzo rosa y lo dejas justo donde estás, a modo de ofrenda. Hazle saber a Gaia que este obsequio nace del fondo de tu corazón y es tu forma de agradecerle todo su amor y apoyo. Por último, deshaz tus pasos y vuelve al punto de inicio; respira hondo varias veces y abre los ojos.

Anota todo lo que has vivido, además de las sensaciones y visiones que has tenido, en tu diario o libreta personal. Repite esta visualización siempre que quieras. Puedes meditar al aire libre para que la conexión con Gaia sea más profunda e íntima.

Encarnar la Tierra: la moda que ancla

La moda está en todas partes y, para qué engañarnos, la mayoría de nosotras tenemos un ritual de belleza que seguimos a diario, aunque hay quien todavía no se atreve a admitirlo. Este ritual puede ser algo tan sencillo como cepillarse los dientes y lavarse la cara, o algo tan laborioso como maquillarse y echarse unas gotas de perfume antes de ir a trabajar. La moda y el estilo siempre dejan entrever lo que se esconde debajo; en este caso, el cuerpo y la cara que se esconden bajo la ropa, las joyas y el maquillaje. Cuando añades una intención al estilo y a los rituales de belleza que llevas a cabo cada día, puedes empezar a cambiar muchas cosas. No solo aprenderás a saber cómo te percibe el resto de la gente, sino que además podrás ajustar tu estilo para que esté alineado y en armonía con las correspondencias que mejor se adaptan a tus deseos y propósitos.

En este caso, piensa en qué prendas de ropa pueden ayudarte a sentirte parte de la Tierra, a sentirte anclada, próspera, fértil y renacida.

Si no sabes por dónde empezar, piensa en los colores de la naturaleza: verde oscuro, como el de un bosque, rojo escarlata, un marrón rico e intenso, como el de la Tierra, azul cielo, gris pizarra. Estas tonalidades te aportarán serenidad y un sentido de arraigo con este elemento; puedes lucirlos en una camiseta, en un estampado o en tu maquillaje. Otra manera de conectar con la Tierra es llevando sus patrones, como estampados florales o motivos de hojas, plantas y árboles. Te animo a que te pruebes un conjunto de color verde botella, o te compres una camisa de flores o que juegues con una sombra de ojos rojiza. Desempolva el abrigo gris que tienes en el armario, o delinéate los ojos con un lápiz verde esmeralda o abrígate con esa bufanda tan suave y amorosa que utilizas en los días más fríos de invierno. No olvides que debes sentirte cómoda y, casi siempre, es mejor vestir ropa holgada. Una prenda con hombreras, o con una estructura muy marcada o con líneas minimalistas también representan la Tierra. Incluso esa chaqueta de piel artificial puede ser una prenda de moda mágika que te ayude a anclarte; la única persona que puede decidir eso eres tú, y solo tú. Si nunca has jugado con la moda o el estilo, quizá todo esto te resulte un tanto extraño. Pero te animo a que explores este mundo y te pruebes todo tipo de prendas. La vida es mucho más divertida cuando todos los días son un motivo de celebración, y te puedes vestir para la ocasión.

El secreto está en elegir prendas que te hacen sentir más segura de ti misma y más poderosa. Ese es el *look* que siempre deberías llevar. Piensa en una americana *vintage* con hombreras, un par de mocasines (que van con todo), esa camiseta de segunda mano de un famoso grupo de música y unos tejanos. O quizá prefieres ese vestidito con estampado de flores que tanto te gusta.

Otro elemento a tener en cuenta es el perfume. Prueba un aroma que huela a tierra, como algalia, cuero, cedro, unas notas de sándalo, para atraer la calma y el arraigo que te proporciona este elemento. Si quieres conectar con las flores y su belleza, decántate por un perfume más floral, con rosa, jazmín o lavanda. Aplica unas gotitas del perfume que más te guste detrás de las orejas, en las muñecas y en el pecho. Otra opción son los aceites perfumados, que suelen mezclar varios aceites esenciales y que también tienen propiedades mágikas. Encontrarás distintas combinaciones en Internet o en tu tienda metafísica de confianza. Si lo prefieres, puedes elaborar el tuyo propio utilizando tus hierbas y aceites favoritos.

Para encarnar la energía de la Tierra, se aconseja llevar talismanes o joyas que guarden un significado especial para ti. Podrían ser cristales, trozos de madera o de hueso, cuero o incluso reliquias familiares; como ves, ¡las opciones son infinitas! Si se te dan bien las manualidades, puedes crear tu propio talismán con arcilla, pintura, madera, cuero o con cualquier otro material. Graba o talla el símbolo de la Tierra sobre el talismán, o escribe una palabra que te recuerde a ella. Además, puedes cargarlo siguiendo el método que te propongo a continuación.

Cómo cargar un talismán con una intención

Como con cualquier otro ejercicio mágiko, antes de empezar deberás ocuparte de ciertos preparativos. Para ello, te aconsejo que sigas las indicaciones de la página 29. Además, deberías tener muy clara la intención que quieres infundir en el talismán que has elegido. Encuentra un lugar cómodo en el que sentarte, sujeta el talismán en tu mano dominante y cierra los ojos. Inspira hondo y expulsa el aire poco a poco, sin prisa, y concéntrate en el aquí y el ahora. Haz una visualización de anclaje para conectar con el suelo sobre el que estás sentada. Ahora, imagina que un rayo de luz del Cosmos baja desde las nubes, atraviesa la coronilla de tu cabeza y se extiende por todo tu cuerpo hasta traspasar el suelo. Esa luz blanca es purificadora, pues es la energía del Universo. Deja que esa luz blanca ilumine tu corazón, justo en el centro de tu pecho, y siente cómo se expande por tus brazos hasta alcanzar la palma de tu mano, es decir, el talismán. Ahora, comunícale tu intención, ya sea amor incondicional, protección o abundancia. Si no estás segura de lo que buscas en ese talismán, presta atención a todas las sensaciones. Sigue dirigiendo esa luz blanca hacia el talismán y concéntrate en tu intención. Cuando consideres que está cargado, es decir, que ya le has transmitido tu intención, expresa agradecimiento e imagina que la luz del Cosmos empieza a retroceder hasta desaparecer entre las nubes. Termina con una visualización de anclaje, respira hondo varias veces y, poco a poco, abre los ojos.

Preguntas para conectar con la Tierra

Al final de cada capítulo, te dejaré unas preguntas para que reflexiones. Si todavía no tienes un diario personal, te aconsejo que te compres uno, o una libreta. Debe ser un flechazo, un amor a primera vista. Allí es donde anotarás las respuestas a estas preguntas. Ese será tu grimorio, tu diario mágiko, donde apuntarás todas las ideas y sensaciones que surjan durante tus ejercicios y rituales. Recurre a estas anotaciones para seguir tu evolución y aprovecha las preguntas que te propongo en cada capítulo para conocerte mejor.

Tómate un tiempo para crear un ritual al responder estas preguntas. Prepárate un té (también puedes hacer el ritual de la página 66), o sírvete un vaso de agua, apaga el teléfono y avisa a tu pareja o compañeros de piso para que no te molesten o interrumpan durante el ritual. Pon un poco de música ambiental o relajante, enciende incienso, sujeta algún cristal (en la página 57 encontrarás algunas ideas) y después responde:

¿En qué aspectos de mi vida me siento más segura y más respaldada?

¿Qué significa para mí sentirme anclada?

¿Qué necesita mi cuerpo para estar más sano, saludable y feliz en este momento?

¿Qué aspectos de mi vida sí tienen límites sanos?

¿Qué aspectos de mi vida necesitarían límites más compasivos, más sanos?

¿Qué significa «abundancia» para mí? ¿Cómo puedo canalizar la energía de la Reina de Oros?

¿Qué pretendo manifestar o expresar en esta fase de mi vida?

La Tierra en la astrología: Capricornio, Tauro y Virgo

Cada signo del zodíaco está relacionado con un elemento distinto. Hay tres signos en cada elemento y en el elemento de este capítulo, la Tierra, encontramos a Capricornio (la cabra), Tauro (el toro) y a Virgo (la virgen). Aunque no tengas ni idea de astrología, si has prestado atención a todo lo que hemos comentado en este capítulo, podrás imaginarte cómo son estos signos. Como es de suponer, tienen los pies en el suelo y están anclados al reino físico. Son pragmáticos, fuertes, trabajadores; representan la estructura que necesitas antes de salir del cascarón y echar a volar.

La rueda zodiacal (imagínala como un círculo gigante en mitad del cielo nocturno) está divida en doce casas y cada casa está gobernada por un signo del zodiaco. Tu carta astral es una fotografía que ilustra dónde estaban los planetas en esta rueda justo en el momento en que naciste; aunque en tu carta astral no haya ningún planeta situado en los signos de la Tierra (Capricornio, Tauro o Virgo), no te preocupes porque sí están representados a través de las casas gobernadas por estos signos.

Cuando aprendes cuatro conceptos básicos de astrología, eres capaz de mirarte y analizarte desde otra perspectiva. Dispones de una carta astral que te muestra tus carencias y tus virtudes en términos de los elementos, lo cual es de gran ayuda para saber qué te falta o te sobra de cada elemento. Por poner un ejemplo, mi carta astral me dice que estoy llena de Agua y de Aire y que carezco de Fuego y Tierra. Sé que necesito asimilar e interiorizar las cualidades de los signos y elementos que me faltan para así lograr un equilibrio interior; no quiero ser arrastrada hacia un mundo de fantasía y ensoñación y, para evitarlo, me esfuerzo por estar anclada y mantener siempre los pies en el suelo, igual que por encender el fuego interior y así poder enfrentarme y resolver cualquier situación.

Y bien, ¿qué debes aprender de estos signos zodiacales?

CAPRICORNIO — LA CABRA CON COLA DE PEZ

El año empieza con la estación de Capricornio, junto con todos los propósitos, objetivos, metas y planes que suelen acompañar a cada inicio de año. Las personas Capricornio son meticulosas, resueltas y ambiciosas, pues se esfuerzan por alcanzar todo lo que se proponen. Su símbolo es muy curioso, pues nos muestra a una cabra, un animal que se podría describir como trabajador, persistente y flexible, pero también una cola de pez, que simboliza su capacidad de adaptación. Los Capricornio son grandes expertos en analizar proyectos de grandes dimensiones y dividirlos en varias fases más digeribles y asequibles. Además, no hay montaña que se les resista; su perseverancia les ayudará a escalar cualquier cima que se propongan. ¿Su secreto? La paciencia y el compromiso, y una buena dosis de diversión. Quizá te sorprenda saber que los Capricornio valoran, y mucho, los buenos momentos. Se dejan la piel en el trabajo, pero también saben pasárselo bien. A pesar de que este signo zodiacal puede llegar a preocuparse en exceso por el trabajo, sabe muy bien dónde están los límites y, sobre todo, sabe celebrar sus logros.

TAURO — EL TORO

El signo de Tauro, gobernado por el planeta Venus, guardián de todo lo sexual, sensual y placentero, es el hedonista del zodíaco. Representa la Tierra en primavera, cuando la naturaleza renace y se torna hermosa y abundante, cuando los frutos por fin maduran. A los Tauro les encanta el lujo, pero también les gusta estar rodeados de cosas inspiradoras, disfrutar de un delicioso banquete, vestir prendas opulentas y, en resumidas cuentas, gozar de la vida. Los Tauro son personas comprometidas y son capaces de dejarse la piel para solucionar un problema que realmente les importa. Este signo zodiacal espera mucho de la gente porque se entrega a los demás, por lo que estas personas pueden enriquecer tu vida y ofrecerte una lealtad casi incondicional. Aunque también pueden ser un pelín testarudos e inflexibles a veces —al fin y al cabo, el arquetipo es un toro—, también aprenden y evolucionan. Los Tauro son firmes y defienden a capa y espada sus opiniones e ideales, pero también a las personas que quieren.

VIRGO — LA VIRGEN

Permíteme que recuerde a todo el mundo el significado histórico de la palabra «virgen»; su raíz, «vir», significa «fuerza, poder». Por lo tanto, una virgen es una mujer independiente que no necesita nada más para sentirse completa. La energía de Virgo es la energía de la creadora, que podría describirse como precisa, organizada y muy muy trabajadora. Los Virgo son meticulosos, pero también son de ideas claras y muy decididos. Pero no olvidemos que Virgo también simboliza a la Madre Naturaleza, por lo que también es sensible y muy profundo. En su menor vibración, un Virgo puede llegar a ser inflexible, pero en cuanto empieza a evolucionar aprende a adaptarse mejor a cualquier situación y recupera la sabiduría ancestral que atesora su alma. La energía de la carta del Tarot del Ermitaño, Virgos, te recuerda que siempre debes escuchar a tu voz interior y respetarte y honrarte de una forma plena y consciente.

EN SU ESTADO MENOS EVOLUCIONADO

Al igual que la Tierra, estas energías se pueden manifestar como energías cautelosas, poco cooperativas e incluso un poco rígidas. Los signos de la Tierra pueden empecinarse en que tienen razón, o en que su perspectiva es la correcta, por lo que no se dejan ayudar y, por supuesto, no les permite adaptarse a muchas situaciones. Esta energía se puede manifestar en un estado de letargo, aburrimiento, pereza e inmovilidad, como si algo les impidiera incorporarse o levantarse de ese suelo en el que están tan cómodos. Pero, si la persona en cuestión tiene la sensación de no avanzar, o de estar estancada en su vida, también se puede manifestar en forma de tristeza, ansiedad y depresión. En su estado más sobrecargado, la energía de la Tierra es testaruda e incapaz de ver o entender otros puntos de vista. Por suerte, trabajar con los demás elementos es una forma de equilibrar esta energía.

EN SU ESTADO MÁS EVOLUCIONADO

Los signos zodiacales relacionados con la Tierra tienen los pies en el suelo y son pragmáticos, leales y diligentes. Son los que siempre llegan pronto a cualquier cita y, para colmo, llegan hechos un pincel. Nunca van desaliñados a ningún sitio y siempre empiezan el día con buen pie. Los signos de la Tierra son hedonistas, por lo que te ayudarán a ponerte en contacto con tu cuerpo y con la Madre Tierra y te mostrarán lo gratificante que es cuidar de otro ser vivo. Estos signos te enseñarán a ser fiel y leal y te animarán a que crezcas y florezcas de una forma constante y segura. Trabajan mucho, es verdad, pero también saben pasárselo bien y, sobre todo, saben disfrutar de los frutos de su esfuerzo y su trabajo. De ellos aprenderás lo importante que es bajar el ritmo de vez en cuando y gozar de la vida, celebrar tus logros con tus amigos y saborear la cosecha de tu abundancia. Cuando esta energía está en su punto más álgido de vibración, son capaces de afrontar cualquier situación. Aunque el viento sople con fuerza y haga balancear su tronco, tienen las raíces bien plantadas y, pase lo que pase, no te soltarán.

CAPÍTULO 2

Aire: respíralo

A estas alturas supongo que tus pies están bien plantados en el suelo. Deberías sentirte anclada y arraigada, pues la Tierra te sostiene y, por muy fuerte que sople el viento, no te va a soltar. Has construido una base firme y ahora ha llegado el momento de que te expandas, de que te unas y te fundas con el viento y con el cielo. El Aire es omnipresente y está en continuo movimiento, es esa curiosidad intangible que enciende tu imaginación y te anima a moverte. Es la brisa que te acaricia la piel, el oxígeno que llena tus pulmones. La energía del Aire se puede comparar con la alegría que sientes al resolver un acertijo o con la felicidad que conlleva aprender una lección que cambia por completo tu manera de ver la vida. El Aire simboliza la mente, es decir, la capacidad de comprender y analizar las emociones (a veces para mejor, y otras para peor), pero también la capacidad de razonar, de saber distinguir la verdad de la falsedad y de tomar decisiones. Es un elemento que está a tu alrededor, pero también en tu interior. Del mismo modo que el cuerpo es tu «Tierra» física y personal, tu respiración es tu conexión con el Aire. A través de la respiración puedes explorar este elemento, aunque te advierto que te exigirá flexibilidad y expansión. Gracias al Aire, tu cuerpo encuentra espacio, liberación y purificación. Igual que el humo limpia y purifica, tu respiración te permitirá alcanzar el equilibrio energético y físico.

El Aire, tu aliento y presencia

¿Cuántas veces has vivido una situación tan emocionante o tan abrumadora que te has quedado sin aliento o sin aire en los pulmones? Quizá se tratase de un momento tan emotivo y enternecedor que te olvidaste de respirar, o quizá los nervios te traicionaron y tu respiración se volvió agitada, entrecortada. Puede que nunca pienses en tu respiración hasta que, de repente, notas que te falta el aire. No te preocupes, es totalmente normal. La sociedad en la que vivimos nos ha enseñado que las emociones son arrolladoras y devastadoras, en definitiva, que son un pelín «exageradas» o «excesivas» y que, sobre todo en el caso de las mujeres, deberían ser más discretas para no llamar la atención: ocupar el mínimo espacio posible, hablar lo más flojito posible y reducirnos a la mínima expresión. Pues bien, brujas, una de tus misiones en esta vida es luchar contra los paradigmas que el patriarcado ha establecido durante los últimos siglos y sustituirlos por ideas más sensatas y más libres. Y, por suerte, una de las formas más fáciles de recuperar tu espacio es recuperando tu respiración, pues constituye la conexión vital con la fuerza vital que siempre está contigo, que nunca te abandona. Cuando respiras de forma consciente e intencional, cuando inhalas tus emociones, tus preocupaciones, tus miedos y tu gratitud, puedes saborear todos estos sentimientos y asimilar este aprendizaje con más claridad y menos esfuerzo. La respiración te permite asimilar y procesar todo este conocimiento, pues te ayuda a centrarte en tus sentimientos. En momentos de dificultad, la respiración puede ayudarte a construir un puente entre la mente y el cuerpo, para que así puedas analizar desde tu mente todas las emociones que sientes en el cuerpo.

La respiración es un elemento fundamental en un sinfín de prácticas místicas. Según las tradiciones yóguicas orientales, el arte de la respiración se conoce como «pranayama»; «prana» significa «respiración» o «energía vital» y «ayama», «expandir» o «prolongar». El pranayama utiliza distintas posturas, técnicas de respiración y posición de las manos, conocidas como «mudras», que contribuyen a crear un cambio energético en la persona que lo practica. Ese cambio puede consistir en relajarse, anclarse, hallar un equilibrio, recuperar energía, conectar con uno mismo o encontrar una vitalidad perdida.

En las tradiciones occidentales, la respiración también constituye una parte importante de todos los ejercicios mágikos. El ocultismo, por ejemplo, utiliza técnicas de respiración para sus meditaciones y rituales y la mayoría de las brujas conectan con su respiración a través del anclaje y la meditación. Igual que la Tierra puede ayudarte a anclarte y a diseñar y establecer límites sanos, el Aire puede ayudarte a conectar con tu cuerpo para así purificarlo y limpiarlo.

Hagamos un experimento. Inspira por la nariz lentamente durante cuatro segundos, hasta llenar toda la tripa de aire. Después expulsa el aire por la boca durante cuatro segundos. Repite el ejercicio dos veces más. ¿Cómo te sientes? ¿Tienes la impresión de que ahora hay más espacio entre las costillas y el estómago que antes? ¿No estás más serena, más presente? Es un truco muy fácil, pero también muy eficaz. Este ejercicio de respiración te enseña en qué punto acumulas toda la tensión, ansiedad o preocupaciones. Cuando eres capaz de estar presente, es decir, de estar en el aquí y el ahora, sueles darte cuenta de que esos miedos no están en tu presente, sino en tu pasado o en tu futuro. Es tu cerebro el que te hace creer que eso que tanto te asusta o te inquieta está pasando ahora, y por eso estás así de nerviosa o preocupada. Al controlar la respiración y ser consciente de ella, reafirmas tu seguridad y confianza en ti misma; además de saber pedir ayuda cuando la necesitas, también sabes que cuentas con la inestimable ayuda del elemento del Aire.

El Aire y la mente

El Aire representa las habilidades mentales de procesamiento, comunicación y funcionamiento cognitivo. Este elemento gobierna tu cuerpo mental, y también tu aprendizaje. A través de la conexión con el Aire, uno empieza el proceso de alquimia, es decir, de transformar

algo intangible, como una idea o un pensamiento, en algo físico y tangible. El Fuego, por ejemplo, es la chispa de la idea, y la idea que se forma en tu mente es el oxígeno, el Aire. Después debes vincular todo este proceso con una emoción, reino del Agua, y llevarlo al plano material, la Tierra. Gracias al Aire puedes empezar a percibir y comprender. Este elemento simboliza tu capacidad de discernir los mensajes que recibes, pero también de saber qué debes retener y qué debes soltar. El Aire también está relacionado con el modo en que recibes y acoges los mensajes que te mandan los demás, ya que simboliza tu fortaleza, tu capacidad de canalizar ideas, evaluarlas y analizarlas. El Aire gobierna todo lo que se te pasa por la cabeza, es decir, lo que piensas, lo que estudias, lo que te inspira. Abarca el reino de la psicología, de los libros, las matemáticas, las ciencias, las ideas revolucionarias y las anarquistas. La energía del Aire es innovadora y te exige que desaprendas ciertos patrones y prejuicios para dejar espacio a nuevas ideas que te permitirán trabajar con tu mente, venerar todo lo que te rodea y contemplar el mundo desde una perspectiva menos crítica. El Aire es un espejo que refleja tus vivencias, tu crecimiento y tu evolución, lo que te permite aprender de tus experiencias.

Inhala lo bueno, expulsa lo malo

Piensa en tu respiración como un sistema de limpieza espiritual. Mientras inspiras oxígeno y espiras dióxido de carbono, seas consciente o no del proceso, tu cuerpo energético también está eliminando toxinas, aunque no te des cuenta. Cuando estás enfadada, triste o nerviosa, tu respiración cambia; a veces gritas, a veces lloras, a veces chillas. Tu cuerpo, te guste o no, encuentra una forma física de expresar y manifestar lo que estás sintiendo. Y esa reacción suele estar relacionada con tu respiración.

A través de ejercicios de visualización y meditación, la respiración te puede ayudar a despejar energías negativas, pero también a aliviar tensión o incluso ansiedad. Puede ser un ejercicio tan sencillo como inhalar una luz dorada brillante y expulsar una luz grisácea y turbia que representa la energía tóxica que no necesitas. Esto no significa que a través de la respiración puedas deshacerte de cualquier problema que tengas en la vida, pero sí puedes utilizarla para procesar o digerir emociones delicadas o complicadas. Controlar la respiración te ayudará a poner cierta distancia entre tus sentimientos y tu mente; te proporciona un lugar seguro desde el que analizar, sin ningún tipo de prejuicio, esos sentimientos para así poderlos comprender.

Este capítulo es una invitación a adentrarte en el elemento del Aire; te daré algunas pistas para conectar con él y así recuperar tu fuerza y energía, pero también aprenderás a controlar tu respiración y a utilizarla en tus rituales, pues representa un camino de evolución, claridad y libertad.

Respirar como forma de agradecimiento

A través de la respiración puedes expresar un sinfín de emociones, además de comunicar tus creencias, tus pasiones y tus anhelos más íntimos. Cada vez que sueltas el aire que ha llenado tus pulmones, cuentas una historia, compartes tu sabiduría y conectas con los demás. Sí, lo creas o no, gracias a la respiración puedes dar vida a tus fantasías.

Como ya debes saber a estas alturas, querida bruja, la intención es vital. Elegir las palabras de una forma deliberada, es decir, intencional, y dar un nuevo aire a lo que realmente crees es la oportunidad perfecta para manifestar tus deseos y anhelos. Aunque puedes utilizar la voz para quejarte todo el día, reconozco que me resulta mucho más apasionante e interesante la antítesis de todo eso; la respiración es una maestra maravillosa, te enseñará a mostrar agradecimiento por el mundo que te rodea. Sentir gratitud por lo que tienes, aunque sea algo tan mundano y sencillo como poder respirar, es liberador, incluso catártico. Dejarte guiar por ese agradecimiento y usar tu propia voz para reconocer todo aquello por lo que estás agradecida hará que esa energía entre a raudales en tu vida. Y es que la gratitud funciona como un imán. Verás el mundo con otros ojos, desde una perspectiva distinta. Cuando te des cuenta de que vives en la abundancia y de que *todo el mundo* debe disfrutar de esa abundancia, tu percepción del mundo cambiará y por fin te despojarás de la idea de escasez. A las mujeres se nos enseña que las cosas no caen del cielo, que tenemos que dejarnos la piel, pelearnos (sobre todo entre nosotras) y luchar contra viento y marea para que nos escuchen y nos valoren. Pues adivina, adivinanza, eso no es cierto. Vivimos en la abundancia, y nos lo merecemos. El dinero no da la felicidad, pero, en la sociedad en la que vivimos, nos aporta libertad y seguridad. Y tú también te mereces sentirte libre y segura. Una forma de empezar a asimilar este mensaje es utilizando afirmaciones y creando una práctica de agradecimiento.

Realizar una práctica de agradecimiento regular te recordará que todo tiene su lado positivo y que tu voz es tan válida e importante como cualquier otra. Además, es una práctica deliciosa que te ayudará a atestiguar los milagros que ocurren cada día de tu vida. A continuación te propongo algunas ideas para crear tu propia práctica de agradecimiento:

- Escribe diez cosas por la que te sientas agradecida cada día. Aunque *El secreto* no esté entre tus libros favoritos, esta práctica es una forma divertida y muy eficaz para condicionar y programar la mente para ser más agradecida. Cada mañana, ya sea en un diario personal, en una aplicación de notas o en el ordenador, anota tres cosas por las que quieras dar las gracias. Puedes empezar con una frase tipo «Estoy agradecida por» o «Doy las gracias por». ¿La clave? Sentir ese agradecimiento, y sentirlo de verdad. Cuando termines la lista, léela en voz alta y di «gracias» después de cada afirmación. Si quieres, puedes llevarte una mano al corazón y sentir cómo esta energía impregna todo tu cuerpo energético mientras lees. Este ejercicio también sirve para atraer cualquier cosa, como una relación romántica, dinero, un empleo nuevo, una comunidad, sanación, conexión… En fin, lo que se te ocurra. Expresa tu agradecimiento por eso que tanto anhelas y escríbelo como si ya lo tuvieras.

- Graba notas de voz mientras enuncias la serie de cosas por las que estás agradecida. Aprendí esta técnica de Gala Darling, amiga y autora de *Radical Self-Love*. Este ejercicio es similar al anterior: enumera todo aquello por lo que sientes agradecimiento, *como si ya hubiese ocurrido*. Intenta ser lo más específica posible, repasa todos los momentos del día y busca esos pequeños detalles que bien merecen tu gratitud. Como ya hemos dicho, hazlo como si ya hubiese pasado. Un ejemplo podría ser el siguiente: «Doy las gracias por poder desempeñar el trabajo de mis sueños, en [x] empresa, que me apoya y me respalda a través de [y] y me paga un sueldo de [z]», «Me siento agradecida por el proceso de sanación que estoy viviendo ahora mismo porque me permite crecer, mejorar y vivir en armonía con el mundo». No te vayas por las ramas y expresa tus deseos de forma clara y precisa. Piensa en lo increíble que será cuando lo consigas, y lo agradecida que te sentirás. Puedes hacerlo con tus amigas y así fortalecer vuestras visiones; podéis enviaros notas de voz y preguntaros qué queréis y pretendéis atraer para seguir cultivando esa semilla.

- Expresa tu gratitud al Universo siempre que te sientas bien. ¿Has disfrutado de un agradable paseo por el bosque? ¡Da las gracias al Universo! ¿Has escuchado tu canción favorita en la radio? ¡Da las gracias al Universo! ¿Has visto un perrito que ha meneado la cola al verte? ¡Da las gracias al Universo! Cada vez que das las gracias y abres tu corazón a la gratitud y al amor, estás en el vórtice, en la energía de la magiak. Empieza a dedicar unos minutos al día a conectar con este agradecimiento y verás con tus propios ojos que el Universo está de tu lado y te concede todas tus peticiones.

Formas de conectar con el Aire

Aunque hablaré con más detalle de todo lo que puedes aprender de este elemento, y de cómo usar la respiración y la meditación para conectar con él, hay muchas otras formas de utilizar el Aire a tu favor. El Aire es un elemento que está siempre a tu alrededor y cuando empiezas a verlo como una presencia purificadora, como una consciencia, puedes establecer una relación más profunda e íntima con él. A continuación encontrarás una lista de formas divertidas de trabajar con este elemento:

- Medita y respira con intención, dedica unos instantes a escribir cómo te sientes y crea rituales alrededor de esta actividad.

- Canta, grita o utiliza la voz para provocar un cambio, transmitir alegría, expresarte o sencillamente para liberar tu energía corporal.

- Corre o camina al aire libre y siente la caricia de la brisa sobre tu piel.

- Conduce con las ventanillas bajadas (y todavía mejor, con la música puesta y cantando tus canciones favoritas), o utiliza el monopatín o la bicicleta para moverte. Establece una intención y conecta con la energía del Aire, que nunca deja de moverse.

- Enciende incienso o hierbas sagradas y contempla cómo el humo se desliza por la habitación mientras purifica el espacio, y también a ti.

- Baila y mueve el cuerpo por el espacio en el que estás; dar vueltas sobre ti misma es una forma muy sencilla de entrar en trance que, en el fondo, es otra manera de encarnar el Aire.

- Expresa tus deseos en voz alta para que tu voz reclame la verdad con eficiencia y un propósito.

- Plasma tus vivencias en un diario o expresa tus pensamientos e ideas a través de las palabras y el lenguaje; da rienda suelta a la imaginación y escribe poesía; diseña, crea y da forma a todas tus ideas y pensamientos.

- Aprende algo nuevo, apúntate a un curso de algo que te interese, visita un museo, satisface tu curiosidad. El Aire es un elemento que busca nuevos patrones y formas de existencia. Cuando expandes tu mente, expandes tu realidad.

- Inhala humo sagrado. Puedes fumar hierbas sagradas, como cannabis, lavanda, camomila, artemisa y rosa. Se dice que, en la antigua Grecia, las sacerdotisas de Apolo, el dios del Sol, inhalaban humos en el templo de Delfos antes de canalizar mensajes y transmitirlos. Y que los caballeros templarios, una orden militar católica del medievo, utilizaban cannabis en sus ritos. Así pues, todo apunta a que inhalar humo sagrado es un ritual en sí mismo y una experiencia única, aunque requiere intención y mucha atención y cuidado por la salud.

Práctica de encarnación: el ritual de la respiración

En el capítulo anterior te he enseñado a acceder al elemento de la Tierra a través de un ritual de anclaje. Este suele ser el primer paso de cualquier ritual y, para muchas de nosotras, es el primer paso de cualquier ejercicio, práctica, hechizo o visualización. Del mismo modo que conectas con la Tierra para encontrar un anclaje y un punto de apoyo, puedes conectar con tu respiración para ser plenamente consciente de tu cuerpo, para alejar cualquier energía tóxica que te impide dormir, por ejemplo, y cargarte de energía para el resto del día. Aunque puedes practicar rituales en cualquier momento del día, en mi humilde opinión considero que tienen más impacto cuando se practican a primera hora de la mañana, justo después de despertarte. Algo tan sencillo como dedicar cinco minutos a la respiración antes de ir a trabajar o a clase puede generar grandes cambios. Llevo tanto tiempo practicando ejercicios de respiración que ya los he interiorizado; ahora, incluso cuando estoy agobiada o preocupada, controlo la respiración sin tan siquiera ser consciente de ello. En mi carta astral, los signos predominantes son los del Aire y el Agua, lo que significa que, de forma instintiva y natural, inhalo más aire del que mi cuerpo necesita y que tiendo a contener el aliento en momentos de ansiedad; en otras palabras, soy racional y emocional al mismo tiempo. Hace un par de años, después de que tres personas me preguntaran en una misma semana si había aprendido a respirar, decidí poner cinco alarmas en el teléfono a cinco horas distintas del día (a las 11:11 de la mañana, a las 2:22 de la tarde, a las 3:33 de la tarde… números de ángel) para obligarme a dedicar unos segundos a prestar atención a la respiración. Lo creas o no, ¡funcionó! Ahora lo hago de forma inconsciente y, gracias a eso, me siento mucho más conectada con mi cuerpo. No hace falta que seas tan metódica y estricta, pero las alarmas te ayudan a crear una rutina de respiración, sobre todo si no te nace de forma natural.

Hay una regla de oro con relación a cuánto debe durar cada respiración: cuatro segundos. A medida que te vayas acostumbrando a respirar de forma lenta y controlada, podrás alargar este tiempo hasta cinco, seis o siete segundos. Sin embargo, esta regla no se aplica a la respiración del fuego.

Existen muchas técnicas de respiración. A continuación, te propongo algunas a las que me iré refiriendo a lo largo de este libro.

PARA CONECTAR CON TU CORAZÓN - LA RESPIRACIÓN DEL CORAZÓN

Esta técnica consiste en inspirar y expulsar el aire durante los mismos segundos y sin ninguna pausa. Inhala y exhala desde el corazón contando bien los segundos e imagina un resplandor cálido y dorado envolviendo todo tu pecho. También puedes visualizar el símbolo del infinito ∞ (un 8 en posición horizontal), que conecta tu corazón con algo o alguien que te transmite y aporta amor y alegría, o con el Universo, el Cosmos o la deidad con la que estés trabajando. Cuando cojas aire, atrae y absorbe la energía del corazón de la entidad que hayas elegido y, cuando expulses el aire, envíasela de vuelta, creando así el símbolo del infinito.

Inhala y exhala por la nariz, inhala y exhala por la boca, o inhala por la nariz y exhala por la boca. Juega un poco y comprueba qué te funciona mejor.

Te aconsejo que utilices esta técnica de respiración para conectar con el centro de tu corazón; envía amor a alguien y encuentra empatía, compasión y presencia.

PARA ANCLARTE - LA RESPIRACIÓN CUÁDRUPLE

Esta técnica es una de mis favoritas y, además, es muy sencilla. Coge aire, espera, expulsa aire y espera. Y repite. Prueba lo siguiente: inhala lenta y profundamente durante cuatro segundos, aguanta la respiración durante cuatro segundos, exhala durante cuatro segundos y vuelve a contener la respiración cuatro segundos más. Haz lo mismo varias veces y, cuando te hayas acostumbrado, alarga el lapso de tiempo a cinco segundos, y después a seis (una vez más, solo si puedes y te sientes cómoda con ello).

Esta técnica de respiración suele practicarse inspirando y espirando por la nariz, aunque también puedes inspirar y espirar por la boca o inspirar por la nariz y espirar por la boca. Prueba todas las opciones y decide qué te funciona mejor.

Te aconsejo que utilices esta técnica de respiración para anclarte, pero también para fortalecer el aura, para relajarte y para ser consciente de tu propio cuerpo.

PARA REVITALIZARTE - LA RESPIRACIÓN DEL TRIÁNGULO

Esta técnica de respiración está asociada con el elemento del Fuego y consiste en inspirar, aguantar la respiración, exhalar y volver a empezar. Es una respiración triple, lo que significa que no debes aguantar la respiración después de exhalar. Si quieres, puedes visualizar un triángulo del revés, con la base entre tus hombros y la punta señalando tu plexo solar. Céntrate en la punta del triángulo, situada en la parte inferior del torso, y deslízala hacia un hombro al inhalar, después muévela hacia el otro hombro mientras aguantas la respiración y, por último, vuelve al inicio al exhalar. Coge aire y repite de nuevo cada paso. Empieza con cuatro segundos para cada paso y, cuando hayas practicado un poco, alarga hasta cinco o seis segundos.

Esta técnica de respiración suele practicarse inspirando y espirando por la nariz, aunque también puedes inspirar y espirar por la boca o inspirar por la nariz y espirar por la boca.

Te aconsejo que utilices esta técnica de respiración para animarte y revitalizarte, pero también para conectar con el elemento del Fuego, para recuperar energía perdida y para anclarte.

PARA RECUPERAR LA PASIÓN - LA RESPIRACIÓN DEL FUEGO

Esta técnica de respiración es perfecta para limpiar, purificar y llenarse de energía, pero también es muy intensa. *Y solo puedes practicarla inspirando y espirando por la nariz.* Inhala hondo y profundo y llena la tripa de aire; después expulsa el aire por la nariz, pero en varias veces. Deberías sentir que el estómago se contrae cada vez que expulsas una pequeña bocanada de aire. Si no lo has hecho antes, quizá te resulte un poco extraño, pero te animo a probarlo. Empieza con una inspiración lenta y profunda, llevando el ombligo hasta la columna vertebral, y después expulsa el aire de forma brusca y rápida. Hazlo varias veces seguidas, sin parar, hasta soltar todo el aire. Te aconsejo que empieces repitiéndolo diez veces, o las veces que puedas o quieras, y después prueba de ir aumentando el número de exhalaciones. Dedica un minuto a esta técnica de respiración para ver cómo te sientes. No te preocupes si ves que te cuesta un poco al principio, es normal. Le irás pillando el tranquillo, créeme.

Te aconsejo que utilices esta técnica de respiración para encender la pasión y recuperar el calor interior, pero también para conectar con el elemento del Fuego y alejar cualquier energía que ya no te sirve.

PARA HALLAR PRESENCIA EN EL AQUÍ Y EL AHORA - LA RESPIRACIÓN ABDOMINAL

Es otra de mis técnicas favoritas. La respiración abdominal consiste en inhalar por la nariz y llenar la tripa de aire. Si quieres, puedes imaginar que es tu estómago el que está respirando. Expulsa el aire por la boca mientras la tripa se va desinflando. A mí me gusta empezar esta técnica haciendo sonidos y ruidos tanto al coger aire como al expulsarlo porque siento que así despejo todo lo que ha quedado atascado y obstruye mi cuerpo, como miedos, preocupaciones o tensiones. Cuando me siento más anclada, sigo inhalando por la nariz y exhalando por la boca, pero sin hacer ningún ruido. No debes contener la respiración en ningún momento, pues no hay ninguna pausa. Cuenta hasta cuatro mientras tomas aire, y haz lo mismo al soltarlo.

También puedes inspirar y espirar por la boca, o inspirar y espirar por la nariz.

Te aconsejo que utilices esta técnica para gestionar emociones y liberar tensiones, pero también para hallar presencia en el aquí y el ahora, para anclarte y para purificar tu energía.

PARA LIMPIAR Y PURIFICAR - LA RESPIRACIÓN PURIFICADORA

Te aconsejo que utilices esta técnica de respiración para recuperar la calma y la serenidad, para conectar con el elemento del Agua y para centrarte.

La respiración purificadora, muy parecida a la respiración del triángulo, está asociada con el elemento del Agua y te ayuda a limpiarte, a purificarte desde dentro. Inhala, exhala y después aguanta la respiración. Mientras inspiras, imagina que te deslizas desde la base de un triángulo, justo sobre la pelvis, hasta la punta, ubicada en tu corazón; mientras exhalas, imagina que deshaces tus pasos y regresas de nuevo a la base; por último, mientras contienes la respiración, te mueves por la base y conectas con la otra punta. Esta técnica te ayuda a limpiar los pulmones de cualquier toxina, sea energética o de otra índole. Entre la exhalación y la inhalación, disfruta de ese momento de expansión y no tengas prisa por volver a coger aire. Esta técnica es muy relajante. Empieza con cuatro segundos y después ve aumentando el tiempo, hasta cinco o seis segundos.

Esta técnica de respiración suele practicarse inspirando y espirando por la nariz, aunque puedes inspirar y espirar por la boca, o inspirar por la nariz y espirar por la boca.

Incluye técnicas de respiración a tus rituales

Mi práctica diaria incluye meditación, pero también algún que otro ejercicio de respiración. Aunque puede variar, suelo hacer diez respiraciones controladas antes de empezar a meditar porque me ayuda a concentrarme, a despejar la mente y a conectar con mi cuerpo físico. Dependiendo del día elijo una técnica u otra, pero mis favoritas son la técnica del triángulo y la cuádruple. Me gusta poner alarmas para las meditaciones, pero a veces también activo una para el trabajo de respiración; así, durante unos minutos me concentro en la respiración, pero sin preocuparme por las repeticiones. Como siempre, lo que me funciona a mí quizá no te funcione a ti, y no pasa nada. Mi consejo es que juegues con las técnicas que te he propuesto y compruebes por ti misma cuál te funciona mejor a ti. Y, por último, inclúyelas en tus rituales.

Por ejemplo, si estás nerviosa o ansiosa, te aconsejo que pruebes la respiración abdominal, la respiración purificadora o incluso la cuádruple; estas técnicas te ayudarán a anclarte y a estar presente en el aquí y el ahora. Si en cambio estás triste o nostálgica, prueba la respiración del corazón, del triángulo o del fuego; estas técnicas te ayudarán a alejar cualquier energía tóxica o estancada y a revitalizarte. Si bien cambiar o modificar la respiración puede cambiar o modificar tu estado de ánimo, debes saber que también puedes trabajar con visualizaciones y colores para integrar esas vibraciones todavía más.

Una meditación con color y respiración

Esta meditación es muy sencilla, pero puedes modificarla y adaptarla tanto como quieras. Vas a trabajar con tu respiración, pero también con los rayos sanadores de la luz divina como forma de meditación; para ello, vas a imaginar que tu campo áurico está envuelto de una luz que vas a inspirar y que va a iluminar todo tu cuerpo. El sistema de chakras será nuestra guía para las distintas técnicas de respiración, pero si lo prefieres puedes crear tu propia meditación usando tu intuición y la tabla de correspondencias de color que encontrarás en la página 105.

Busca un lugar cómodo en el que sentarte. Empezaremos practicando la respiración abdominal; inspira por la nariz y suelta el aire por la boca. Cuando estés lista, continúa con la técnica de respiración que mejor te funcione para conectar con el chakra de la corona, el centro energético situado en la parte superior de la cabeza. Imagina una luz blanca y brillante que desciende del Cosmos hasta la coronilla de tu cabeza. Con cada inspiración, esta luz se va expandiendo por todo tu cuerpo, disipando todo aquello que ya no te sirve. Cuando expulses el aire, despójate de toda la energía negativa u obstruida. Continúa con esta técnica de respiración combinada con la visualización, pero ahora imagina que esta luz blanca se tiñe del color que se ajusta a tu respiración o intención. No dejes de llenar tu cuerpo y tus pulmones de ese color sanador. Imagina que el resplandor te envuelve, como si irradiara desde tu interior. Deja que penetre en tu núcleo energético para así equilibrar tu energía, pero no descuides la respiración. Cuando estés lista, visualiza que exhalas esa luz desde tus pulmones y que regresa de nuevo al Cosmos.

Te aconsejo que, al principio, dediques solo cinco minutos y que, a base de práctica, vayas aumentando el tiempo de trabajo. Una vez más, sigue tu propio ritmo y no te fuerces. Recuerda que lo que te propongo son sugerencias y que eres libre de elegir la técnica de respiración y el color que mejor te funcione. Te invito a explorar la magiak de los colores, es realmente apasionante. Si te vas a decantar por la respiración del Fuego, quizá necesites algo más de práctica para sentirte cómoda; ve poco a poco y recuerda que solo puedes respirar por la nariz.

Quizá te apetezca incorporar algunos cristales a esta meditación; en ese caso, sujétalos en tu mano no dominante y, si es posible, elige cristales de un color parecido al que estés visualizando, ya que las correspondencias son las mismas. Algunas ideas: una piedra negra, como la turmalina o el ónice, para el chakra raíz, si quieres anclarte

Chakra	Color	Técnica recomendada	Objetivo
1°: Chakra raíz	Rojo	Respiración cuádruple	Anclarte, sentirte segura y a salvo y protegerte. Construir una base sólida y crear un hogar energético en tu interior.
2°: Chakra sacro	Naranja	Respiración del triángulo o respiración del Fuego	Respiración del triángulo: conectar con la sexualidad, la vitalidad y el placer. Respiración del Fuego: despejar o aliviar cualquier tensión, energía negativa, malos recuerdos o dolor energético.
3°: Chakra del plexo solar	Amarillo	Respiración abdominal	Recuperar la seguridad en ti misma, conocerte en profundidad, encontrar un propósito, la pasión, la vitalidad y la luz.
4°: Chakra del corazón	Verde	Respiración del corazón	Acoger y recibir la energía de lo divino, alimentar el amor incondicional y el amor por una misma. Te ayudará a encontrar el camino de vuelta a tu corazón.
5°: Chakra de la garganta	Azul	Respiración purificadora	Disolver los bloqueos energéticos para que puedas manifestar tu verdad. Te ayudará a encontrar tu propia voz.
6°: Chakra del tercer ojo	Violeta	Respiración del corazón	Afina tu intuición para poder ver las cosas con más claridad y venerar tu propia visión y opinión.
7°: Chakra de la corona	Blanco	Respiración del corazón	Conectar con lo divino, sanar, purificar y aceptar tu verdadera naturaleza divina. Conectar con otros reinos y energías, como guías o deidades.

y una piedra rosada, como el cuarzo rosa o la rodocrosita, para adentrarte en el corazón e invocar la energía del amor.

El Aire en el Tarot: las espadas

La energía de las espadas es intensa, y eso es innegable. Es una energía afilada y desgarradora. Las espadas apuñalan y cortan y pueden convertir movimientos cargados de precisión e intención en momentos de dolor y sufrimiento. Gobernadas por el elemento del Aire, las espadas son el palo más extremo y encarnizado de la baraja, pues son un arma de doble filo: pueden liberarte de una carga que te ahoga y te oprime o todo lo contrario, poner sobre tus hombros un peso todavía más insoportable de sobrellevar. En el Tarot, las espadas están relacionadas con tu capacidad de tomar decisiones, pero también de comprender e interpretar su sabiduría y de valorar y analizar información. Aunque la llama divina de los bastos (es decir, del Fuego) fuese el primer paso en la creación, la espada simboliza el primer paso *activo* e intencionado; gracias a la espada podrás empezar a planear y proyectar tu visión. Las espadas, igual que su elemento, el Aire, representan tu capacidad de escuchar, convivir, analizar y descifrar información. Y esto puede ser un proceso estremecedor, incluso mordaz e hiriente.

Las cartas de este palo pueden resultar abrumadoras y, en ciertos casos, pueden llegar a dar miedo. Sin embargo, los misterios y enigmas que te plantean no son físicos, sino mentales. Todo está en tu cabeza, cariño. No me estoy refiriendo a situaciones físicas que sean peligrosas, sino a momentos inciertos que crees haber vivido o que crees que vivirás en un futuro; la mayoría de veces, el peligro no es real, pero tu cerebro te ha convencido de que sí y por eso *crees* estar en peligro. O tal vez te rodeas de personas que te repiten una y otra vez que hay algo en tu vida que no está bien, que no encaja. En resumidas cuentas, podríamos decir que la conexión entre lo que piensas y lo que sientes se ha roto o estropeado. Las espadas te aportan seguridad y te muestran en qué momentos te has engañado o incluso mentido a ti misma.

Hay una lección que debes aprender de las espadas, y también del ocultismo: tu mente tiene la capacidad de imaginar y de crear. Tu cuerpo no siempre percibe la diferencia entre algo que *parece* peligroso y algo que *es* peligroso. Este palo te enseña a distinguir entre lo imaginario y lo real y a comprender cuándo debes empuñar la espada y librar una guerra y cuándo es mejor dar media vuelta y alejarte del campo de batalla. Las espadas te demuestran lo importante que es dejarte guiar por tu mente e intuición para no terminar en esta clase de situaciones. Gracias a la espada, tus pensamientos y acciones tienen el potencial de penetrar y perforar tu consciencia, pero también el subconsciente. La magiak está en la punta de la espada.

LA ENERGÍA DEL CRECIMIENTO Y EL INTELECTO: EL AS DE ESPADAS

Los ases poseen una energía muy valiosa, la energía de algo que está a punto de nacer, la energía de una semilla que está a punto de germinar, la energía de una idea que está a punto de materializarse. Los ases son unos maestros excelentes porque te muestran el potencial que atesoras y te animan a alcanzarlo. El mensaje del As de Espadas se basa en la intención antes de la acción. Es un presagio, un augurio de la intervención divina, un «si quieres, puedes». Esta carta representa la sensación que tienes cuando esa idea infalible se materializa en el momento oportuno, cuando consigues unir las piezas del rompecabezas y por fin te das cuenta de que ese sueño puede convertirse en una realidad. Las espadas simbolizan tu estado mental y no cosas tangibles y palpables; para aprovechar su potencial, debes recurrir al pensamiento, a la consciencia y a la conexión. Esta carta en concreto es sabiduría en estado puro; el Cosmos te está entregando la espada de la verdad y ahora debes empuñarla y cuando te ofrece este regalo lo hace por una razón, así que escucha el mensaje de la espada para aclararte y para saber distinguir las ideas que te ayudan a crecer de aquellas que te minan y consumen. Cuando reconozcas el valor de tus pensamientos, de tus ideas y del tiempo, podrás utilizar este as para avanzar y para trasladar todas las ideas que merodean por el reino etéreo al reino físico.

LA ENERGÍA DEL VICTIMISMO Y LA IMPOTENCIA: EL OCHO DE ESPADAS

Tu cerebro es poderoso, pero eso no significa que sea perfecto. Tus pensamientos pueden influir y moldear la manera en que percibes la realidad y, a veces la manipulan a peor. En la imagen de esta carta, el Ocho de Espadas, se ve a una mujer maniatada, con los ojos vendados y rodeada de espadas. Da la impresión de que está atrapada, como si no pudiera escapar de ese calvario y estuviese a merced de otra cosa u otra persona. Pero si conoces el mensaje de la espada, eres capaz de observar la realidad desde otra perspectiva y ver qué hay más allá de ese peligro que tu mente percibe y considera como real; esa mujer no está atrapada, ni su vida pende de un hilo. Las cuerdas que la sujetan no están tensas, por lo que puede moverse, y todas las espadas apuntan al suelo. El Ocho de Espadas representa a una mujer que *se siente* una víctima y por eso está paralizada. Sé que suena extraño, pero esta carta te recuerda que atesoras un gran poder; te está diciendo: «Te has metido en este lío tú solita, así que puedes salir de él del mismo modo».

Cuando destapas esta carta, y sobre todo cuando la destapas del revés, es decir, invertida, te recuerda que, casi siempre, las cosas no son tan complicadas como parece. Aunque te sientas paralizada, maniatada o entre la espada y la pared (y nunca mejor dicho), aunque no estés viviendo el mejor momento de tu vida, piensa que siempre hay otra forma de ver las cosas. Quizá haya una trampilla por la que puedes escapar. Esta carta también te recuerda que a lo mejor estás haciendo una montaña de un granito de arena. El principal objetivo de esta carta es abrirte los ojos, demostrarte que siempre hay una vía de escape y que puedes salir victoriosa de situaciones que te consumen o te agotan. El Ocho de Espadas te recuerda que puedes decidir huir de esa situación y que puedes hacerlo; eres tu propia carcelera, así que en tus manos está liberarte o no.

LA ENERGÍA DE LA PRECISIÓN Y LA CLARIDAD: LA REINA DE ESPADAS

Si la Reina de Espadas fuese una mujer de carne y hueso, lo más probable es que la tildasen de «frígida» o de «zorra». No transmite una energía dócil y tierna, ni pretende complacer a los demás, ni se somete a los deseos del rey. La Reina de Espadas es una mujer valiente y sin remordimientos que confía en su verdad y empuña su espada cuando la situación lo requiere. Es racional y te invita a reivindicar tus anhelos y necesidades, a expresarlos sin miedos y a manifestar tus creencias. Es clara, transparente y resolutiva; cuando sabe que debe hacer algo, lo hace. Al destapar esta carta, reivindicas tu valía, condenas el síndrome del impostor y confías en tu talento y experiencia. Te conviertes en una líder valiente y sin miedos. En su menor vibración, esta reina puede ser un poco testaruda e incapaz de sentir compasión por sus seres queridos y por sus súbditos. A veces incluso puede llegar a ser un pelín insensible. Y por eso esta carta puede significar que te estás comportando como una bruja de cuento y que, por una vez en tu vida, debes dar un paso atrás, escuchar a las personas que quieren lo mejor para ti y recordar que no puedes ser tan estricta contigo misma o con los demás.

Pero en su mayor vibración, esta reina es sensata, justa y fiel a sus ideas y principios; siempre hace lo correcto, por incómodo o difícil que resulte en ese momento. La Reina de Espadas te recuerda que tu mente es tu mayor aliada y que, si trabajas codo con codo con ella, y no te avergüenzas de hacerlo, no habrá meta que no puedas alcanzar, ni persona que puedas liderar.

En una lectura del Tarot, esta carta puede significar que debes ser exigente y precisa con tus fuentes de información, pero también con cómo las compartes. Sé firme en tus convicciones pero, tal y como esta carta advierte, no pierdas tu sensibilidad.

UNA TIRADA DEL TAROT PARA ENCONTRAR CLARIDAD Y CONFIANZA

Las espadas son de gran ayuda cuando necesitas disipar esa niebla que te impide ver el problema y, por lo tanto, solucionarlo de raíz. ¿Qué está pasando en realidad? ¿Qué sientes? Tus emociones pueden confundirte, dejarte en un estado de ansiedad, preocupación y dudas. Eres incapaz de pensar en una vía de escape, o en una solución a un problema, pero sí puedes tratar de alejarte de tus emociones y distinguir los patrones que tú misma has creado para así aprender a no repetirlos en el futuro. Por suerte, tienes herramientas a tu disposición, como técnicas de respiración y la baraja del Tarot, que pueden ayudarte a ver las cosas desde otro punto de vista. Respira, presta atención a todas las sensaciones de tu cuerpo, baraja las cartas, formula la pregunta y utiliza la tirada que te propongo a continuación para que te guíe y, sobre todo, confía y conecta con la energía de este palo. Si tienes un diario del Tarot, puedes tomar notas de la lectura y la interpretación.

Carta 1: ¿qué veo con perfecta claridad?
Carta 2: ¿qué está escondido?
Carta 3: ¿qué necesito ver desde otra perspectiva?
Carta 4: ¿hacia dónde me están guiando?
Carta 5: ¿qué quiere el Universo que recuerde?
Carta 6: ¿cómo puedo conectar con mi ser superior en momentos de ansiedad y confusión?
Carta 7: ¿qué va a pasar después?

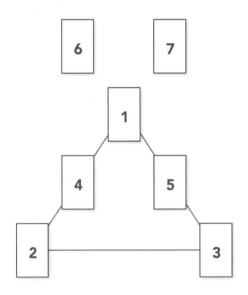

Cristales para el elemento del Aire

PARA CONECTAR CON EL ELEMENTO DEL AIRE: SELENITA

Si quieres conectar con la naturaleza etérea del Aire, la selenita es tu gran aliada. Abre tu corazón a este cristal y caerás rendido a sus pies. Es de color blanquecino y su vibración es altísima, lo que te permite acceder al chakra de la corona y al chakra del tercer ojo. Esta piedra despierta tus habilidades intuitivas y estimula tu cuerpo energético para que escuches los mensajes del Universo de una forma más fácil, rápida y clara. Igual que el Aire, te ayuda a expandir tus límites y a alcanzar nuevas metas, pero también actúa en esta vida y en este cuerpo. La selenita se considera un cristal del Aire porque te proporciona claridad y transparencia; te muestra mensajes intuitivos y te ofrece puntos de vista y perspectivas que, quizá, te habían pasado desapercibidos. Aunque la energía del Aire puede parecer un poco desconcertante, inalcanzable y alejada de esta realidad, si trabajas con la selenita podrás disfrutar de todas sus ventajas y seguir con los pies en la tierra. Si quieres, puedes utilizar una varita de selenita para purificar tu cuerpo áurico; solo tienes que moverla a tu alrededor, como si fuese humo sagrado. Y puesto que es un cristal que limpia y purifica, puedes colocar otros cristales encima para que absorba toda su energía.

PARA ENCONTRAR ANCLAJE CUANDO ESTÁS EN LAS NUBES: ÁGATA AZUL

Si eres como yo, es decir que tiendes a fantasear y a veces pierdes la noción de la realidad (o canalizas demasiado esa energía), estoy segura de que muchas veces tienes la impresión de que tu mente va a tal velocidad que no puedes alcanzarla. Sí, el Aire en su mayor vibración te brinda presencia en el aquí y el ahora y expansión, pero en su menor vibración te hace tener la cabeza en otro sitio, lo que puede traducirse en fantasear, en soñar despierto, pensar siempre en el futuro, dar demasiadas vueltas a las cosas y no vivir con los pies anclados en el suelo. Si todo esto te resulta familiar, te aconsejo que trabajes con el ágata azul; canalizará tu visión y te ofrecerá guía. El ágata azul te proporciona paz y serenidad y te ayuda a sanar el chakra de la garganta. Es un cristal que reduce el estrés y la ansiedad y te invita a expresar tu verdad. Pero además es una piedra terapéutica, ya que aporta confianza y poder a tu historia y opiniones, te ayuda a canalizar el elemento del Aire y te alienta a expresar tus necesidades y deseos. Trabaja con este cristal y líbrate de una vez por todas de ese miedo que te impide pedir lo que realmente quieres. Medita con el ágata azul colocada sobre el chakra de la garganta para absorber todas estas propiedades.

La diosa de los cielos: Nut

Del mismo modo que Gaia es una de las diosas originales de la Tierra, Nut es la diosa egipcia que reina en los cielos. Nut, una de las diosas más antiguas y veneradas del antiguo Egipto, es hija de Tefnut (la personificación de la humedad) y Shu (la personificación del aire). Nut representa el cielo en toda su gloria y su hermano y marido, Geb, representa la Tierra. Gracias a la unión de Nut y Geb nacieron algunas de las deidades egipcias más famosas y poderosas, como Isis, Osiris, Set y Neftis, aunque algunas leyendas aseguran que tuvieron un quinto hijo.

La imagen de Nut es la de una mujer que acuna el cielo nocturno entre sus brazos, que se extiende más allá del horizonte y que construye puentes entre los cielos. Roza la Tierra con los dedos de las manos y de los pies, que señalan todos los puntos cardinales. Cada noche, el sol se inmiscuye por la boca de Nut y emerge por su chakra sacro cuando la diosa lo trae al mundo por la mañana, creando así los ciclos de días y noches tal y como los conocemos. Gracias a Nut podemos contemplar el orden divino en acción. Los símbolos sagrados de esta diosa son la vaca, el sicomoro (un árbol que simboliza protección, eternidad y divinidad), la escalera (que utilizó su hijo Osiris para acceder a sus cielos), las estrellas y el *ankh* (cruz egipcia que simboliza la vida eterna), entre otros.

Nut es la diosa de la expansión, del Cosmos y del cielo en su grandeza. Además de crear una frontera entre el caos y la calma, también actúa como un escudo indestructible que protege el Universo de todo lo que existe más allá de los límites de su cuerpo. Nut también vela por los difuntos y, en momentos de duelo y tristeza, puede ser un gran apoyo. Te ayuda a ver las transiciones como parte de la vida, igual que el día y la noche se van sucediendo y las estaciones transforman la Tierra una y otra vez. Invoca a Nut si necesitas fuerza y protección, pues ella es la diosa que nos defiende de todos los elementos de lo desconocido. Cuando tengas el corazón roto, cuando fallezca alguien a quien quieres, cuando necesites un momento de paz y serenidad, recurre a Nut.

Recuerda que cuando conectas con Nut, estás conectando con el crecimiento, la intuición y el cuerpo sutil. Es una diosa que encarna la capacidad del Aire de estar en constante expansión, así que puede ayudarte a expandir la energía del aquí y el ahora y alcanzar una mayor sensación de libertad. Al igual que Gaia, Nut lo abarca todo; es una diosa ancestral que vive entre las nubes celestiales, pero también vive en ti. Cuando formas una relación con esta diosa, empiezas a ver las cosas desde una perspectiva un pelín distinta. Saldrás a dar un paseo y te fijarás en que el cielo está despejado. Y cuando conectes con el Aire y los cielos, notarás una sensación cálida y agradable en todo el cuerpo. Nut también es el arcoíris que te reafirma que estás donde se supone que debes estar. Y también es esa nube en forma de corazón que ves mientras das un paseo por el bosque, o la suave caricia de la brisa sobre tus mejillas mientras tomas el sol. Representa la energía de la posibilidad, de la evolución, de la serenidad y de la presencia. Nut también es esa estrella luminosa que te guía cuando estás perdida, que te inspira y te recuerda que albergas una fuerza interior infinita. A través del Cosmos, una entidad inmensurable, podrás comprender mejor el mensaje de Nut, que siempre estará ahí para acunarte y brindarte su apoyo cuando más lo necesites.

UN ALTAR PARA NUT

Tal y como he comentado en el capítulo anterior, los altares pueden actuar como puertas intergalácticas a una diosa. Es un viaje que no puedes dejar escapar, ¡créeme! Los altares son espacios de veneración, devoción y magiak. Al crear un altar dedicado a Nut, vas a inmortalizar la energía del cielo estrellado, de la riqueza del Aire y de tu capacidad de evolucionar y transformarte, igual que hacen los días y las noches. Puedes utilizar un trozo de tela que sea azul oscuro, plateado o dorado, y añadir velas de estas tonalidades, y también blancas, que representen los astros celestiales. Uno de los símbolos de Nut es un pequeño jarro de agua, así que puedes añadir este elemento a su altar. Como está relacionada con el Aire, también puedes tener incienso y hierbas a mano y encenderlos en su honor. En mi humilde opinión, para crear una relación con una diosa, siempre es mejor tener un ritual dedicado únicamente a ella. Enciende una vela cada día en su honor. Escríbele una oración. Tráele flores frescas, enciende velas flotantes y decora su altar con estatuas de la diosa o del *ankh*. Te aconsejo dejarle ofrendas como miel, vino, flores frescas, fruta, agua sagrada, humo de hierbas sagradas o incluso un poco de licor.

Colores: los colores del cielo. Todas las tonalidades de azul: índigo, marino, pastel, cielo. Y también colores brillantes, como el blanco, el plateado y el dorado, que reflejen la luz de las estrellas. Piensa en un cielo al amanecer o al atardecer, tiñéndose de violeta y púrpura. Algunos egipcios creían que Nut llevaba un vestido con los colores del arcoíris, así que puedes añadir imágenes de arcoíris y de estrellas a tu altar.

Objetos sagrados y correspondencias: la vaca, las estrellas, el *ankh*, el sicómoro, la escalera y una jarra de agua.

Cristales: lapislázuli, una piedra de color azul índigo que suele asociarse con la sabiduría divina y la verdad. Otra opción es el cuarzo transparente, el canal de energía por excelencia que es igual de transparente que el Aire. O la pirita, una piedra que además de ser un magnífico escudo de protección, brilla como las estrellas.

Cartas del Tarot: la Estrella. Una carta de destino, de evolución y de visión. La Estrella forma parte de Nut, igual que ella forma parte de la carta. Esta carta también te permite conectar con la energía de la libertad y te recuerda que debes perseguir tus sueños y que siempre puedes derribar esos muros que te impiden ver todo tu potencial. Coloca esta carta en el altar para comprender mejor los mensajes que te envía Nut y para invocar su sabiduría universal.

Ofrendas: miel, pasteles, flores, tabaco, un vasito de licor y notas escritas a mano nombrando todo lo que te inspira.

UNA MEDITACIÓN PARA CONECTAR CON NUT

Antes de empezar esta meditación prepara el espacio como es debido. Pon un poco de música ambiental, apaga el teléfono y asegúrate de que nadie vaya a interrumpirte durante este tiempo. Ahora empieza a pensar cómo puedes conectar con Nut. ¿Tienes incienso que te hace sentir como si estuvieses bajo un cielo estrellado? ¿O un cuarzo transparente que te recuerda la inmensidad del Aire? ¿O una vela dedicada a las estrellas y a tus sueños? ¿Una respiración profunda? ¿Unas maravillosas vistas del cielo nocturno? Reúne todos los elementos que hayas elegido.

Estírate sobre el suelo y adopta una posición cómoda, como tumbada boca arriba, con las piernas separadas a la altura de las caderas y los brazos apoyados en el suelo y cerca del cuerpo. Empieza a conectar con tu respiración, húndete en la Tierra cada vez que sueltas el aire y siente cómo el perfil de tu cuerpo se va fundiendo con el suelo y cómo las fronteras que hasta ahora te separaban del mundo astral se van disolviendo poco a poco. Tu alma y tu luz interior también se van expandiendo hasta alcanzar la puerta de los cielos. Saborea ese momento y deja que su inmensidad envuelva tu cuerpo y lo acune. De repente, adviertes un sol delante de ti. Cada vez está más cerca, y cada vez brilla más. Su resplandor es cálido, agradable, familiar. Y entonces ese sol se desliza por tu boca y se extiende por todo tu ser, disipando todas las preocupaciones, miedos, tensiones y ansiedades a su paso. Sigue inhalando la luz durante unos segundos más. Después, imagina que el sol se desliza hasta tu chakra sacro y después sale de tu cuerpo. Te sientes más luminosa y burbujeante que nunca, y es entonces cuando te das cuenta de que Nut está presente. Ahora ha llegado el momento de disfrutar de la presencia de la diosa; escucha con atención todos los mensajes, visiones psíquicas y sensaciones que quiera compartir contigo. Puedes hablar con ella, pedirle su guía y protección, confesarle que quieres conocerla todavía más. También puedes dejarle una ofrenda, como una gota de luz solar, o un cristal, o una estrella. Siente el espíritu y la fortaleza de esta diosa en tu propio cuerpo. Si te apetece, repite esta visualización solar otra vez, encarnando a Nut cada vez que el sol se cuela por tu boca y emerge por tu chakra sacro.

Cuando termines esta visualización, inspira hondo varias veces y siente cómo el perfil de tu cuerpo físico vuelve a solidificarse antes de regresar al presente, al aquí y el ahora. Sigue respirando y, poco a poco, ve abriendo los ojos. Anota cualquier mensaje, visión o sensación en una libreta y deja una ofrenda a Nut.

La cuerda etérica: un ritual para soltar y liberar

A diferencia de los otros elementos, el Aire es invisible. Es un elemento etéreo que baila entre dos mundos, el real y el imaginario, igual que tu magiak que, a pesar de ser intangible, está en ti; que no veas algo con tus propios ojos no significa que no exista. El Aire es como la energía; te recuerda que percibes la realidad en capas y que debes confiar en tu intuición y demás sentidos del mismo modo en que confías en la vista.

Aunque respirar es un acto reflejo que haces sin pensar, al hacerlo creas conexiones energéticas con las personas con las que compartes tu tiempo. Y, a pesar de que estas conexiones no se pueden ver ni palpar, las sientes. Eres humana y, igual que el resto de los humanos, cometes errores; a veces, esta conexión que creas con los demás no siempre es beneficiosa para ti. Y por ese motivo te invito a probar este ritual, el ritual de la cuerda etérica.

Cuando interactúas con una persona, la ves y la percibes de una forma sesgada y parcial. Proyectas una imagen que no siempre refleja fielmente quién es esa persona en realidad, sino quién crees tú que es. Esa relación que has formado y percibido crea una especie de cuerda energética entre tú y esa persona que, a su vez, ha hecho lo mismo; su mente ha dibujado una imagen de quién crees que eres, lo que hace que la cuerda se cargue de más energía. Después, empiezas a pensar en qué opinará esa persona de ti y, al mismo tiempo, esa persona se preguntará qué impresión habrá causado en ti. Todo esto carga de energía la cuerda, que cada vez es más fuerte y robusta. Estas cuerdas, que puedes imaginar como hilos dorados que te conectan con las demás personas, se van fortaleciendo a medida que compartes tiempo

 con alguien, piensas en alguien o juzgas a alguien. Podría decirse que esta cuerda alimenta la relación que existe entre dos personas y, aunque puede ser una fuente de fuerza y conexión, como la cuerda que te une con tu mejor amiga, hay muchas cuerdas que no necesitas: amigas con las que no mantienes ningún tipo de relación, exparejas, un *hater* de las redes sociales. El apego puede ser muy positivo y contribuir a tu bienestar personal, pero en una época como en la que vivimos, una época marcada por la hiperpresencia y las citas amorosas por Internet, muchas de estas conexiones energéticas absorben y malgastan tu energía, pues te mantienen unida a alguien que ya no pinta nada en tu vida.

Este ritual incluye una meditación, así que lo primero que debes hacer es buscar un lugar tranquilo y asegurarte de que nadie te va a interrumpir o a molestar; te recomiendo que sigas las indicaciones de la página 29 para preparar el espacio. Puedes grabarte mientras lees en voz alta el conjuro y escuchar la grabación mientras meditas, repitiendo el mantra en silencio o en voz alta. Recuerda que puedes adaptar todas las ideas que te propongo. Lee el texto antes de empezar para familiarizarte con él y modificarlo si quieres.

Estírate sobre el suelo, con las piernas separadas a la altura de las caderas, los brazos cerca del cuerpo y las palmas mirando hacia arriba, como en la postura del cadáver. Conecta con el suelo que te sostiene, respira hondo y profundo y siente todo tu cuerpo. Después de anclarte y de relajarte un poco, invita a tus guías espirituales, ya sean deidades, ángeles u otros seres con los que quieras trabajar, y pídeles su compasión y ayuda para este ritual. Si te apetece, también puedes invocar a Miguel, el arcángel del sur que empuña una espada tan afilada que puede cortar todas las cuerdas que ya no te sirven. Dedica unos instantes a conectar con estos guías.

Después imagina que estás rodeada por una llama fría de color púrpura que quema y elimina todas esas conexiones que te desgastan y te consumen. Ese fuego hará arder todas las cuerdas etéricas que ya no necesitas en tu vida; se harán cenizas en un abrir y cerrar de ojos. Cuando estés preparada, repite el siguiente fragmento:

Queridos guías, ángeles, dioses, diosas y demás seres benevolentes, yo os invoco para que me ayudéis a despojarme de las cuerdas etéricas que ya no necesito y que absorben mi energía. Os ruego que cortéis estas cuerdas con compasión, que me libréis de todas las ataduras que ya no me aportan energía positiva. Que el filo de la espada del arcángel Miguel me ayude a despojarme de las cuerdas etéricas que no me permiten seguir creciendo y evolucionando. Que estas cuerdas desaparezcan y me despierte rodeada de amor y sanación. Y que así sea.

Cuando termines el ritual, te animo a que anotes todos los detalles en una libreta o diario personal. Bebe mucha agua y recuerda que decir «no» de vez en cuando y establecer límites sanos y saludables también forma parte del ejercicio. Los rituales son una herramienta eficaz, pero no milagrosa. Cada vez que llevas a cabo un ritual, le pides al Universo que te ceda parte de su energía, que intensifique tu intención para así alcanzar tus metas o cumplir un objetivo, pero recuerda que tú eres responsable de tu propia vida y que el Universo no va a hacerte todo el trabajo. Cortar de raíz las relaciones tóxicas, decir «no» a todo lo que no se ajusta a tu personalidad o principios y reconocer y venerar tus necesidades también son otras formas de conectar con la energía de este ritual en la vida real.

Un ritual de humo purificador para despejar y limpiar tu espacio

El Aire está presente en todo lo que haces; cuando ríes, cuando hablas, cuando gritas, cuando respiras. Está en la exhalación de los árboles y el oxígeno que nos brindan. Pero también está en tu capacidad de regenerarte, de recuperarte y de rejuvenecer. El humo de las hierbas sagradas te permite soltar lastre, encontrar el equilibrio y sanar tu cuerpo sutil, y tu espíritu. Puedes recurrir a este ritual de humo purificador cuando quieras conectar con el elemento del Aire de una forma tangible.

Este ritual te ayudará a limpiar tu mente y tu espacio, y despejará todo aquello que no esté en harmonía contigo o ya no te aporte nada positivo.

Necesitas: hierbas como hierba santa, acuyo, enebro, artemisa, cedro, lavanda, hierba dulce, incienso o copal. Un recipiente para quemarlas, como un cuenco que soporte el calor o una concha de abulón. Un encendedor o cerillas.

Un pequeño apunte sobre la salvia blanca y el palosanto:
muchas comunidades indígenas consideran la salvia blanca una planta sagrada; sin embargo, debido a su popularización y al uso descontrolado de esta hierba para limpiar y purificar energías, se ha cultivado en exceso y ahora algunas tribus indígenas ya no pueden acceder a ella. Me niego a participar en ese negocio, así que en lugar de comprar salvia blanca o palosanto, compro otras hierbas, como hierba dulce, cedro, lavanda, enebro, hierba santa o resinas como sangre de dragón o incienso. Otra opción es cultivar una variedad de salvia que sea originaria de la zona en la que vives y utilizarla. La madera de palosanto también se considera sagrada, ya que se extrae del propio árbol. En teoría, el palosanto se cosecha cuando el árbol muere de forma natural, después de que la madera haya estado en el suelo durante cinco años, pero como se ha popularizado tanto, ahora corre el peligro de que la cosecha sea excesiva e incorrecta. Aunque todavía no se ha extinguido, te recomiendo que, en lugar de comprar esta clase de madera, utilices otras alternativas para limpiar y purificar un espacio.

PASO 1: PREPARA EL ESPACIO Y ÁNCLATE

Igual que con cualquier otro ritual, lo primero que debes hacer es disponer y preparar el espacio. Para ello, puedes seguir las indicaciones que encontrarás en la página 29. Si quieres, puedes abrir las ventanas de casa para ventilar más el espacio.

Una vez lo tengas todo listo, céntrate en tu cuerpo. Cierra los ojos y siente cómo conectas con la Tierra a través de la planta de tus pies. Respira hondo y centra toda tu atención en el chakra sacro, el centro energético ubicado en la pelvis, y áncate. Sigue respirando de forma constante y controlada. Cada vez que sueltes el aire, expulsa todas las preocupaciones, tensiones y ansiedades. Y cada vez que inspires, inhala una bocanada de luz blanca y sanadora. Recuerda que no hay límite de tiempo, así que disfruta de este primer paso sin prisas.

PASO 2: PURIFICA EL ESPACIO

Ahora que estás anclada y presente en el aquí y el ahora, enciende las hierbas y cuando veas que la llama prende, sopla y apágala, de forma que queden humeantes. Empieza en el centro del espacio. No pierdas el control de la respiración. Con las hierbas en la mano, dibuja el símbolo del Aire, un triángulo con una línea horizontal en la parte superior. Observa cómo el humo se expande, se mueve y danza por el aire y dedica unos instantes a analizar todo lo que sientes en este momento. Una vez trazado el símbolo, adéntrate en él y recita el fragmento que te propongo a continuación (y que puedes adaptar o modificar a tu gusto):

Elemento del Aire, yo te invoco para purificar y consagrar este espacio, pero también a mí. Que este humo sagrado te ayude a disipar y alejar todo lo que ya no necesito.

Aprovecha el humo sagrado para limpiar tu cuerpo; empieza por la coronilla de la cabeza y ve bajando poco a poco, pasando por el torso, por la parte superior e inferior de tus brazos, por las palmas de tus manos, por las piernas y por los pies.

Después dirígete hacia la puerta principal de tu casa; agita las hierbas para que humeen un poco más y, al mismo tiempo, imagina una luz blanca que emana de ese humo y que absorbe toda la energía negativa, tóxica e innecesaria de ese espacio. Todavía frente a la puerta principal, dibuja el símbolo de la estrella de cinco puntas; empieza por la esquina inferior izquierda y traza una línea hasta la punta superior; después, traza otra línea hasta la esquina inferior derecha, otra hasta la punta superior izquierda y, desde ahí, hasta la punta superior de la derecha. Termina uniendo la punta superior derecha con la punta inferior izquierda. Si quieres, puedes decir algo como lo siguiente:

Destierro, destierro, destierro toda la energía que me consume y ya no necesito.

Muévete por el espacio, agitando las hierbas para que siga saliendo humo y, visualiza esa luz blanca y cegadora absorbiendo todo lo que no necesitas o ha dejado de trabajar a tu favor. Vuelve a dibujar la estrella de cinco puntas en cualquier otra puerta trasera de tu casa, en la puerta de tu habitación y en cualquier otra entrada que consideres que necesite protección energética.

PASO 3: TERMINA EL RITUAL

Cuando consideres que el ritual ha finalizado, deja en el suelo las hierbas que sostienes en la mano y cierra los ojos. Tómate unos segundos para volver a conectar con el Aire. Inspira hondo y disfruta del espacio que has creado, de la energía positiva que ha inundado tu casa y te ha envuelto entre sus brazos. Y ahora analiza todas las sensaciones. ¿Te sientes más tranquila? ¿Más segura? ¿Más liviana? ¡Pues toma nota! Da gracias al Aire por su apoyo y por su ayuda y exprésale todo tu agradecimiento antes de dar el ritual por finalizado. Inspira hondo varias veces, adopta la postura del bebé y apoya la frente sobre el suelo para enviar cualquier energía sobrante a la Tierra, pues ella se encargará de transformarla en luz. Cuando estés preparada, abre los ojos, da una fuerte palmada (para regresar al aquí y el ahora), bebe un poco de agua y disfruta de tu espacio, ya limpio y purificado.

Encarnar el Aire: la moda de la expresión personal

Si tuviera que definir el Aire, diría que es innovador y libre, que no entiende de ataduras ni de fronteras y que es tan inmenso que nuestra mente no puede concebirlo. Pues bien, esos son los atributos que debería tener tu vestidor si pretendes encarnar este elemento. Aunque el Aire es invisible a los ojos, sí puedes percibirlo y también puedes ver sus efectos, como la suave brisa agitando la ropa tendida, u oírlos, como el murmullo de las ramas de los árboles cuando sopla el viento.

De hecho, ya encarnas el Aire porque nunca dejas de respirar. Sin embargo, te animo a llevar esta conexión a otro nivel y a encarnar este elemento a través de la moda.

En su estado más puro, el Aire te permite dar rienda suelta a tu imaginación y jugar con la moda, así que no tengas miedo de plasmar tus ideas más creativas y estrafalarias en tu estilo o forma de vestir. Los signos del Aire son los excéntricos, los bichos raros, los pioneros y vanguardistas que apuestan por las últimas tendencias porque están siempre al día de todas las novedades del mercado y porque les encanta expresar quiénes son a través de la ropa.

La energía del Aire se puede manifestar de dos maneras, pero las dos comparten la misma doctrina: conocerse a una misma. Por un lado, la energía del signo del Aire puede parecer eficiente, efectiva y muy clara, pues este signo sabe muy bien lo que le funciona y le sienta bien y lo que no. En términos de moda, esto puede manifestarse como un uniforme (que también se puede manifestar con la energía de la Tierra). ¿Por qué no ponerte lo que te gusta si sabes que te favorece o te sienta bien? Un ejemplo típico que me viene a la cabeza cada vez que pienso en este signo es el estilo *total black* que suelen lucir artistas, escritores y directores de cine. Sin embargo, cualquier combinación que a ti te parezca merecedora de un uniforme puede convertirse en tu seña de identidad. Por eso es tan importante conocerse, para saber en qué prendas te sientes segura y poderosa. Si bien la energía de la Tierra nos recuerda a una manta calentita y cómoda que te proporciona consuelo y serenidad, la energía del Aire representa la energía canalizada en su expresión más creativa. Es el uniforme del signo de la Tierra pero con un toque único y personal. El estilo *total black*, por ejemplo, puede combinarse con un par de gafas angulares de montura negra, o con una barra de labios de color rojo pasión. Quizá te pongas los mismos tejanos cada día, pero puedes combinarlos con todo tipo de zapatos. La energía de este signo siempre añade un toque distintivo a tu estilo, algo que convertirá ese uniforme en *tu* uniforme. Como acuario que soy, mi seña de identidad es mi corte de pelo; desde 2011 llevo la mitad de la cabeza rapada. Y eso, junto a una barra de labios naranja o roja, siempre ha marcado mi estilo. Lucir mi propio *look*, que también incluye un *piercing* de oro en la nariz y otro en el cartílago, me otorga un aura de confianza que me ha cambiado la vida a mejor. Me siento como una obra de arte y tener el espacio y la capacidad de crear belleza también forma parte de mi magiak.

Por otro lado, esta energía del *conócete a ti misma* implica originalidad. Innovación. Inspiración. Expresión etérea y mística. La energía de este signo no conoce límites ni fronteras y su cerebro (que siempre está encendido y funcionando) es su mejor recurso para crear *looks* alucinantes que te inspiran a ver tu armario con otros ojos. Los colores del aire son holográficos, plateados, blancos, transparentes, vinilos, metálicos… cualquier tonalidad que te sorprenda, que te confunda, que te aturda y que te invite a observarla durante varios instantes.

En esta misma línea, puesto que los signos del Aire se consideran expresivos y únicos, también lucen colores brillantes, estampados psicodélicos, *animal print* y cualquier tonalidad que llame la atención.

Así pues, la energía del signo del Aire se manifiesta a través de prendas atrevidas y arriesgadas, combinaciones que parecen de otro planeta, o conjuntos tan cuidados, tan personalizados y tan perfectos que no puedes hacer otra cosa que dedicar una oración a la diosa de la moda, la mismísima Venus. La energía esclarecedora y armoniosa de este elemento te invita a adentrarte en el reino del estilo personal, un estilo inspirado en tus pasiones, en tus metas profesionales y en tus objetivos vitales.

Otra manera de emular la energía de este elemento es vistiendo prendas ligeras y holgadas, prendas confeccionadas en seda, satén, lino, algodón u otro tejido agradable al tacto. Las prendas con volantes o con varias capas que parecen bailar o flotar en el aire cuando te mueves o caminas también son un fiel reflejo del Aire. Y por último, las telas brillantes y translúcidas, las telas hechas de plástico reciclado, el látex, el encaje y cualquier otro material subversivo también pertenecen al reino de las espadas.

Accede a la energía del Aire con prendas de ropa y complementos que supongan un verdadero desafío, que te inviten a la reflexión, que te obliguen a recurrir a la creatividad para completar el *look*. Puedes empezar con un bolso, un par de zapatos o una prenda específica y, a partir de ahí, ir elaborando el resto del conjunto con el que vas a salir a la calle. Las espadas también representan precisión y poder, así que puedes canalizar esta energía con un *look* que te dé confianza y seguridad en ti misma. ¿Qué prenda te hace sentir como si pudieras matar a tus enemigos con una mirada tan afilada como una espada? Esa es, precisamente, la energía de la Reina de Espadas. En el Tarot, las espadas pueden ser tu guía para acceder al poder de esta baraja y trasladarlo a tu vida real.

Si quieres llevar algún talismán o cristal para conectar con el Aire, te aconsejo que te decantes por la selenita u otro cristal transparente, como el cuarzo. Combina estos cristales con todos tus talismanes favoritos, con una sombra de ojos plateada y un iluminador bien potente, y adopta esa actitud un pelín chulesca de «me importa todo un comino» y *voilà*, ¡serás el Aire personificado! Purpurina, iluminador, barras de labios brillantes, colorete, joyas y bisutería, tinte de pelo, *piercings*... Cualquier cosa que te ayude a captar *tu* propia esencia pertenece a este elemento. Así que ponte manos a la obra y déjate guiar por tu corazón y tu mente. Vístete con prendas que te inspiren, que te hagan pensar, que te animen a crear y a expresar y a manifestar. Y recuerda que la vida es demasiado corta y emocionante como para tener un armario lleno de prendas aburridas.

Preguntas para conectar con el Aire

El Aire es el elemento que mejor se siente con la palabra escrita. El lenguaje es su hogar; después de todo, gobierna el intelecto y la sabiduría. Te aconsejo que hagas lo mismo que con las preguntas de la Tierra y crees un ritual que consista en formularlas, meditarlas y tratar de responderlas. Sírvete una taza de té, apaga el teléfono y prepara el espacio; puedes decorarlo con una guirnalda de luces, por ejemplo, o poner algo de música de fondo y encender incienso o velas aromáticas. Abre el diario o libreta, coge un bolígrafo y sumérgete en sus páginas. Tómate las siguientes preguntas como un punto de inicio, una invitación a meterte de lleno en la tormenta de tu mente, de tus deseos, de tu inconsciente. Si necesitas un empujoncito más, puedes destapar una carta del Tarot para cada una de las preguntas que te propongo. Ellas te brindarán su ayuda y su guía.

- *¿Qué significa para mí estar presente ahora mismo? ¿Qué nota mi cuerpo?*

- *¿Qué siento cuando me concentro en la respiración en momentos de tensión o estrés?*

- *¿Qué estoy aprendiendo ahora mismo que me encante y apasione?*

- *¿Qué me inspira? ¿Quiénes son mis musas?*

- *¿Qué se me pasa por la mente cuando estoy conectada con mi intuición?*

- *¿Qué aspectos de mi vida necesitan limpiarse y purificarse?*

- *¿En qué aspectos de mi vida puedo incluir algo «nuevo»?*

El Aire en la astrología: Acuario, Géminis y Libra

Igual que con las cartas del Tarot, cada elemento está representado en la rueda del zodíaco. Aquí encontramos signos expansivos que apuestan por la libertad amorosa, es decir, Acuario (el portador de agua), Géminis (los gemelos) y Libra (la balanza). Si piensas en lo que has aprendido hasta ahora sobre este elemento, podrás empezar a comprender la energía tan tenaz y tan intensa de estos signos zodiacales. El Aire anhela libertad, armonía y crecimiento, a pesar de que, igual que la espada, a veces pueda ser punzante e hiriente. Estos signos zodiacales son mariposas sociales, es decir, personas que nunca bajan la guardia, que siempre están observando lo que ocurre a su alrededor y que, al mismo tiempo, hacen millones de preguntas. Son quienes lideran la revolución desde las sombras, los que te enseñan que hay otra perspectiva para ver las cosas y los que te invitan a bailar al son de su música.

Y bien, ¿qué puedes aprender de los signos del Aire?

ACUARIO - EL PORTADOR DE AGUA

Está bien, voy a ser sincera. No puedo ser del todo imparcial y objetiva porque soy una triple Acuario: Sol, Venus y Marte en Acuario. No voy a engañarte, siento que soy cien por cien Acuario. La energía de este signo zodiacal es la del bien común, la de ofrecer tu talento personal al servicio de la comunidad, para que todo el mundo pueda aprovechar ese don que te hace tan especial. Los Acuario son viajeros del tiempo, pioneros que marcan tendencia y científicos que trabajan por alcanzar nuevos paradigmas. Son personas intelectuales y, aunque a primera vista puedan parecer algo distantes y desapegados, es solo porque necesitan espacio y libertad para crecer y florecer, y tienen que hacerlo en las condiciones que ellos han decidido. Los Acuario son el símbolo del amor incondicional, del amor en comunidad y de la innovación. El portador de agua nos enseña a reservar un espacio para nuestras emociones, para que no nos abrumen y nos desorienten, y a venerar ese espacio como se merece. Acuario es el sanador del todo y, por lo tanto, nos puede ayudar a crear un mundo nuevo, un mundo basado en el amor y en la consciencia. En su estado menos evolucionado, los Acuario pueden parecer fríos y distantes, pero en cuanto empiezan a trabajar la inteligencia emocional, son capaces de sentir empatía por toda la humanidad.

GÉMINIS - LOS GEMELOS

Géminis es el único signo de todo el zodíaco que está simbolizado por dos seres, los gemelos. Este signo representa profundidad, creatividad y colaboración. Aunque hay quien juzga demasiado pronto y acusa a los gemelos de tener dos caras distintas, en realidad significa que los Géminis no solo tienen la capacidad de adaptarse a cualquier situación, sino que además sus enseñanzas fomentan la cooperación mutua y trabajar codo con codo con los demás, ya sea a un nivel romántico, platónico, profesional, mágiko o creativo. Es el portavoz del zodíaco, al que se le ocurren ideas estrambóticas que, en un primer momento, parecen imposibles o volátiles y el que nos deja a todos boquiabiertos cuando las convierte en realidad. Muchos son los que ven esa naturaleza flexible y maleable como algo negativo y los tilda de hipócritas. Sin embargo, esa característica de los Géminis significa que han aprendido a respetar y venerar sus límites. Este signo te ayuda a pensar de una forma distinta y pone a prueba tu creatividad.

LIBRA - LA BALANZA

Junto a Tauro, Libra es el único signo gobernado por Venus. Libra representa la justicia y las sensibilidades sociales. Un amante del placer que se dedica en cuerpo y alma en asegurarse de que no se cometan injusticias. Libra pone las cosas en una balanza y reivindica la idea de la paz. Son personas muy sociables, enamoradas del amor, interesadas en la iluminación y en conectar con el corazón de todo, entregadas a una causa muy clara: la igualdad y la equidad. Libra es un signo compasivo que anhela que todos nos llevemos bien y utiliza los poderes de la creación para conseguirlo. Esta energía valora el individuo, así como también su voz y opinión, lo que nos recuerda que los signos del Aire anhelan encontrar el equilibrio entre el bien de uno mismo y el bien colectivo. A pesar de que los Libra pueden ser caprichosos y un poco ligeros de cascos, tanto con sus decisiones como con sus amantes, allá donde van siempre llevan consigo una armonía energética hermosa.

EN SU ESTADO MENOS EVOLUCIONADO

En su estado menos desarrollado, los signos del Aire pueden convertirse en mentes brillantes, pues establecen unos límites muy claros y levantan un muro con sus mentes analíticas para así separarse y alejarse de sus emociones. Estos signos zodiacales suelen intelectualizar sus sentimientos y experiencias, en lugar de escucharlas, reconocerlas, venerarlas y procesarlas. También tienden a perderse en sus propios pensamientos y a adentrarse en otras dimensiones en lugar de vivir en el presente, es decir, en el aquí y el ahora. A veces, los signos de este elemento viven en su propio mundo, a pesar de que sus cuerpos físicos estén aquí, y eso suele hacerles sentir algo distraídos, desconectados o desapegados. Y eso, a ojos de los demás, puede resultar incómodo y exasperante; sus palabras pueden sacar de quicio a cualquiera, pues reflejan todas sus inseguridades. A veces parece que están en la luna y otras, son pura hiperactividad. Por suerte, esta energía puede equilibrarse si se trabaja con los otros elementos.

EN SU ESTADO MÁS EVOLUCIONADO

En su estado más desarrollado, los signos del Aire pueden ayudarte a alcanzar todo tu potencial. Son como el cielo, no tienen límites. Y son como los pajarillos, la libertad personificada. Te muestran un futuro en el que el amor es la respuesta a todo y la generosidad, una necesidad. Su lema podría ser el «si puedes soñarlo, puedes hacerlo». Los signos del Aire te enseñan lo importantes que son las conexiones intelectuales y te recuerdan que para evolucionar debemos ser capaces de adaptarnos al futuro y a los cambios tecnológicos. Los signos del Aire estimulan y fomentan esa sensación de vulnerabilidad total, de espacio, de honrar tu propia evolución. A través de este elemento puedes reconocer y expresar tu verdad. En pocas palabras, los signos del Aire no se andan con chiquitas. No te permiten vivir en un mundo de ilusión y fantasía. Están comprometidos con que puedas ver qué hay más allá del velo y así reconocer la sabiduría divina en todo lo que te rodea. Los signos del Aire te muestran dónde están tus límites para que puedas adaptarte a ellos. Tu mente es el límite y, puesto que tu mente diseña y crea tu realidad, eso significa que tú tampoco tienes límites.

CAPÍTULO 3

Fuego: quémalo

El Fuego, un elemento acogedor, vibrante, de color rojo pasión y muy ardiente, llama la atención por su intensidad y su fervor. El Fuego te invita a adentrarte en tu poder, en tu naturaleza más salvaje, en tu yo más carnal. Esta es la magiak del Fuego. Es el reino de todo lo sensual, pero también del espíritu. Cada elemento tiene su propia seña de identidad. La Tierra nos brinda serenidad y raíces. El Aire nos muestra libertad y expansión. El Agua te invita a conectar con tu corazón y con tu centro emocional. Y a través del Fuego puedes alcanzar tu verdadero ser y expresarte tal y como eres. De todos los elementos, el Fuego es el más peligroso, el más difícil de controlar y el más volátil. Y, a diferencia de los demás, siempre implica transformación.

Escribo este capítulo en mitad de la estación de Aries. Es el primer signo del zodíaco de los doce y además esta estación coincide con el equinoccio de primavera, que marca el inicio del nuevo año astrológico. La energía del As de Espadas, la chispa de la creación, se palpa en el aire y Aries es el Fuego que enciende la mecha. Aries es el visionario y el líder, una llamada a la revolución, a un nuevo paradigma. Puedes recurrir a los signos del Fuego para comprender qué significa para este elemento la integridad. El Fuego es capaz de hacer daño, pero no tiene por qué. Este elemento nos enseña a discernir y a tomar decisiones: qué debemos quemar y convertir en ceniza y qué debemos conservar para que crezca y evolucione.

El Fuego como deseo

En su estado más evolucionado, la energía del Fuego es alquimia pura; nos concede la oportunidad de ver otras formas de ser, de sentir y de hacer. Cuando invocas esta energía, ves el mundo desde una perspectiva totalmente distinta; las cosas por fin se alinean y tienes la impresión de que el mundo se ha convertido en tu amante; no es solo algo que te excita, sino que además te da vida. Me gusta pensar que el Fuego es la energía de la fuerza vital, conocida como «prana» en la filosofía hindú. Es la energía que absorbes mientras tomas el sol durante un precioso día de primavera. Es reveladora y brillante y te transmite paz, tranquilidad y mucha luz en momentos grises o nublados. La energía del Fuego es contundente, pues implica acción, pero también es erótica, sensual, sexual y muy intensa. Al fin y al cabo, es la energía de la creación, es decir, el *prana*. Vivimos en una sociedad que castiga y censura la sexualidad, que odia y desprecia a las prostitutas y que no nos enseña a disfrutar del placer ni a expresar nuestra esencia sexual. A quienes se niegan a cohibirse y se regocijan en este placer, se les señala con el dedo y se les estigmatiza. Esto ocurre, sobre todo, con las mujeres. Todas albergamos un fuego interior, una llama que aviva nuestros deseos y, cuando la reconocemos y la veneramos, a pesar de las trabas que nos pone la sociedad, las cosas empiezan a cambiar. De repente, todo lo que estaba patas arriba recupera un orden, una armonía, y tú recuperas esa fuerza vital sexual que te mantiene anclada. La disciplina del kundalini yoga denomina esta energía como «energía kundalini», que descansa en la base de la columna vertebral como si fuese una serpiente enroscada. El objetivo es estimular esta energía para que se deslice por la espalda y alcance la corona de la cabeza, y así lograr un despertar o iluminación. Trabaja con esta energía salvaje y pasional para evolucionar, para despojarte de cargas kármicas y para enamorarte del mundo que te rodea. Aunque seas una persona asexual, puedes conectar con este elemento de una forma no sexual. Quizá lo que te haga sentir llena de energía, erótica, poderosa y transformadora es algo que no es en absoluto sexual, ¡y no pasa nada! Déjate guiar por tu intuición, y por tu cuerpo.

Se trata de dejarse llevar por las sensaciones y la experiencia, y no por un hecho en concreto.

Quiero que pienses unos segundos en la palabra «deseo». ¿Qué despierta en tu cuerpo? Tal vez lo relaciones con una sensación eléctrica, o agradable, o candente, o tal vez te deje indiferente. Analiza qué significa para ti. ¿Cómo te identificas con ella? Y después medita sobre tus propios deseos, pues en ellos reside la energía del Fuego; igual que el Agua necesita un recipiente que la contenga, el Fuego necesita algo que quemar. Y el combustible son tus deseos, así que utilízalos para alcanzar una vida llena, plena y gratificante. El Fuego anhela el cambio, algo que poder transformar; cuando vives en el aquí y en el ahora, tus fantasías interiores te encienden, pero jamás te consumen o te dañan. Tus deseos son sagrados. Igual que tus pasiones. Igual que tu llama interior.

El Fuego como alquimia, como transformación

El Fuego es peligroso; te quemará, y sin ningún tipo de remordimiento. Pero eso no le preocupa a este elemento, porque sabe que las llamas arrasarán con todo lo que ya no necesitas y fortalecerán todo lo que te aporta seguridad y confianza en ti misma. Ese es el gran talento del Fuego. El don de la metamorfosis. Cuando conectas con este elemento con intención, reverencia y presencia (es decir, cuando eres consciente de que puedes quemarte pero aun así sigues luchando por llegar al límite con cautela y mucha precaución), puedes vivir experiencias realmente transformadoras. A veces tú podrás propiciar estos cambios y otras, por suerte o por desgracia, no. A veces, el Fuego es una tragedia, un trauma o una pérdida; no te queda más remedio que pasar página y seguir adelante, y eso siempre te hace más fuerte. Da igual la manera o los motivos por los que te acercas a esta llama sagrada, lo importante es que has dado el primer paso. Recuerda que siempre habrá algo esperándote al otro lado.

Ahora piensa en algún momento doloroso o difícil que hayas pasado en la vida. Cuando la vida nos da un revés inesperado, creemos que nunca vamos a superar ese sufrimiento, hasta que un día te das cuenta de que no te queda otro remedio que hacerlo. Casi nunca nos felicitamos por ser resilientes, por ser valientes, por ser tenaces. Pero tú eres todo eso y, cuando por fin te decidas a reconocerlo, podrás alcanzar tu versión más evolucionada.

Vivo en Los Ángeles, una ciudad que no escapa de los incendios forestales cada verano. El verano de 2018 fue el más salvaje, letal y destructivo de la historia de California. Más de cuatrocientas mil hectáreas ardieron en llamas. El fuego arrasó campos de cultivo y bosques, pero también pueblos enteros. Y, sin embargo, un año más tarde, después de un invierno crudo y de dos meses de lluvia intensa, el paisaje está más verde y frondoso que nunca. Pasamos un verano de sequía pero hemos vivido la primavera más hermosa que jamás he visto en mi vida. El fuego niveló el suelo para que pudiera fertilizarse, para que una nueva vida pudiera germinar, para que la naturaleza pudiera resurgir de las cenizas. Después de las lluvias, todo floreció y California se tiñó de todas las tonalidades de verde. Hubo una explosión de amapolas y, junto a ella, llegó la mayor migración de la mariposa Vanesa de los cardos desde 2005. Esta nueva vida es mucho más vibrante que la anterior. El ave fénix debe arder para poder resurgir de las cenizas.

El Fuego como estado salvaje

El Fuego también representa ese estado salvaje, indómito y desenfrenado que sigue arraigado a tu yo más primario, más ancestral. Es la lujuria, la ira, la rabia, la pasión, la fuerza, la oscuridad, la parte más indomesticada de ti. Es más evidente en mujeres, porque sangramos y porque sabemos escuchar a nuestro cuerpo sutil. El Fuego nos recuerda todo aquello que el patriarcado quiere que olvidemos; las únicas normas que importan son las que tú te impones. Nada es más importante que tu intuición, que las sensaciones que recorren tu cuerpo, que tu capacidad de destruir y crear y amar al mismo tiempo. El Fuego jamás pide perdón por los daños causados. Tan solo retrocede cuando deja de alimentarse, cuando no consigue lo que necesito. Pero si le das oxígeno, se propagará como la pólvora, lo que te obligará a abandonar tu hogar, tu vida. Cuando te alejas de esa parte de ti que desea y anhela algo poco convencional o subversivo, te estás desmembrando. Te estás cortando en pedacitos. El Fuego quiere que grites y gruñas y llores y bufes. El Fuego quiere que quemes todos esos miedos y prejuicios que no te han permitido alcanzar tu plenitud. El Fuego quiere que los conviertas en cenizas y refuerces esas partes de ti que son fuertes y divinas, que están ancladas y preparadas para recuperar todo tu poder interior.

EJERCICIO: DESPERTAR TU LADO SALVAJE

Antes de empezar el ejercicio, quiero que dediques unos minutos a meditar qué significa la feminidad salvaje e indómita para ti y que después lo escribas en tu diario. ¿Qué mensajes subliminales te ha inculcado la sociedad para que actúes de una manera determinada? ¿Qué máscaras o disfraces te has puesto para así encajar en las expectativas impuestas por esta sociedad? Muchas de nosotras hemos crecido con una cantinela de fondo; una cantinela que nos reprende por ser «demasiado»; demasiado ruidosas, demasiado sexuales, demasiado esto o demasiado aquello. Y cuando hemos tenido que superar una pérdida o una situación traumática, muchas hemos creído que toda esa gente tenía razón y eso nos ha hecho todavía más pequeñitas. Piensa en todas las veces que la sociedad te ha amansado, te ha domesticado. ¿Qué significa para ti desencadenarte, despojarte de todas las ataduras y ser totalmente libre? ¿Esa libertad conllevaría ira? ¿Rabia? ¿Eso te asusta? ¿Alguna vez has sentido esas emociones? Reflexiona sobre todo esto y anótalo en tu diario. Te aconsejo que utilices las palabras «deseo» y «tabú» como inspiración.

Y ahora ha llegado el momento de poner en práctica el ejercicio. Busca un lugar cómodo en el que sentarte para meditar. Si lo prefieres, también puedes tumbarte boca arriba, pero ten en cuenta que vas a mover el cuerpo y a hacer ruidos. Cierra los ojos, ánclate y conecta con tu cuerpo. Respira de forma controlada y empieza a centrar toda tu consciencia en tu lado más salvaje. Vas a invocar a tu feminidad salvaje interior y le vas a dar forma. Quizá te veas a ti misma, o quizá veas un animal. Hace poco conecté con un jaguar negro mientras meditaba; para mí, este arquetipo indómito es mi sombra o mi yo en su estado más salvaje. Visualízate en un entorno natural y después invoca la fiera que habita en tu interior para que salga de su escondite o madriguera. Si te apetece puedes combinar esta visualización con ejercicios de respiración, cánticos, mantras o incluso con danzas o percusión. O, si lo prefieres, puedes quedarte en esta postura de meditación.

Cuando estés preparada, empieza a respirar hondo por la nariz y llena la tripa de aire. Suelta el aire por la boca y, al hacerlo, haz ruidos como gruñidos o gemidos o bufidos. Continúa con esta técnica de respiración y empieza a menear o a sacudir las caderas y la parte inferior del cuerpo para que la energía que estás inhalando se vaya extendiendo poco a poco. Inhala y saborea esa parte salvaje que querrías despertar y cultivar y, al exhalar, ronronea y gruñe para así liberar todas las tensiones y preocupaciones. Esta técnica de respiración no tiene límite de tiempo, así que puedes practicarla tanto como quieras, o hasta que sientas que has integrado esta visualización y te embargue una sensación de paz y tranquilidad. Da las gracias a todas las partes de ti, incluyendo ese lado salvaje que has visto pero también a los animales que han aparecido en tu visión y las sensaciones que has tenido. Para acabar el ejercicio, ánclate con la técnica de respiración que mejor te funcione y da las gracias al fuego de tu divina femineidad interior. Si te apetece profundizar más en tu lado más salvaje e indómito, puedes crear un altar, practicar meditaciones o visualizaciones, bailar, escribir en tu diario o crear obras de arte.

Formas de conectar con el Fuego

Aunque puedes conectar directamente con la Tierra, tocándola y palpándola, sumergir todo tu cuerpo en el Agua y rodearte de Aire, no puedes ponerte en contacto directo con el Fuego. Este elemento requiere precaución, seguridad y distancia. Debes tratar el Fuego con reverencia y respeto o, de lo contrario, puede quemarte y hacerte daño. El Fuego te exige que estés presente y que te enfrentes a todo lo que sientes sin dar demasiados rodeos; esta intensidad puede resultar abrumadora y, a pesar de que no hay atajos, acercarte poco a poco puede ayudar. A continuación te propongo varias formas de conectar con el elemento del Fuego sin correr riesgos:

- ¡Enciende velas! Es fácil y además le da un toque de calidez a cualquier estancia de la casa; las velas te conectan con el elemento del Fuego, así que te aconsejo que te rodees de ellas; si observas fijamente la llama puedes incluso predecir el futuro (consultar página 259). Recuerda que nunca debes soplar las velas para apagarlas después de hechizos o rituales (según cuentan, eso «apaga» el hechizo), sino utilizar un abanico o un apagavelas. Sea como sea, apágalas si vas a salir, ¡dejarlas encendidas puede ser peligroso!

- No huyas de la luz del sol. Toma el sol, sobre todo alrededor de las doce del mediodía, cuando está en su máximo esplendor. No necesitas más de quince minutos, créeme, y te sentirás llena de energía (utiliza protector solar y, sobre todo, no te pases horas cociéndote bajo el sol, ¡podrías quemarte!).

- Trabaja con cristales rojos y naranjas, como cornalina, citrino, granate y calcita naranja para conectar con tu fuerza interior y con tu pasión. Estos cristales ayudan a equilibrar y fortalecer los chakras inferiores, es decir, los que están relacionados con el sexo, la confianza, la armonía, la vitalidad y el poder.

- Utiliza especias con un aroma acogedor, como la canela, y échale unas gotitas de salsa picante para encontrar ese fuego interior. Es otra forma de encarnar este elemento que no supone ningún peligro.

- Escribe en una hoja de papel todo aquello de lo que ansías soltarte y liberarte, todo aquello que te indigna y te enfurece, todo aquello de lo que quieres despojarte. Después, enciende la punta del papel con una vela o una cerilla y deja que se vaya consumiendo encima de una jarra de agua, para no correr riesgos.

- Trabaja con tus orgasmos y magiak sexual para dirigir y canalizar la energía sexual.

- Transmuta tu rabia y tu ira a través del deporte, del arte, de la música, del baile o de cualquier otra actividad que implique movimiento y creatividad.

- Reserva un hueco en tu agenda para moverte y respirar y saltar y sacudirte y gruñir y gritar y reír y llorar. Deja que esas sensaciones dinámicas suban a la superficie y transmútalas a través del sonido y el movimiento.

- Trabaja con la magiak de las velas. Escribe una intención, o tu nombre, o tu signo del zodíaco en una vela. Después decórala con hierbas y aceites (si necesitas ayuda, consulta el Apéndice 2) para cargarla de energía. Si tu objetivo es atraer o manifestar algo, imprégnala de aceite desde los extremos hacia el centro. Si lo que pretendes es alejar o disipar algo, imprégnala desde el centro hacia los extremos. Después esparce las hierbas siguiendo el mismo método. Puedes hacerlo como si fuese un ritual. Enciende la vela y visualiza lo que deseas conseguir mientras invocas energía, ya sea masturbándote, cantando, bailando, saltando o dando vueltas. Cuando estés a punto de llegar al clímax del ritual, dirige toda esa energía a la vela. Deja que la vela se consuma y, sobre todo, nunca la apagues de un soplido. Utiliza un apagavelas o un abanico. Si la vuelves a encender, practica la visualización e invoca otra vez la energía. Cuando la vela se haya consumido y el ritual haya terminado, te aconsejo que tires los restos de cera o el recipiente de cristal en un contenedor situado en un cruce de calles, la intersección de la bruja moderna.

Un ritual: mantras y afirmaciones para crear nuevos patrones, poder y propósitos

Tus pensamientos son la espada, pero tus palabras son la varita mágika. Las palabras son creación, pues definen la realidad que te rodea. Los ocultistas y las brujas conocen muy bien el poder de los mantras, esos hechizos que hilas y tejes con palabras. Por ese motivo, mi ritual matutino incluye meditación, control de la respiración, anotaciones en mi diario y, por supuesto, afirmaciones y mantras. Son declaraciones positivas que escribo para mí misma, normalmente cada luna nueva o a principios de semana, para inspirar a mi subconsciente y recordar mis intenciones. Compartiré algunos de mis mantras favoritos más adelante, pero te animo a que crees tus propias frases para así atender y satisfacer tus necesidades personales.

He descubierto que dedicar unos segundos de un ritual a meditar y analizar qué siento a nivel emocional o espiritual, sobre todo en luna nueva o luna llena, me ayuda a decidir qué clase de mantras necesito para el ciclo siguiente. Como medito y escribo a diario, puedo hacerme una idea de los patrones que estoy siguiendo y, además, siempre puedo recurrir a mis anotaciones para ver cómo y dónde estaba el mes o ciclo lunar anterior para tratar de mejorar. Pero si no eres tan metódica y constante, puedes hacerlo a través de un ritual; busca un lugar que te transmita paz y seguridad y sumérgete en el aquí y en el ahora para saber qué sientes.

Los mantras y afirmaciones que creo están siempre basados en cosas que necesito recordar de vez en cuando y en cosas que quiero que ocurran. Diseño afirmaciones que *reafirman* mi autoestima, mi intención y mis objetivos. Si bien las espadas representan las palabras y las letras que debes manifestar y expresar en voz alta, los bastos y el elemento del Fuego te instan a tomarte tus deseos en serio, a creer en ellos y a confiar en ellos. Las espadas son el oxígeno y el Fuego te brinda la cerilla que puedes encender para así llevar la llama a este reino.

Debo reconocer que me encantan las afirmaciones; te ayudan a crear nuevos patrones y nuevas formas de relacionarte con cosas, personas y situaciones, pero también a ver tus relaciones desde nuevas perspectivas, a aceptar el cambio y a encontrar consuelo y curación. En pocas palabras, las afirmaciones pueden ser lo que tú necesites que sean.

CÓMO Y CUÁNDO DECIR TUS AFIRMACIONES

Está bien, voy a darte una buena noticia: puedes practicar tus afirmaciones cuando y donde quieras. Puedes susurrarlas en el metro, o enunciarlas en voz alta cuando estás en un atasco, o repetirlas mirándote al espejo después de meditar. La mala noticia es que no tienes excusas para *no* empezar a trabajar con ellas. Recita tus mantras al menos una vez al día, aunque lo ideal sería hacerlo entre dos y tres veces; lo fundamental es repetirlos siempre que lo necesites. Siempre aconsejo repetir cada uno tres veces, pero no te sientas obligada a hacerlo.

Entono mis mantras y afirmaciones o bien con los ojos cerrados, sintiendo el peso de las palabras por todo el cuerpo, o bien con los ojos abiertos, contemplando mi altar. A veces practico estas afirmaciones frente al espejo, observando mi reflejo con mi ojo izquierdo, mi ojo no dominante (¡es mi método preferido!). Juega y experimenta para saber qué te funciona mejor. Después, piensa en lo visceral y deslumbrante y exigente que es la energía del Fuego. Su presencia nunca pasa desapercibida. Lo mismo podría decirse de tus afirmaciones; ellas son las que encienden tu llama interior. Entona y repite tus mantras de una forma que te inspire a creer en ellos, que te haga creer en ellos. Al principio te costará un poco, es normal, pero funciona, créeme. Escucha a tu cuerpo y a tu mente y déjate guiar por ellos, ese es el mejor consejo que puedo darte.

Antes de empezar, ¡piensa en cómo te gustaría verte! Entona un mantra como si ya fuese una realidad. «Yo soy. Yo encarno. Yo aseguro.» No afirmes nada que no quieras que sea una realidad. Y tampoco afirmes con frases negativas, es decir, no digas algo como «Yo no soy esto» o «Yo no soy lo otro»; siempre en positivo. Piensa bien qué quieres expresar y manifestar. Pregúntate qué necesitas y empieza por ahí.

EJEMPLOS DE AFIRMACIONES Y MANTRAS

Aquí te propongo algunos mantras con los que puedes trabajar. Recuerda que puedes adaptarlos, modificarlos o incluso crear los tuyos propios.

FUERZA Y CONFIANZA EN TI MISMA

- Estoy enraizada en mi fortaleza y anclada en mi poder.

- Brillo con luz propia y alimento mi luz interior.

- Irradio luz y confianza y mi ambición y mis deseos me fortalecen.

CRECIMIENTO Y EVOLUCIÓN

- Crezco, florezco y evoluciono.

- Si algo no me sirve, lo suelto.

- Me entrego al Universo y confío en mi evolución.

- Aprendo las lecciones de mi evolución en el momento apropiado.

- Asumo que el crecimiento implica malestar o inquietud y confío en que la evolución será positiva.

PROSPERIDAD Y ABUNDANCIA

- Soy abundancia y prosperidad y riqueza, pues son mis derechos naturales.

- Vivo en perfecta armonía y estoy rodeada de bendiciones y abundancia.

- Vivo en un estado de asombro y gratitud y veo milagros cada día.

- Soy más fuerte que una roca y atraigo el dinero y la riqueza.

- Soy una bruja rica, disfruto de mis tesoros y los comparto con dicha y alegría.

CURACIÓN

- Confío en el Universo y, pese al dolor y sufrimiento que comporte, siempre venero mi curación.

- Cuido del jardín de mi corazón con mucho mimo y compasión.

- Mis sombras merecen amor y aceptación.

- Pido ayuda cuando la necesito y me permito sentir sin ningún tipo de censura.

- Mi curación no tiene que ser un viaje rápido y en línea recta para ser válido.

PROTECCIÓN

- Estoy a salvo, respaldada, protegida y alineada con la mayor vibración posible.

- Presto atención a mi intuición y confío en que lo divino me guía y me protege.

- Estoy rodeada de un resplandor blanco y confío en la bendición del Universo.

- Me siento a salvo. Me observan. Me apoyan. Estoy protegida.

AMOR Y PLACER

- Abro mi corazón a todas las oportunidades de amor y placer.

- Venero mi sensualidad y me entrego al erotismo.

- Estoy rodeada de amor y sigo el camino del placer y la pasión.

- Sigo todo lo que mi corazón y alma consideran delicioso.

- Soy amor divino.

CONECTAR CON LO DIVINO

- Regreso a todo lo que alimenta mis metas y objetivos.

- Formo parte de lo divino, pues estoy en constante cambio y evolución.

- Me entrego al Universo porque está a mi lado, me guía y me apoya.

- Soy un conducto y un reflejo de lo divino, y canalizo mi ser superior cuando lo necesito.

INVOCAR EL ELEMENTO DEL FUEGO

- Sigo mis pasiones y deseos, pues son mis guías, y dejo que alimenten mi alma.

- Mis pasiones, mis metas, mi intuición y mi poder me mantienen viva.

- Encarno el elemento del Fuego. *Soy* el Fuego.

- Encarno mi yo verdadero, el más auténtico y radical.

- Soy una diosa del sexo que brinda y recibe amor y placer.

Una meditación con lava para fluir con el Fuego

Por si a estas alturas no te habías dado cuenta, la meditación es fundamental. No solo para entender a los distintos elementos y para descifrar sus mensajes y regalos, sino también para comprenderte a ti misma. No hay un único modelo de meditación que todas debamos seguir al pie de la letra; aunque lo más habitual es hacerlo en silencio y quietud, también se puede practicar en movimiento, o con la respiración, bailes, música. *No existe una única manera de meditar.* Sobre todo cuando se trata de encarnar los elementos. Lo más cerca que puedes estar de sentir como si estuvieras frente a una hoguera es tomando el sol, pero cuando meditas, canalizas esta energía de otra manera. ¿Cómo? Utilizando el tercer ojo y el cuerpo energético.

Esta meditación en concreto impone una condición, un requisito previo: pasar tiempo mirando vídeos (y fotografías) de lava fluyendo. Las imágenes son increíbles e inspiradoras. No deberías perdértelo. Te ayudará a comprender la energía de este elemento de otra manera: la lava es densa pero también puede ser rápida; es etérea y mística, como si perteneciera a otro mundo.

Antes de empezar la meditación, prepara el espacio. A mí me gusta poner algo de música ambiental y encender incienso, pero haz lo que en ese momento más te apetezca. Cuando estés preparada, busca un lugar cómodo en el que estirarte. Si puedes, túmbate boca arriba, con las piernas separadas a la altura de las caderas y los brazos cerca del cuerpo. Concéntrate en tu respiración y trata de relajar todo el cuerpo. Respira hondo varias veces, hasta liberar cualquier tensión. Ahora, visualiza una lengua de lava que se desliza poco a poco hacia la coronilla de tu cabeza. Al inhalar, imagina esa lengua de lava escurriéndose por tu chakra de la corona y, al exhalar, imagina que se extiende por todo tu cuerpo, pasando por tu tercer ojo, por tus brazos, por tu torso y por tus piernas hasta alcanzar la punta de los dedos. Siente cómo esta lava se mueve en tu interior y cómo desprende ese calor agradable e intenso. Si lo necesitas, puedes mover el cuerpo o hacer algún sonido. Deja que la lava se exprese como quiera; deja que sus colores y sus movimientos hipnóticos y pausados te hablen. Cuando notes que esa calidez ha llegado a cada centímetro de tu cuerpo, visualízate en la cima de un volcán. Asómate al cráter y observa la lava que burbujea en su interior. Después, fíjate en el volcán, en la montaña sobre la que estás. De repente, te fundes con la lava que tienes frente a ti, la versión derretida del Fuego. Empiezas a descender por la ladera del volcán, flotando sobre esa lengua de lava que te sostiene, que no te suelta. Déjate llevar por ese caudal de fuego líquido y siente cómo va consumiendo todo lo que ya no necesitas. Puedes gemir o soplar y mover las caderas si quieres. Si el calor de la lava se intensifica, puedes empezar a respirar por la boca. Al soltar el aire, exhala todo aquello que quieras soltar, todo aquello que ya no necesitas. Y deja que la lava te transforme y te sujete. Sigue respirando y moviéndote el tiempo que necesites. Cuando termines, respira hondo varias veces, da las gracias a la lava y al volcán, menea los dedos de las manos y de los pies y abre los ojos.

El Fuego en el Tarot: los bastos

En el Tarot, el elemento del Fuego, el elemento más salvaje, apasionado y pícaro de todos, está representado por los bastos, o varas. Es la energía de la creación. Los bastos simbolizan el orgasmo cósmico del Universo, el clímax de los cuatro palos y la energía del Big

Bang. En el Tarot de Rider Waite, los bastos son fálicos, lo que podría considerarse como heteronormativo, pero también se puede entender como la interconexión entre el Fuego y la sexualidad humana, o como la relación que mantienes con el elemento, es decir, con cómo te ven los demás, cómo te sientes y cómo disfrutas (o no) de esta energía.

Los bastos representan un viaje a través de todos tus deseos y anhelos; te preguntan qué quieres canalizar y qué quieres crear a partir de esa idea, relación o forma de ser. ¿Qué necesitas expresar y manifestar? ¿Qué quieres celebrar? ¿Qué *deseas*? Este palo de la baraja te propone y explica lo que puedes hacer para transmutar tus deseos y trasladarlos al reino físico. Los bastos describen todo lo que nos inspira a crear, todo lo que alimenta nuestra alma e intención. También pueden hacer referencia al karma y a todo lo que no nos atrevemos a decir por

miedo a que dejen de aceptarnos o respetarnos. Los bastos son un reflejo de lo que nos excita y emociona y nos muestran en qué punto estamos del camino hacia la espiritualidad, un camino, por cierto, en forma de espiral. Iluminan el camino del Iniciado, del Chamán y de la Mujer Salvaje; los bastos son el catalizador de nuestra revolución interior. No es un camino hacia lo sutil, sino hacia la intensidad y la ferocidad. Es el camino de los valientes, de los que no se identifican con ninguna etiqueta en particular. Lo quieras o no, lo elijas o no, vas a andar por este camino en varios momentos de tu vida. Pero te aseguro que pasear por él puede ser una auténtica delicia.

LA ENERGÍA DE LOS NUEVOS DESEOS: EL AS DE BASTOS

El As de Bastos representa la energía del «flechazo» o del «nuevo amante». Es una energía dulce, lenta y empalagosa, como la melaza o la miel. Los sentidos se agudizan. El cerebro se inunda de sustancias químicas como la noradrenalina y la dopamina, que te proporcionan felicidad, alegría o incluso exaltación. Te sudan las palmas de las manos, se te acelera el corazón. Estás emocionada porque por fin vas a quedar con esa persona en la que no puedes dejar de pensar. Hay algo debajo de la superficie que está a punto de brotar y germinar y estás canalizando toda tu energía positiva hacia esa semilla. No puedes evitarlo.

Este «flechazo» puede ser cualquier cosa: una nueva aventura, un pasatiempo, una amistad, un proyecto profesional o, por supuesto, un interés romántico. Esa energía está a punto de aflorar. Esta carta simboliza un apetito y una aspiración. No le tengas miedo. Trabaja con ella. Si te abruma, intenta transmutarla. Traslada el *kundalini*, o energía sexual, a tus deseos. Hablaré más adelante de la magiak sexual y de cómo aprovechar tus orgasmos o sensaciones orgásmicas para expresar y crear. Los bastos representan iniciación, es decir, una acción que transforma. Cuando destapas el As de bastos, considéralo como un augurio de que algo importante te está esperando, algo transformador y cargado de energía.

El As de Bastos te urge a afrontar tus miedos para así alcanzar tus metas. Cuando te embarcas en una aventura o relación consciente o kármica, aprendes lecciones que te obligan a madurar y a crecer. A salir de tu zona de confort. Y cuando lo haces, a sabiendas que deberás destinar mucha energía, no tienes más remedio que afrontar tu miedo al éxito o a conseguir lo que tanto deseas. El As de Bastos te invita a darte cuenta de todo esto y, después, a coger una cerilla, prenderle fuego hasta reducirlo todo a cenizas y empezar de cero otra vez. La única forma de superar algo es enfrentándose a ello. La buena noticia es que ya has empezado el proceso y vas por buen camino.

LA ENERGÍA DE LA CELEBRACIÓN: EL CUATRO DE BASTOS

No te lo vas a creer, pero ¡lo has conseguido! ¡No es ninguna broma, lo has logrado! Ahora ya puedes celebrarlo. El Cuatro de Bastos es la carta que representa el estoicismo y la constancia, la pasión y la perseverancia, una feliz culminación y posterior celebración. Es una energía que nos recuerda a una fiesta; da la bienvenida al siguiente capítulo de nuestro libro y lo hace con una energía alegre y festiva, una energía primaveral, la energía propia del Sol. Piensa en un recuerdo bonito, un recuerdo en el que estabas celebrando algo y disfrutando de la victoria. ¿Qué sientes en este momento? El Cuatro de Bastos te invita a saborear el momento presente, a disfrutar de lo que has conseguido y del hecho que, pase lo que pase, sigues aquí y eso, en sí mismo, ya es un motivo de celebración. Esta carta te confirma que has tomado decisiones sabias, decisiones que te han proporcionado bienestar, que encajan con tu ética, principios y creencias y que bien merecen que las veneres y celebres. Puedes trabajar con esta carta de muchas maneras: dando gracias por tu vida, celebrando tus logros, festejando todo lo que has dado y lo que has recibido. El Cuatro de Bastos simboliza la felicidad que todos deberíamos sentir por el simple hecho de tener un cuerpo humano. ¿Qué estás callando, ocultando o reprimiendo porque te asusta expresarlo o manifestarlo? Esta carta te promete una organización y una estructura para que juegues sin correr ningún peligro, para conectar de nuevo con aquello que te satisface y te hace sentir bien. Si llevas tiempo haciendo caso omiso a las reacciones y sensaciones de tu cuerpo, interpreta el Cuatro de Bastos como un recordatorio de que debes moverte, bailar, respirar, sacudirte y disfrutar del sexo; en definitiva, ¡que debes disfrutar de los grandes placeres de la vida!

LA ENERGÍA DE LA PASIÓN Y EL CARISMA: LA REINA DE BASTOS

La Reina de Bastos solo obedece a la pasión y al placer. Acomodada en su trono, esta reina nos recuerda lo dinámicas que resultan las acciones con intención, las acciones guiadas por el corazón y la consciencia. Es una reina ingeniosa y carismática, capaz de llegar al meollo de la cuestión sin perder ni un solo segundo en tonterías o temas poco importantes. La Reina de Bastos está anclada en su sexualidad y sensualidad y sabe muy bien lo que quiere. Representa la energía que transmite la consciencia, la pasión y la experiencia. En este sentido, su visión y apetito le despejan el camino para que pueda manifestar sus sueños, anhelos y deseos. Es imparable gracias a su afilada intuición. El Fuego exige una presencia absoluta y una intención clara, igual que esta reina. Al destapar o encarnar este arquetipo, estás conectando con tu energía vital en su forma más pura. La energía del *prana*. La energía del *kundalini*. La energía de la magiak sexual. Esta reina no ignora su identidad sexual, sino que es plenamente consciente de ella. Estimula y cultiva esa identidad, y lo hace a través de la magiak sexual, o creando obras artísticas o musicales, o transmutándola por otros medios. La Reina de Bastos te suplica que prestes atención a tu lujuria y a tus deseos y te pide que encuentres tu anclaje en la verdad que consideras sagrada. El aura magnética de esta bruja cautiva e inspira a todo el mundo y su energía, guiada por el corazón, aparece siempre que hay una profunda necesidad de crear, transformar y encarnar. Es, sin lugar a dudas, una energía revolucionaria. Es volátil cuando debe serlo y no le importa quemarse si el motivo lo merece. A la Reina de Bastos no le tiembla el pulso y quema todo lo que considera indigno o absurdo. Si quieres saborear y disfrutar de la vida, déjate guiar por esta reina.

En una lectura, esta carta puede interpretarse como un desafío a recuperar tu verdadera esencia; tal vez haya llegado el momento de tomar la palabra y alzar la voz. Pero también puede interpretarse como una sugerencia a ser menos estricta y menos volátil, es decir, a escuchar otras versiones de una misma historia.

UNA TIRADA DEL TAROT PARA ESCLARECER LAS LECCIONES DE LA TRANSFORMACIÓN

Cuando estás envuelta en llamas y humo y el calor del fuego cada vez resulta más abrasador e insoportable, puede ser bastante difícil ver y pensar con claridad. Y concentrarse. Te sientes llena de energía, pero también confundida porque no comprendes el significado de una percepción o de una emoción. Cuando sientes que ha llegado el momento de cambiar, de mudar la piel y de probar algo nuevo, cuando algún elemento te abruma o te oprime, es normal que te cueste reconocer y procesar lo que estás sintiendo o viviendo. El Fuego lleva esta intensidad a otro nivel. Quizá estés caminando sobre las brasas sin tan siquiera saber qué hay al otro lado. ¿Qué lección se supone que debes aprender?

Antes de enfrentarte a una iniciación, el momento en que el Fuego quema y reduce a cenizas todo lo que creías saber e ilumina con sus llamas algo totalmente distinto y nuevo para ti, es normal sentir miedo, o incluso resistencia. Ves la oportunidad de mejorar y de alterar el *statu quo*, pero, aun así, no te atreves a dar el paso. No correr riesgos y seguir apoltronadas en nuestra zona de confort es la opción fácil, desde luego. Pero la belleza indómita del Fuego nos recuerda lo que se extiende más allá de tu zona de confort. Este elemento nos anima a crecer, a evolucionar.

La tirada que te presento a continuación está pensada para ayudarte a comprender el camino que tienes frente a ti, aunque también te servirá para reconocer tus anhelos más profundos y para seguir tu evolución. Sin duda, te mostrará las lecciones que todavía te quedan por aprender.

Antes de empezar, dedica unos instantes a preparar el espacio. Sírvete un vaso de agua, enciende velas, pon algo de música. Después respira, ánclate, crea el círculo, mezcla bien la baraja y destapa las cartas. Que las cartas te guíen hacia tu propia sabiduría.

Carta 1: yo.
Carta 2: mi situación actual.
Carta 3: mi deseo.
Carta 4: aquello hacia lo que estoy evolucionando.
Carta 5: la lección que se supone estoy aprendiendo ahora.
Carta 6: aquello que todavía debe transmutarse.
Carta 7: el resultado.

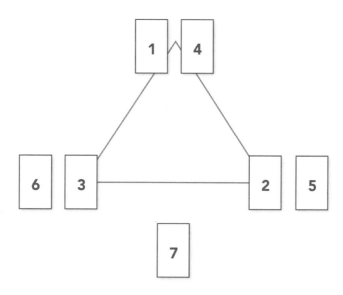

Los cristales y el Fuego

Aunque no puedes tocar el Fuego, sí puedes trabajar con cristales que te conecten con este elemento de una forma tangible. Los cristales anaranjados, rojos y amarillos, colores que reflejan el Fuego, transmiten la misma energía y encienden, o activan, los chakras raíz, sacro y del plexo solar. Trabajar con cristales que encarnan el Fuego implica trabajar con cristales que despiertan los centros energéticos de tu cuerpo, los mismos que regulan tu energía sexual, tu energía vital y la relación que mantienes con el Universo que te rodea. Este despertar puede ser compasivo, pero también intenso. Solo cuando uno reconoce y acepta estas energías incómodas puede contemplar el maravilloso poder del Fuego con sus propios ojos y convertirse en el mismísimo ave fénix.

Coloca estos cristales en los chakras inferiores o en la parte del cuerpo que consideres que necesita fuerza, energía o poder.

PARA CONECTAR CON EL ELEMENTO DEL FUEGO: CORNALINA

La cornalina es una piedra estimulante de color naranja con destellos rojos que se suele asociar con el chakra sacro porque, además de proporcionar anclaje, estimula la creatividad. Este cristal puede ayudarte a aceptar tu visión interior, es decir, esa chispa que te inspira a seguir adelante con intención y presencia. La cornalina simboliza el Fuego en su forma más madura y desarrollada; es una piedra de acción, pero también de reflexión. La cornalina, también conocida como carneola, alberga una sabiduría inmensa, lo que te permite conocerte mejor, admitir tus verdaderos deseos y anhelos y descubrir qué hábitos debes cambiar para empezar a crecer, a florecer. Esta piedra también puede ayudarte a comprender lo que intentas generar en este reino, a materializar tus ideas y emociones. La cornalina es una magnífica piedra para practicar magiak sexual porque te ayuda a reconectar con el placer y con la sensualidad; gracias a ella, por fin sabrás qué quieres y ganarás la confianza que necesitas para conseguirlo. Coloca este cristal sobre tu chakra sacro mientras meditas tumbada boca arriba o sujétalo con tu mano no dominante para conectar con el Fuego y hallar claridad, guía y dirección.

PARA SOFOCAR UN FUEGO QUE ARDE DEMASIADO: ÁGATA DE FUEGO

El ágata de fuego es una piedra hipnotizante de color bermellón, naranja o amarillo. Es estimulante y reveladora y, puesto que también está asociada con el elemento de la Tierra, posee una propiedad de anclaje que facilita la curación y la sanación, ya que te hace sentir segura, anclada y conectada con la Tierra. Es una piedra protectora que actúa como escudo del cuerpo áurico y disipa cualquier miedo y temor, lo cual te va a ser de gran ayuda en este viaje de transformación y evolución, incluso cuando dudas de si serás capaz de lograrlo. El ágata de fuego también aporta fortaleza y seguridad; te ayuda a creer en ti misma y a confiar en tus metas y objetivos y es la mejor aliada para conseguir lo que te propongas. Pero además de todo eso, revitaliza el aura y previene el agotamiento energético para que así puedas canalizar y dirigir la intensidad del Fuego sin que te abrume o te supere. En momentos de debilidad o desánimo esta piedra te servirá para aceptar y asumir lo ocurrido y para animarte a seguir creciendo a nivel espiritual. Coloca esta piedra sobre el chakra sacro si estás tumbada hacia arriba y meditando, o sobre cualquier parte del cuerpo que tú consideres que necesita una dosis extra de fuerza y vitalidad.

Kali: la diosa hindú de la creación, la destrucción, la transformación y el tiempo

Cuando empecé a escribir el libro ya me había hecho una ligera idea de las diosas que quería incluir en cada capítulo. Las elegí por razones distintas, pero cuando llegué al elemento del Fuego, me quedé en blanco. Las diosas relacionadas con este elemento son salvajes y exigen lealtad y dedicación, y me apetecía escoger una con la que tuviera una conexión especial. Le di muchísimas vueltas al tema, pero la única diosa que me venía a la mente era Kali Ma, la diosa de la

muerte del ego, de la transformación, la creación y la destrucción. En términos clásicos, Kali no se considera una diosa del Fuego, pese a que a una de las menciones más antiguas de esta diosa la compara con la «lengua de fuego», la más destructiva de las siete lenguas de Agni, el dios védico, o arquetipo del Fuego. Aunque existen imágenes de Kali envuelta en llamas transformadoras, lo cierto es que no es el aspecto más conocido o destacable de su mitología. ¿Por qué? En mi humilde opinión, porque encarna esta energía. Kali *es* esta energía. Kali *es* fuego.

La tez de esta diosa es del mismo color que la medianoche, el negro azulado del vacío. Gobierna sobre la ilusión del tiempo, del espacio y de la forma, pero también sobre la disolución del ego negativo. Es la divina madre que ha venido a protegerte, a ayudarte a desprenderte de todo lo que impide crecer y a evolucionar. Kali simboliza el Fuego porque sabe muy bien qué debe quemarse para que algo nuevo pueda germinar y florecer. Se da cuenta qué debe seguir alimentando, qué debe reducir a cenizas. Esta diosa te enseña que si tu ego, o amor propio, se impone y trata de evitarlo, las cosas solo irán a peor. Kali, al igual que el Fuego, es exigente. No te acerques a ella sin mostrar respeto o devoción. La voluntad de Kali es proteger, aunque eso implique confrontación; después de todo, es la Madre Oscura. Pero también es misericordiosa y cariñosa; su única preocupación es destruir y arrasar lo que ya no te aporta nada bueno. Kali te enriquece y te fortalece, igual que su sabiduría eterna e igual que el fuego eterno.

Kali es una diosa oscura, asociada con las sombras y con lo subversivo. Lleva una guirnalda de calaveras alrededor del cuello y una falda de brazos porque el amor propio surge cuando lo identificas con el cuerpo, la posición social y la riqueza. No está aquí para eso. Esta diosa oscura tiene la piel como la medianoche porque representa el vacío del que emerge, del que tú también provienes y al que un día regresarás. El todo y la nada. La consciencia. En su papel de madre devota y protectora, no dudará en destruir todo lo que suponga una amenaza para sus hijos, o para aquellos que la veneran. Con Kali cerca de ti, nunca estarás sola. Y aunque su iconografía la retrata como una diosa de muerte y guerra, Kali no es malvada. Es una cuidadora bondadosa y caritativa que estará a tu lado cuando quieras embarcarte en un camino arriesgado. Canaliza el Fuego, igual que los bastos, y te aconsejo que recurras a ella para incendiar tu situación actual y así dirigirte hacia algo nuevo y fértil.

Después de que el Fuego haya hecho su trabajo, el resultado es un espacio fresco, limpio y fértil. Kali es esa eternidad entre la destrucción y la creación, un mar de posibilidades. Cuando te cargas de esta energía, creces y evolucionas sin que las nociones capitalistas y patriarcales del éxito influencien tu amor propio. Sabes que tú eres magiak. Kali te lleva al límite, te guía hasta el borde del abismo y te pide que te asomes al vacío. Te ayuda a encontrar el camino hacia tu yo más evolucionado a través de este vacío a lo desconocido. Puedes conectar con la diosa Kali con el ritual del sigilo y la magiak sexual de la página 171; este ritual te ayudará a transformar sentimientos de ira y dolor en curación. Aprenderás a que, a veces, debes sacrificar ciertas cosas para que renazcan otras. Kali te insta a separarte de tu amor propio, pero al mismo tiempo te ruega que seas plenamente consciente de tu cuerpo y que prestes atención a todos tus sentimientos, pues son fuente de poder e inspiración. Kali te implora para que reconozcas tus sentimientos, como el resentimiento y la ira y el orgullo y la envidia, y así poder expresarlos, destruirlos y aprender de ellos.

UN ALTAR PARA KALI

Si invocas a Kali con la intención de cultivar una relación con ella, no te decepcionará. Es muy exigente con sus hijos y debes estar dispuesta a enfrentarte a todos tus miedos y rencores porque van a salir a la luz. Kali es una diosa oscura que te obliga a enfrentarte a tus demonios, a tu rabia, ira y caos; solo a través del dolor y el sufrimiento podrás trascender.

Puedes crear un altar dedicado a la alquimia de esta diosa. Empieza decorándolo con velas rojas y negras. A modo de ofrenda, puedes incluir una daga para rituales (de obsidiana, a poder ser). Utiliza flores de tonalidades rojas, anaranjadas y negras y deja ofrendas, como vino o sangre menstrual. Kali quiere que te desinhibas y te expreses con total libertad, así que puedes escribir cartas e intenciones y dejarlas en su altar. Enciende una vela que desprenda un aroma intenso y salvaje, como canela, sándalo o cedro, y también incienso, como Nag Champa. Puedes colocar figuras o fotos de Kali en tu altar, cristales dedicados a ella, obras de arte que hayas creado o cualquier otro objeto que encienda la llama de tu transformación interior.

Colores: el negro de la nada y el vacío, el gris de las cenizas, el azul marino de su tez y los colores típicos del fuego, el rojo y el naranja.

Objetos sagrados y correspondencias: la espada que Kali empuña es la espada del conocimiento, una espada capaz de destruir el amor propio en un abrir y cerrar de ojos. Kali también está relacionada con el tiempo, o mejor dicho con la atemporalidad, igual que el vacío del que proviene. Esta diosa tiene tres ojos para ver el pasado, el presente y el futuro y se asocia con la cobra, la serpiente que simboliza la transformación y la sabiduría divina.

Cristales: turmalina negra, ónice, cuarzo ahumado, cornalina… piedras que absorben la energía negativa, purifican tu aura, te anclan en tu sensualidad y transforman el caos y la destrucción en creatividad y organización.

Carta del Tarot: la Muerte.

La Torre y la Muerte son cartas que la gente prefiere no destapar por miedo a lo que puedan presagiar. En mi opinión, sin embargo, estas cartas son fascinantes. La carta de la Muerte no siempre implica que alguien cercano a ti vaya a fallecer (aunque técnicamente podría significar eso, las posibilidades son muy muy muy remotas), sino que augura un cambio. Kali es destructora y creadora; casi siempre debes demoler un edificio antes de construir otro; la carta de la Muerte debe interpretarse así. Gracias a esta carta puedes conocer tus ciclos, tu capacidad de transformarte, de crecer, de morir y de renacer a un nivel emocional, espiritual e incluso físico. Esta carta simboliza lo mismo que Kali y que el Fuego; si estás dispuesta a cruzar el umbral de las puertas de la metamorfosis, si estás dispuesta a dejar tu amor propio a un lado, entonces es que algo mejor te espera al otro lado. Si confías en ese cambio, a pesar de saber que conllevará dolor y sufrimiento, el fuego de la Muerte te otorgará la fuerza y energía que necesitas para alcanzar tu siguiente fase de evolución. Lo único que debes hacer es seguir a Kali Ma. La carta de la Muerte te recuerda que esta realidad que estás viviendo es tan solo una de las múltiples realidades que puedes vivir. Cuando confías en el camino del cambio y te comprometes a crecer y a evolucionar no puedes dejar que la muerte del ego te asuste.

Ofrendas: fruta fresca, sangre menstrual, sangre venosa (¡un pinchazo con una aguja o un alfiler esterilizados es más que suficiente!), licor, vino, flores y miel. Ofrecerle todo aquello que ya no necesitas, tanto de forma literal como a través de un ritual o meditación, es otra manera de venerar y honrar a la divina madre.

Una meditación para conocer a Kali y conectar con el vacío

Con esta meditación alcanzarás un estado de expansión y paz. Vas a invocar a Kali para que te ayude a quemar y calcinar cualquier cosa que haya quedado obstruida y no te permite avanzar y así encontrarás la amplitud y espaciosidad del vacío que esta diosa representa. Antes de empezar, prepara el espacio siguiendo las indicaciones de la página 29. Después, encuentra una postura cómoda.

Te aconsejo que leas esta meditación varias veces para familiarizarte con ella. También puedes grabarte mientras la lees en voz alta para hacer una meditación guiada.

Cierra los ojos y conecta con tu respiración. Practica la respiración del triángulo: inhala, contén el aire en los pulmones y exhala. Repítelo al menos diez veces y empieza a conectar con tu cuerpo. Siente cómo el aire circula por cada parte de tu cuerpo y fíjate en qué partes notas tensión o energía estancada para soltarla con cada exhalación. Ánclate y, cuando te sientas preparada, invoca a Kali y pídele que te guíe en ese vacío y te brinde su ayuda en tu transformación. Ruégale que queme e incinere todo lo que ya no te sirve. Y ahora imagínate unas llamas naranjas y cálidas que emergen de tus pies y van ascendiendo por las piernas, las caderas, el torso y los brazos, hasta alcanzar la cabeza; visualízate envuelta en llamas. No son llamas abrasadoras o hirientes, sino cálidas y agradables. El calor que desprenden es purificador, por lo que vas a notar que todos esos puntos obstruidos y atascados empiezan a desperezarse, a despertarse. Cuando las llamas se hayan extinguido y solo queden los rescoldos, sigue respirando para que tu aura se expanda y se expanda. Imagina que todo tu cuerpo empieza a derretirse, a fundirse con ese vacío de color negro carbón. Y, sin dejar de inhalar y exhalar, busca esa sensación de libertad. Existes, pero ya no estás encerrada en tu cuerpo. Lo que sientes es paz y amplitud, pues has conseguido hallar el equilibrio. Quédate aquí unos instantes, conecta con Kali y, si te apetece, habla con ella. Cuando hayas terminado esta meditación, da las gracias a la diosa, regresa a tu cuerpo físico, menea los dedos de las manos y de los pies y, poco a poco, abre los ojos.

Práctica de personificación: magiak sexual

¿Qué significa disfrutar del poder alquímico y seductor del Fuego en tu cuerpo? Siempre puedes recurrir a la naturaleza para descubrirlo. Piensa en qué sientes cuando tomas el sol desnuda o cuando estás frente a una hoguera desnuda (una experiencia menos habitual y que recomiendo muchísimo). Imagina que cada centímetro de tu piel absorbe esos deliciosos rayos de luz y calor. Y ahora imagina que ese

fulgor empieza a irradiar en el centro de tu ser y se va extendiendo por todo tu cuerpo. Con intención y respiración, y una pizca de pasión sexual, puedes avivar esta llama y trabajar con esta energía a través de la magiak sexual. Aunque esta serie de ejercicios no está ligada a un único elemento (también puedes practicar magiak sexual mientras conectas con la Tierra, el Aire, el Agua o el Espíritu), debo reconocer que el Fuego es el elemento que mejor funciona para una práctica tan visceral y potente como esta.

Hace siglos que la humanidad trabaja con la energía sexual y los orgasmos. No hay rincón en el mundo que no haya reparado en la importancia y el poder de esta energía. En la cultura occidental la bautizamos como magiak sexual, mientras que en la cultura oriental se conoce como tantra, una técnica que se centra en la energía *kundalini*.

Aunque el *prana* representa esta misma energía, la *kundalini*, cuando se ha despertado, es una forma de consciencia. Y esto cobra más sentido cuando lo sientes en tu propio cuerpo. Intenta recordar un día que pasaste junto a un amante, o paseando en plena naturaleza, o que te embargara una sensación de paz y placer. Verás que todo cambia y que las cosas se ven distintas. Estás, en términos literales, en un estado alterado de consciencia gracias a la dopamina y a las hormonas de la felicidad que corretean por tu cerebro, pero también estás en un espacio liminal, como en un ritual, es decir, ni aquí, ni allí. Puedes trabajar con magiak sexual para conectar con este estado de trascendencia tan intenso, pero también para invocar energía.

La energía sexual es la energía de la oportunidad, de la manifestación y de la conexión con el poder y la posibilidad. Es la energía del Mago, o Malabarista, del Tarot, capaz de crear cualquier cosa, y la energía del As de Espadas. Los orgasmos se denominan «clímax» por un motivo; es una cumbre vibracional que se parece mucho a la energía que se invoca cuando creas un hechizo. Cuando alcanzas este clímax, y lo haces con intención, puedes canalizar su fuerza e intensidad hacia tus deseos. Puedes utilizar esta energía para rejuvenecer, para atraer, para transfigurar, para sanar o para gozar de una sensación de felicidad y dicha no solo durante el ritual, sino también en tu vida cotidiana diaria, es decir, en tu vida no-mágika. El Fuego transforma, pero también despierta. Si te acostumbras a hacer ejercicio de magiak sexual y a practicar rituales de sensualidad y autoseducción, transformarás y sanarás tu reino interior, y eso hará que cambies el modo en que vives. Cuando pones en práctica este ejercicio, despiertas partes de ti que llevaban meses, años, generaciones o incluso vidas enteras dormidas. Para que el Fuego te transforme, lo único que tienes que hacer es confiar y abrirte a la posibilidad de sentir todavía más.

LA SEXUALIDAD SAGRADA

La sexualidad sagrada es un tema que me interesa muchísimo, básicamente porque creo que toda sexualidad es sagrada. Un concepto no se entiende sin el otro. Lo que diferencia la sexualidad de la sexualidad sagrada, al menos desde mi punto de vista, no es el acto en sí mismo, sino la intención. ¿Qué haces cuando algo es sagrado? Dedicas parte de tu tiempo a honrarlo y venerarlo, a tratarlo con reverencia y respeto; en otras palabras, te entregas en cuerpo y alma a ello. Cuando hablo de sexualidad sagrada me refiero a qué significa la sexualidad para ti, a si sueles explorarla de forma habitual.

La sexualidad sagrada es la forma en que conectas con el placer. Implica ver la divinidad mundial como una fuente de inspiración erótica y energética. Algo tan cotidiano como pintarte los labios u oler una rosa estimula y enciende tu chakra sacro. Besar a un amante y acariciar su piel despierta todos tus sentidos. Caminar con los rayos del sol rozándote la piel desnuda resulta sensual, excitante; la sexualidad sagrada significa rendirse a los sentidos y al mundo, pues te hacen sentir seductora y viva.

Para las que somos brujas, místicas, bichos raros, pervertidas, fetichistas o, simplemente, nos apetece explorar nuestro lado más erótico y seductor, la magiak sexual y la sexualidad sagrada pueden abrirnos un mundo nuevo de prácticas y ejercicios mágikos. Si reconoces y expresas tus deseos, si creas una intención y estás presente en tu cuerpo, puedes convertir la masturbación y el sexo mundano en magiak. Si nunca has trabajado con magiak sexual ni has aprovechado tus orgasmos para crear hechizos, te aconsejo que lo pruebes. La magiak sexual en solitario es una manera muy potente de despertarte, de excitarte y de averiguar qué te gusta y te hace sentir bien. También puedes crear espacios sagrados y pensar rituales para sumergirte en lo más profundo de tu sensualidad. Los rituales que estimulan la magiak sexual son los preliminares; te seduces para alcanzar un estado mental en el que esta magiak fluye.

UN APUNTE

Por favor, recuerda lo que siempre digo: no existe una forma «correcta» de hacer las cosas. Sobre todo, en lo referente a la sexualidad. La energía sexual es la energía de la fuerza vital, y se puede despertar y estimular de muchísimas maneras; esta energía te guiará y acompañará durante cualquier proceso de curación y a lo largo de tu viaje. Tómatelo con calma. Escucha y respeta tus sentimientos y tu cuerpo. El orgasmo es una forma genial de invocar energía, pero si no alcanzas el clímax, ¡no pasa nada! Tal vez puedas invocar esa energía de otra manera, sin masturbarte y sin mantener relaciones sexuales; prueba con salir a correr, o entonar una canción o incluso bailar. Haz lo que te haga sentir segura y cómoda.

CÓMO EMPEZAR A TRABAJAR CON MAGIAK SEXUAL

Muy bien, has decidido que vas a trabajar con la caótica pero seductora energía del Fuego a través de la magiak sexual y sabes que vas a utilizar tu orgasmo y energía sexual para enviar una intención pero ¿cómo puedes lograrlo? A continuación encontrarás algunas ideas en las que pensar y, como siempre, consulta el apartado de «Lecturas adicionales» (página 344) para más información.

Conoce tus puntos erógenos

Para descubrir qué te excita, nada mejor que hacer honor al famoso dicho «Conócete a ti mismo». Es información de vital importancia, así que te sugiero que dediques cierto tiempo a meditar y a masturbarte y a explorar todas las sensaciones para averiguar qué te gusta. Piensa en qué lugares te apetecería practicar sexo, en qué sensaciones y niveles de intensidad te gustaría experimentar. ¡Lee! ¡Explora! ¡Acércate a tu tienda sexual local y asiste a una clase! Si te interesa el fetichismo, te recomiendo la mezcla de *bondage* y magiak sexual, pues es extensiva, excitante y fascinante. Explorar tus propios deseos y reclamar lo que realmente anhelas son grandes rituales de magiak sexual en sí mismos. Conocer tus deseos y tus puntos erógenos hará que todos tus rituales y hechizos sean más potentes e intensos.

Dispón el espacio y prepárate

Además de saber qué te apetece y qué te gusta, fíjate en el entorno. Los sentidos juegan un papel muy importante, así que comprueba que tienes suficientes sábanas y almohadadas y que la iluminación es la adecuada. Quizá te apetezca encender incienso o velas, quemar hierbas sagradas o invocar a los guías, deidades o ángeles con los que quieres trabajar. Sírvete un vaso de agua, pon música ambiental y apaga el teléfono. La clave es preparar el templo y crear un ambiente que resulte relajante y sensual.

Después, piensa en lo que necesitas. Si pretendes incluir juguetes sexuales, déjalos a mano, junto con el lubricante o los preservativos. Si quieres llevar un conjunto de lencería especial, ahora es el momento de ponértelo (consulta la guía de la página 124 como inspiración). Elige ropa interior que te haga sentir como la bruja sexual que eres y recuerda que también puedes trabajar desnuda.

Establece una intención

¿Qué pretendes conseguir con esta práctica? Puedes realizarla bajo la luz de la luna llena para expresar y manifestar tus deseos y anhelos más profundos, o un día de luna nueva para soltar y desprenderte de viejos patrones. Aunque la magiak sexual utiliza energía sexual, puedes establecer una intención en casi cualquier cosa. ¿Qué quieres manifestar? ¿Qué clase de amor estás buscando? ¿Qué clase de oportunidades profesionales aspiras conseguir? ¿Qué necesitas curar o sanar? ¿A qué aspecto de tu vida le vendría bien un poco de energía positiva? ¡Las posibilidades son infinitas! Dedica tiempo a pensar y meditar la intención hasta saber realmente qué quieres conseguir. Después, anota tu intención y el ritual que vas a llevar a cabo en tu grimorio para comprobar los resultados del hechizo en el futuro.

A mí me gusta tener muy claras mis intenciones, pero también me encanta centrarme únicamente en una sensación. Si quieres atraer abundancia, lo más aconsejable es tener un objetivo específico en mente. O puedes dedicar el ritual a invocar y encarnar la *energía* de la abundancia. Si estás en armonía con el Universo, y confías en que todo lo que va a suceder va a ser para mejor, entonces puedes estar segura de que el Cosmos se encargará de todos los detalles. Cuando te concentras en *sentir* esa sensación y te olvidas de los pormenores, tendrás espacio para jugar.

Trabaja con los sentidos

Trabaja con los cinco sentidos para subir de nivel en tu juego de magiak sexual. Además de preparar el espacio –la música, la intensidad de la luz y los aromas–, también debes tener en cuenta el resto de tus sentidos, como el tacto y el gusto. ¿Qué clase de sensaciones te gustan? A lo mejor te apetece la caricia de unos pétalos de rosa, o puede que prefieras un buen azote. Las posibilidades son infinitas: deslizar un cubito de hielo por el interior del muslo, o pasar una pluma por la nuca. ¿Y el gusto? Quizá te encante comer fresas en la cama, o tomarte un té verde antes de masturbarte. O tal vez prefieras que te venden los ojos, o incluso que te amordacen. O puede que siempre hayas fantaseado con llevar lencería roja y vestir la cama con sábanas rosas. Diseña y crea una experiencia única para ti y ten presente lo que te gustaría ver, saborear, oír, tocar y oler.

¿Sola o acompañada?

Si nunca has practicado magiak sexual sola, te sugiero que empieces por ahí. Si en este momento estás en una relación sentimental estable, puedes explorar este mundo con tu pareja más adelante; primero debes conocerte a ti misma. No te recomiendo que pruebes o practiques magiak sexual con alguien que todavía no se ha ganado tu confianza, y mucho menos con alguien con quien no quieras establecer una conexión energética. Es fundamental saber expresar y comunicar tus deseos y tus expectativas, pero también ser consciente de que las cosas pueden torcerse y no salir como una esperaba. Escucha a tu instinto y déjate guiar por él. No compartas esto con personas que atenúen tu luz o que te hagan sentir inferior a ellas, sino con aquellas personas que vayan a valorar y respetar todo tu poder.

Cuando practicas magiak sexual con una pareja, vuestros sistemas energéticos se entrelazan, desde el chakra raíz hasta el chakra de la corona, formando así una doble espiral a lo largo de la columna vertebral. La energía va ascendiendo poco a poco por la espalda hasta salir por la coronilla de la cabeza para dirigirse al Universo. Estás entretejiendo tus centros energéticos con los de otra persona, y debes hacerlo con una intención. Si has encontrado una pareja con quien te sientes cómoda, esta práctica puede abriros la puerta a nuevos reinos de posibilidades eróticas en vuestra relación.

Trabaja con la respiración y el sonido

Aunque siempre puedes recurrir a técnicas de respiración específicas, el mero hecho de prestar atención a tu respiración es suficiente para empezar. Puedes empezar inhalando por la nariz y soltando el aire por la boca al inicio de tu sesión sexual en solitario o en pareja; deja que tus inspiraciones te guíen y aprovecha las exhalaciones para sumergirte en el placer que estás sintiendo. También puedes utilizar la respiración para alcanzar los orgasmos; de este modo, cuando llegues al clímax, este será todavía más intenso. Haz ruido. ¡Gime! ¡Grita! ¡Deja que el chakra de la garganta se desahogue! Al expulsar el aire, no reprimas ningún gemido, bufido o gruñido. No te contengas, haz lo que te apetezca, lo que te haga sentir salvaje, viva y real. Prueba distintas técnicas de respiración (consultar capítulo 2 para más detalles) para saber de qué manera afectan a la energía, ¡y haz los ajustes o cambios necesarios!

Invoca y dedica la energía

Después de disponer y preparar tu lugar sagrado y el altar, de ponerte ese conjunto de lencería que te hace sentir sensual y seductora, de anclarte en tu cuerpo y de estar presente en el aquí y el ahora, ¡ha llegado el momento de empezar! Si quieres, también puedes crear un círculo e invitar a los puntos cardinales y elementos (consultar página 43). También puedes extender la invitación a las deidades con las que te apetezca trabajar, como Venus, Isis o cualquier otro dios o diosa del amor. Conecta con tu respiración y regresa al aquí y al ahora; aprovecha estos instantes para apreciar y valorar tu cuerpo, acarícialo, mímalo. Susúrrate cosas bonitas, sin perder el control de la respiración, y disfruta del reino físico en el que te encuentras. Mientras te masturbas o mantienes relaciones sexuales, ten siempre presente tu intención. Déjate llevar por el placer, disfruta de lo que verdaderamente te excita y te gusta y no tengas prisa. Si te apetece probar algo nuevo, como un juguete sexual o una práctica fetichista, ahora puedes hacerlo. Nunca olvides que, si tu mente empieza a deambular, la respiración te puede traer de nuevo al aquí y al ahora.

A medida que te vayas acercando al clímax, céntrate en tu intención. Y cuando llegues al orgasmo, visualiza una columna de energía deslizándose desde tu chakra sacro hasta la coronilla, por donde sale en dirección al Cosmos. Si esto te resulta muy difícil, envía esa energía al Universo justo después, en ese instante de satisfacción y placer absoluto. Disfruta de este momento sin prisas y dirige esa electricidad sexual hacia tu intención. Cuando hayas terminado, ánclate y cierra el ritual.

Ánclate

Busca una postura cómoda, ya sea sentada o tumbada, y recuerda la intención que has elegido. Rememora todas las sensaciones que has tenido, inspira profundo y llena cada recoveco y ranura de tu cuerpo con esa luz blanca. Siente la satisfacción del ritual fluyendo por todo tu cuerpo sin dejar de respirar profundo. Si has invitado a dioses, diosas, guías espirituales, deidades o ángeles, ahora es el momento de mostrarles tu agradecimiento y de informarles que el ritual ha terminado. Expresa ese agradecimiento al Universo, por su guía y apoyo, pero también a ti misma. Al soltar el aire, visualiza toda energía obstruida o estancada saliendo por la boca. Si has creado un círculo, tendrás que cerrarlo y si has invitado a los elementos y puntos cardinales, tendrás que despedirlos y comunicarles que el ritual se ha acabado. Apoya la frente en el suelo, en la postura del niño, y traspasa todo exceso de energía a la Tierra a través del tercer ojo. Anota tus percepciones, los pasos que has dado y las sensaciones que has tenido durante el ritual y después bebe un poco de agua y come algo. ¡Y ya está!

El Fuego como alquimia: trabajar con la ira

Espero que, llegados a estas alturas, ya habrás dedicado unos instantes a cerrar los ojos y a reflexionar sobre este elemento. Supongo que habrás pensado en sus llamas, unas lenguas de fuego, y en el calor tan intenso que desprende, y que también sientes en tu cuerpo. ¿Cómo sientes el Fuego cuando estás excitada? ¿Y cuando estás inspirada y apasionada? ¿Y cuando estás enfadada? Conecta con tu cuerpo para saber cómo reacciona ante esos estados emocionales y para ahondar en tu relación con este elemento. Todos tus sentimientos son sagrados, incluso los que te asustan y los que te cuesta controlar, como por ejemplo la ira.

La ira es Fuego en su menor vibración, es decir, en la versión más hiriente y volátil de este elemento. Piensa en expresiones como «sacar humo por las orejas» o «estar ciego de rabia» e imagínate lo lejos que puede llegar esta energía. Cuando la ira alcanza su punto más álgido, puede ser tan destructiva como un incendio forestal; si te entrometes en su camino, vas a salir herida. A pesar de que a algunas nos cuesta menos navegar por este océano que a otras, lo que nunca puedes hacer es meter tu ira en una caja y esconderla debajo de la cama, como si nada; de hecho, jamás deberías ignorar ningún sentimiento o emoción. Lo recomendable es desahogarse, soltar esa rabia, quemarla y reconocer la sabiduría y el discernimiento que deja a su paso.

La ira sin sabiduría no es más que dolor, un sufrimiento sin rumbo. Cuando te enfadas sin motivo aparente, sacas un dolor que quizá llevas tiempo conteniendo y lo achacas a cualquier motivo. A veces, te enfadas con alguien, o incluso contigo misma, o con el mundo entero, por pura impotencia, por algo que no está en tus manos poder cambiar. La ira en sí misma puede ser muy destructiva, pero con compasión y con intención, puede transformarse en crecimiento y evolución. Al convertir tu ira en una fuente de inspiración para cambiar ciertas cosas, lo que estás haciendo es usar la alquimia del Fuego para transmutar una vibración baja a una mucho más alta e intensa. En otras palabras, estás transformando esa ira en sabiduría. Cuando te tomas la molestia de reflexionar sobre qué es lo que tanto te disgusta y enfada y por qué intentas aprender de esa situación para seguir creciendo y evolucionando, estás materializando el mensaje y el poder del Fuego.

No me malinterpretes; no digo que no puedas o no debas enfadarte. Lo que digo es que deberías aprovechar la oportunidad y aprender de ese sentimiento, aunque eso implique cambiar la dinámica de una relación personal, o enfrentarte a una injusticia sistemática, o lidiar con un compañero de trabajo que no te trata con el respeto que te mereces. Puedes sacar la perla de la ostra y utilizar rituales y el Fuego para descender a esta catarsis intencional. La ira suele ir acompañada de dolor y sufrimiento; cuando dejas de reprimir esos sentimientos porque por fin has encontrado un lugar seguro donde expresarlos y procesarlos, entonces podrás crear rituales de curación.

Un sigilo y un ritual de magiak sexual para transmutar la ira y el dolor

La ira es un sentimiento difícil de canalizar y transformar. Puedes hacer deporte, apalear un cojín, gritar sumergida en la bañera, patalear como una niña pequeña o saltar como una rana; sin embargo, hay veces que esos métodos físicos no bastan para desahogarse y librarse de ella, pues está clavada en lo más profundo de nuestro ser. Los rituales y los sigilos pueden canalizar esta ira y dirigirla hacia una intención que posteriormente lanzarás al Universo. Este ritual incluye una meditación y técnicas de respiración para conectar con esa rabia y averiguar qué se debe hacer. Tendrás que formar una intención, crear un símbolo que la represente e invocar energía a través de magiak sexual antes de trasladar toda esa energía al símbolo en cuestión. El símbolo calará en tu inconsciente y allí podrá crecer y manifestarse en total libertad. Los sigilos son muy potentes, sobre todo cuando se practica magiak sexual o magiak de velas, ya que crean una especie de recipiente sagrado donde poder transmutar tu intención.

Puedes recurrir a este ritual siempre que estés enfadada y quieras transformar esa ira y ese dolor en algo positivo, aunque te recomiendo que lo acompañes con rituales de liberación y de destierro, que se llevan a cabo en luna nueva o luna menguante.

Lee el ritual un par de veces para familiarizarte con los pasos y tenlo siempre a mano, por si lo necesitas en algún momento.

Necesitarás: un lápiz o un bolígrafo, una hoja de papel o un grimorio, un cirio rojo o una vela votiva y un portavelas o candelabro para sujetarlos, cerillas o un mechero, juguetes sexuales, lubricante.

Opcional: aceite para vestir la vela (como aceite de oliva o incluso miel, para sanar con mimo y ternura) y hierbas para decorarla (canela para limpiar y purificar o lavanda para curar), un caldero o una cazuela para quemar tu sigilo.

PASO 1: REÚNE LOS ELEMENTOS, PREPARA EL ESPACIO Y ÁNCLATE

La preparación es fundamental, sobre todo cuando se trata de magiak sexual. Lo primero que debes hacer es dedicar un tiempo a decorar tu altar con velas, a escoger los juguetes sexuales que te apetece incluir y a seguir todas las indicaciones de la página 29 para disponer el espacio antes de iniciar el ritual. El ambiente que se respira en el espacio debería ser agradable y tentador. Baja la intensidad de la luz, coloca unos cojines suaves y esponjosos, unas sábanas agradables y pon música que te ayude a relajarte y a ponerte en situación.

Concéntrate en tu respiración y crea un círculo, ya sea dando tres vueltas alrededor del perímetro o a través de una visualización. Cuando estés preparada, intenta ponerte cómoda en una postura abierta y pasiva y cierra los ojos.

Respira hondo y conecta con tu cuerpo y con el aquí y el ahora. Presta atención a cualquier cambio o reacción de tu cuerpo y, con cada inhalación, sumérgete en este mundo de sensaciones. Y cuando exhales, despréndete de la energía que no necesites. Si te apetece, te invito a hacer una visualización de anclaje o a recurrir a la técnica del triángulo para invocar el elemento del Fuego.

También puedes tratar de imaginar unas llamas naranjas y cálidas o violetas y frías envolviendo todo tu cuerpo, limpiándolo y purificándolo, absorbiendo todo tu dolor, rabia e ira para después transformarlos en una luz brillante y sanadora. Estas llamas, además de sanar tus heridas, forman un capullo protector a tu alrededor que te mantiene a salvo.

Invoca la energía del Fuego; invoca a Kali o a cualquier otra deidad, maestro, ángel o guía que te apetezca invitar. Ruégales que te guíen, que sean piadosos contigo, que te sanen y te brinden su ayuda. Habla con ellos y exprésales tu dolor, tus anhelos y tus necesidades. Abre tu corazón y confía en ellos y, cuando estés preparada, medita sobre tu intención.

PASO 2: MEDITA SOBRE TU INTENCIÓN

Piensa en qué te ha molestado, en qué te ha enfurecido tanto y rememora cada segundo de esa situación, hasta que esa ira y ese dolor inunden tu cuerpo de nuevo. Fíjate bien dónde se han instalado. ¿Notas los hombros tensos? ¿Un nudo en el estómago? ¿Una quemazón en el plexo solar o en la garganta? Debes averiguar en qué parte de tu cuerpo se han alojado esos sentimientos y, una vez identifiques esos recovecos, inhala por la nariz y conduce la luz blanca hacia allí; contén la respiración y después expulsa el aire por la boca. Continúa con esta técnica de respiración para aliviar el dolor y, si lo necesitas, recuerda que puedes hacer ruidos o moverte cuando lo necesites. Cuando empieces a notar que la tensión va desapareciendo, cuando sientas que la ira y el dolor han cambiado, reflexiona sobre qué pretenden enseñarte. ¿Qué lección debes aprender?

Cuando cargas un sigilo de energía, lo estás dirigiendo hacia tu intención. ¿Qué forma quieres que tome esa energía? Quizá tu intención es hallar paz interior, o alejarte de esa relación tóxica, o tal vez anheles encontrar un empleo con un jefe más amable y comprensivo, o dar por fin con la casa de tus sueños. Canaliza el Fuego para disipar el dolor y así podrás ver con perfecta claridad el mensaje que pretende transmitirte.

PASO 3: CREA EL SIGILO

Una vez tengas clara la intención, abre poco a poco los ojos y anótala en una libreta o diario personal. Puedes escribirla como si ya hubiese pasado, como si estuviera pasando o como si fuese a pasar en breve. Te invito a que empieces con una frase clara, contundente y convincente; lo importante es que la intención quede plasmada de una forma clara y directa, así que no te andes por las ramas. Intenta ser lo más concreta y específica que puedas, pero recuerda que también puedes centrarte en una sensación. Sea lo que sea, anota la intención. Te propongo algún ejemplo: *Me perdono por el dolor que he causado* o *Libero la ira y la rabia que siento hacia ____ por haberme hecho daño* o *Me sano a mí misma con amor y compasión.*

Cuando hayas escrito tu intención, tacha todas las letras que se repitan. Hay quien te aconsejará que también taches las vocales. Tú decides, como siempre. Después, con las letras restantes, debes crear un símbolo. Colócalas una encima de la otra, combínalas, forma espirales, dibuja líneas rectas… juega con las letras hasta conseguir una amalgama de formas y líneas que ya no parecen letras. Y ahora traza un círculo a su alrededor.

Puedes tallar este dibujo sobre la cera de la vela que vas a encender (la encenderemos en el siguiente paso), o dibujarlo en tu grimorio o en una hoja de papel; sea como sea, asegúrate de tenerlo a mano porque vas a tener que contemplarlo para poder invocar tu energía.

PASO 4: PREPARA Y ENCIENDE LA VELA

Ahora vestirás la vela. Coge un bolígrafo y escribe o talla el sigilo en la vela. Ahora, prepárala con un poco de aceite. Si tu objetivo es desprenderte de una sensación o disipar energías negativas, aplica el aceite desde el centro de la vela hacia los extremos. Después, espolvorea hierbas aromáticas sobre la vela siguiendo el mismo procedimiento.

Cuando la vela esté vestida, concéntrate en tu respiración y presta atención a todas las sensaciones que recorren tu cuerpo para localizar tensiones, molestias o dolores. Si necesitas anclarte, sigue la técnica de respiración del triángulo. Manifiesta tu intención, ya sea en voz alta o mentalmente, y visualízala como si fuese real. Cuando estés preparada, enciende la vela y coge tus juguetes sexuales para cargar el sigilo de energía.

PASO 5: INVOCA LA ENERGÍA Y CARGA EL SIGILO

Concéntrate en todo tu cuerpo; respira por tu chakra sacro mientras te contoneas, te mueves, te masturbas o mantienes relaciones sexuales. Se trata de una práctica física, así que escucha tu cuerpo y saborea todas las sensaciones placenteras. Tómate unos minutos para invocar la ira y el dolor y deja que aviven y alimenten tu deseo; acaricia tus puntos erógenos para empezar a liberar tensiones acumuladas. Utiliza estos sentimientos tan salvajes para adentrarte en tu lado más erótico. Gime, gruñe o suspira, pero no te contengas y exhala y alimenta esta magiak. Deja que tus sentidos te guíen. Y cuando estés a punto de alcanzar el orgasmo, o cuando estés muy cerca de alcanzarlo, coge el sigilo y obsérvalo; dirige la energía del clímax que estás viviendo al sigilo, a tu intención. Después, saborea y disfruta de esa placentera y agradable sensación sin ninguna prisa.

PASO 6: CIERRA Y ÁNCLATE

Cuando consideres que ya has disfrutado del delicioso placer que acompaña el orgasmo y quieras terminar el ritual, busca una postura cómoda y cierra los ojos. Fíjate en si notas algo distinto en tu cuerpo. Si no adviertes ninguna diferencia, no pasa nada; el ritual y el sigilo siguen trabajando. Respira y ánclate, ya sea a través de una visualización o de un ejercicio de anclaje. Muestra gratitud a los guías o deidades que has invocado, pero también a Kali y al Fuego. No esquives el discernimiento y la sabiduría que conlleva jugar con este elemento, y recíbelos con los brazos bien abiertos. Recuerda que eres el ave fénix que renace de sus cenizas y que nunca dejas de crecer y evolucionar. Si has creado un círculo, ahora es el momento de cerrarlo; desdibuja los límites establecidos por el círculo hasta que desaparezcan y da el ejercicio por terminado. En la postura del niño, apoya la frente sobre el suelo e imagina que toda la energía que ya no necesitas se cuela por tu tercer ojo y atraviesa el suelo hasta alcanzar el núcleo de la Tierra. Dedica unos instantes a dar las gracias. Bebe un poco de agua y mueve el cuerpo.

Si has dibujado el sigilo en un grimorio, ¡no pasa nada! Si lo has hecho en un trozo de papel, te aconsejo que lo destruyas. Rompe el papel en varios pedazos y quémalos en un caldero o en una cazuela; después, tira los restos por la taza del baño, o escóndelos en un lugar donde jamás volverás a verlos. Deja que la vela se consuma por completo y, si necesitas apagarla, utiliza un apagavelas o un abanico; recuerda que no debes soplarla. Tira la cera que te haya quedado en una papelera o contenedor que esté en una intersección y, si no se ha consumido por completo, enciéndela cada noche hasta que se acabe. ¡Y ya está!

Encarnar el Fuego: la moda del poder y del deseo

El Fuego es una bomba estética. La energía de este elemento no es sutil y no le tiene miedo a nada. Los rituales de belleza del Fuego representan curación, pero también intención. Utiliza maquillaje, ropa e incluso tu propio cuerpo para expresar tus deseos y tus fantasías. Considéralo un regalo; por un lado, te permite expresarte con total libertad, lo cual es todo un privilegio, y recuperar tu verdadero yo. Expresarte de una forma creativa resulta increíblemente sanador. Siempre que quieras recurrir al espíritu de este elemento, vístete con prendas que te recuerden que tu llama todavía no se ha apagado. Y, por otro lado, nunca te va a dar la espalda cuando sientas que has olvidado tu fuerza vital interior y necesites reencontrarla.

Manifiesto mi sexualidad a través del Fuego, luciendo todos sus colores en mis prendas. Mientras escribo este capítulo, en plena estación de Aries, reconozco que me he obsesionado con llevar conjuntos monocromáticos de color rojo: mallas rojas, camiseta corta roja, sudadera holgada roja, barra de labios roja y gafas en forma de corazón, también rojas. El rojo me aporta el calor que necesito y, gracias a él, mis andares son distintos, más ligeros, más ágiles.

Llevar prendas rojas, naranjas y amarillas es una manera infalible de conectar con el Fuego, así que te recomiendo que lo hagas si deseas encarnar este elemento. Prueba con una camiseta o sudadera de color rojo, o píntate las uñas con esmalte rojo. Incluso una simple barra de labios color pasión ostenta ese poder transformador. El Fuego representa tus pasiones, todo lo que te ilusiona, emociona y excita, así que déjate guiar por tu intuición e incluye estas tonalidades en tu vida, y en tu armario. También puedes conectar con este elemento a través del color dorado: sombra de ojos dorada o bisutería bañada en oro. No tengas miedo a pasarte; cuanto más recargado y llamativo, mejor. Hurga en el joyero de tus abuelas o ve a una tienda de segunda mano para hacerte con un buen alijo de joyería y bisutería dorada. Los rituales de belleza y autoseducción también son hechizos para conectar con el Fuego. Para invocar la energía de este elemento, también puedes recurrir a tratamientos faciales de lujo, cremas y lociones corporales, jabones hidratantes, tejidos de gran calidad y momentos de consciencia inspirados en la estética.

La ropa interior es otra manera de conectar con la sensualidad y sexualidad del Fuego. La lencería, aunque suele asociarse con la mujer, es para todo el mundo. Da igual tu género o identidad sexual, siempre puedes encontrar algo que te haga sentir maravillosa y espectacular. Y no olvidemos que la lencería incluye cualquier cosa que lleves bajo la ropa; lo que me preocupa no es si llevas una faja o un tanga, sino el cómo te sientes con esas prendas. Llevar algo atrevido, sensual o delicado bajo tus prendas cotidianas te ayuda a conectar con tu poder interior. El efecto es inmediato; enseguida te das cuenta de que vives la realidad de una forma distinta. En eso consiste la energía y la alquimia del Fuego. Y, si quieres conectar con él, también puedes optar por ropa interior roja. Tal vez no vayas a mostrársela a ningún amante o pareja, pero no importa; llevar ropa interior roja es uno de los métodos más efectivos pero también más infravalorados.

Trabajar con esencias potentes e intensas, como el opio, el humo, el almizcle, el sándalo, el cuero, la canela y las especias también te ayudarán a conectar con este elemento. Los perfumes con aromas fuertes y embriagadores nos hacen sentir seductoras y atractivas, aunque solo nosotras podamos disfrutar de su fragancia (¡sobre todo si solo nosotras podemos disfrutar de su fragancia!). Échate unas gotitas de perfume en las zonas donde te gustaría que te besaran.

Lo mejor de este elemento es que puedes encarnarlo de muchísimas maneras. La palabra clave es «calor». Si te apetece lucir ropa atrevida, hazlo. Lleva prendas que te hagan sentir como una verdadera diosa, capaz de entrar en una sala y encender la llama interior de todo el mundo con tan solo una mirada. A mí me encanta vestir de forma seductora y provocativa y, si te apetece explorar un poco este mundillo, el Fuego es el mejor guía que puedes encontrar. Te invito a observar la llama de una vela durante unos instantes; después, pregúntale qué prendas debes elegir para encarnar su energía. Escucha a tus deseos y a tu intuición para crear un conjunto que provoque y desate un renacimiento en tu alma. Quién sabe, quizá esa chispa también desate la revolución sartorial de otra persona.

Preguntas para conectar con el Fuego

Igual que ocurre con el Fuego, la escritura es alquímica. Te proporciona un espacio para que traslades y plasmes lo que ronda por tu mente al plano físico, es decir, a una página en blanco. Escribimos para conectar con el poder del Fuego en toda su gloria, para que nos ilumine y nos muestre qué anhelos y deseos debemos atender. El Fuego es acción, es movimiento; tiene múltiples facetas, igual que tú. Y por eso te aconsejo que tengas un diario en el que anotes todas tus ideas, reflexiones y sentimientos; es la mejor manera de saber qué está ardiendo debajo de la superficie. No te reprimas; desahógate, despotrica si es necesario, exprésate con total libertad y sinceridad y escribe cualquier sensación que se haya enconado y necesites soltar. Nadie ni nada te va a juzgar. Estoy convencida de que plasmar todo el caos que ronda por tu cabeza en una página de papel es una forma de invocar magiak, sobre todo cuando se trata de hurgar en cajones que preferirías mantener cerrados bajo llave. Si quieres conectar con este elemento a través de un diario, escribe todo lo que sientes en una hoja de papel suelta y después, al terminar, quémala como ofrenda. Creo firmemente en el poder medicinal de releer viejas anotaciones, pero, si estás viviendo una situación emocional delicada o complicada y quieres invocar la energía de este elemento, la alternativa más poderosa es quemar esas anotaciones en lugar de conservarlas para la posteridad.

Antes de empezar a escribir, ¡prepara el espacio! Quema algunas hierbas sagradas, coge tu cornalina o ágata de fuego, enciende algunas velas y pon música ambiental. Apaga el teléfono, abre tu diario, ánclate y disfruta del ritual. Y ahora, plantéate las siguientes preguntas:

- ¿En qué parte de mi cuerpo siento la energía del Fuego? ¿Cómo la describiría?

- ¿Qué viejos patrones y paradigmas está quemando el Fuego en estos momentos? ¿Qué debo aprender de ellos?

- ¿Qué aspectos de mi vida me trasmiten ira y resentimiento? ¿Cómo puedo soltar todo ese dolor, o trabajar de forma constructiva, o hacer sitio a otros sentimientos más agradables, como el placer?

- ¿Qué me proporciona placer? ¿Cómo puedo traer más placer a mi vida?

- ¿Qué deseos tengo en este momento de mi vida?

- ¿Qué clase de sentimientos estoy viviendo ahora mismo?

El Fuego en la astrología: Aries, Leo y Sagitario

O los odias o los amas; al parecer, la opinión sobre los signos asociados al Fuego es firme y clara. Estos signos zodiacales son carismáticos, abiertos y extrovertidos y representan la energía atrevida y poderosa del Fuego, la energía que te ayuda a evolucionar y a recuperar tu plenitud. A pesar de que a estos signos no les preocupa agradar o complacer a los demás, estoy segura de que ya te habrás dado cuenta de que son como un imán y atraen a todo el mundo. No te ofrecerán el apoyo y el consuelo de los signos terrenales, ni el intelecto de los signos aéreos, ni las profundidades emocionales de los signos acuáticos. Los signos del Fuego te instan a descubrir la libertad de esta vida. Exigen expansión, anarquía; no les interesa lo mundano, sino lo mágico. Aries (el carnero), Leo (el león) y Sagitario (el arquero) son signos que, igual que el elemento al que representan, requieren presencia y atención. Si no les entretienes, si no les prestas suficiente atención, si no avivas su llama, se darán media vuelta y se marcharán. Y si tratas de retenerlos, o reprimirlos, o cortarles las alas, también se marcharán. En definitiva, no puedes obligar a ninguno de estos signos a hacer algo que no quieran. Si aceptas y asumes que no puedes atarlos en corto, todo cambia. Si concedes espacio a este elemento para que pueda arder y bailar, presenciarás un ritual esclarecedor de chiribitas, luces y fuegos artificiales, el ballet de la transformación. Los signos de Fuego encienden tus pasiones más íntimas y profundas y te recuerdan que tienes un reino interior por explorar. Estos signos zodiacales son carismáticos, son sensuales, son atractivos; aunque quizá no te hayas dado cuenta, son los signos con quien te gusta coquetear y tontear. Cuando trabajas con signos de Fuego o estás en una estación gobernada por un signo de Fuego, te adentras en el lado más salvaje de tu alma.

ARIES - EL CARNERO

Aries es el primer signo zodiacal del año, el que marca el inicio de la primavera y todos los comienzos y renacimientos que la acompañan. Representado por el glifo de un carnero, Aries es un signo salvaje y feroz que tiende a liderar el camino hacia la revolución y que presume de una mente audaz, osada y comprometida. Representa la energía del As de Bastos, la energía de la posibilidad orgásmica que te promete que puedes cumplir todos los objetivos que te propongas. Los Aries son impredecibles; se dedican a vivir plenamente el presente, lo cual es inspirador, y se aseguran de disfrutar del viaje, a pesar de que muchas veces no saben hacia dónde van. Son visionarios y utilizan su fuego interior para provocar el cambio y guiarnos hacia nuevos horizontes. Aunque en su estado menos evolucionado son personas testarudas a las que les cuesta una barbaridad ser imparciales y ver las cosas desde perspectivas distintas a la suya, la energía de los Aries es la energía del crecimiento y la evolución. Simbolizan el primer paso que debes dar para convertir tus sueños en una realidad.

LEO - EL LEÓN

La estación de Leo llega en pleno verano, cuando el calor nos obliga a quitarnos prendas de ropa y nos sentimos más felices y plenos. Representadas por el león, las personas de este signo son los autoproclamados reyes y reinas del zodíaco, y su vena artística y dramática así lo demuestra. Si quieres pasártelo en grande en una fiesta, invita a un Leo; hará que todo el mundo se ría, baile y disfrute de la noche. Uno de los muchos talentos de los signos de Fuego es su capacidad de hacer brillar su luz interior. Sin embargo, los Leo son especialistas en esto; encandilan a todo aquel que se les acerca y, en su estado menos desarrollado, les gusta llamar la atención allá donde van. De ellos puedes aprender a disfrutar de la vida, a exprimirla al máximo. Saben cómo pasárselo bien y divertirse. El juego forma parte de la cultura del Fuego, y esto también puede aplicarse al león, su símbolo. Aunque pueden ser un pelín egocéntricos, si evolucionan y se despegan un poco de su ego, protegen a capa y espada a los suyos. Este signo te recuerda el equilibrio entre la diversión y el compromiso con aquello que te importa, con aquello que enriquece tu vida y te ayuda a dar sentido a lo banal.

SAGITARIO - EL ARQUERO

Si por algo se caracterizan los signos de Fuego es su anhelo de libertad. Es su mayor deseo, y su meta en la vida. Los Sagitario necesitan y ansían su propio espacio más que cualquier otro signo del zodiaco. Al arquero no se le puede coartar la libertad de apuntar y disparar su flecha; si quiere algo, lo reivindica. Los Sagitario son personas humanitarias y generosas; comparten todo lo que tienen con el resto del mundo. Es un signo dedicado a la evolución, al conocimiento y al aprendizaje; le fascina probar cosas nuevas, viajar y explorar nuevas culturas y países. En su estado vibracional menos evolucionado, el arquero suele tener miedo al compromiso porque cree que su libertad se va a ver afectada, restringida, limitada. Pero en su estado más desarrollado, su pasión por la vida y su curiosidad resultan contagiosas y su visión florece en cualquier lugar; dale a un Sagitario un poco de espacio y pondrá tu mundo patas arriba. Aventurero y amante de los tabúes, este signo representa la rebelión sagrada; tensa la cuerda hasta el límite por el bien común, pero también para crecer y evolucionar. Los Sagitario son fetichistas por naturaleza y, aunque pueda asustar al principio, la experiencia merecerá la pena. Te llevarán a territorios desconocidos e inexplorados.

EN SU ESTADO MENOS DESARROLLADO

En su estado menos evolucionado, los signos de Fuego te quemarán. Se presentarán en tu casa sin avisar, dispuestos a divertirse y a pasárselo en grande, dispuestos a tirar la casa por la ventana y a obligar a todo el mundo a hacer lo mismo. Después darán rienda suelta a su verdadera naturaleza, se divertirán como nunca, lo quemarán todo y cuando les venga en gana se marcharán, dejándote con la incógnita de *qué narices acaba de pasar*. Si hay una frase que describa a la perfección estos signos es la siguiente: «Lleva una vida desenfrenada y muere joven», ya que el estilo de vida que llevan es insostenible y al final terminan quemándose, agotándose. Pero incluso en su estado menos evolucionado, los signos de Fuego nos enseñan la importancia de tener un espacio en el que poder movernos con intención. A pesar de su amor propio y su egocentrismo, de estos signos podemos aprender una lección fundamental: que debemos ser independientes y responsables radicales.

EN SU ESTADO MÁS DESARROLLADO

En su estado más evolucionado, este signo es capaz de prender la luz de tu alma, de reavivarla y de mostrarte una ruta nueva y salvaje. Si necesitas resolver un problema o tener una perspectiva distinta, o si necesitas un poco de inspiración en esta vida, no lo dudes, llama a tu Aries, Leo o Sagitario favorito y desahógate con él o con ella. Desprenden una energía muy positiva, una energía para disfrutar el momento presente, para ver el vaso medio lleno, para encontrar felicidad y alegría en cualquier situación; tienen la asombrosa capacidad de arrojar luz y claridad a todos los problemas. Los signos del Fuego nos recuerdan que coquetear es divertido, que el peligro es tentador y que nuestra naturaleza no conoce límites. La energía de estos signos zodiacales es estimulante, sensual e inspiradora; muchos de los pensadores más revolucionarios y vanguardistas eran signos de Fuego; nos mostraron nuevos horizontes gracias a su actitud intransigente y a su compromiso con ser dueños de sus propias vidas. No puedes encerrar a estos signos en una caja porque, si lo haces, la quemarán hasta reducirla a cenizas. Estos signos nos enseñan que debemos reconocer y expresar nuestros deseos, además de explorar y conocer nuestros placeres y puntos erógenos. Y también nos enseñan que debemos ser persistentes y que la acción que surge de una inspiración puede cambiarlo todo. Con este elemento, los límites se desvanecen y nada es inalcanzable.

CAPÍTULO 4

Agua: siéntela

Cuando te das cuenta de que la energía del amor incondicional, la energía del mismísimo Universo y el reino de la consciencia son quienes alimentan y sostienen tu verdadero ser, empiezas a confiar en tu alma y en la divina feminidad. Nadas en las aguas de tu consciencia eterna, sucumbes a la intensidad de tu naturaleza emocional y caes rendida a sus pies. Gracias al Agua podrás descubrir quién eres en realidad, más allá de tus pensamientos, opiniones y miedos. El Agua te ayuda a limpiar todas las capas de viejas historias y viejos amantes para recuperar tu esencia una vez más.

Si bien la Tierra te brinda una conexión con el plano físico, el Aire con el mental y el Fuego con el sexual, el Agua te ofrece una conexión con el plano emocional. Este elemento te mostrará tu mundo interior, en el que también habitan tus miedos, tus sombras.
El Agua es la conexión con tu intuición, con la consciencia omnisciente que es mucho más grande que tú. Cuando reconoces la fluidez y majestuosidad de este elemento, cuando asumes que tú también posees la habilidad de fluir y de subir y bajar como la marea, podrás recurrir a tu magiak, a tu misticismo, a tu verdad: el amor incondicional. Un ser místico con apariencia humana. A través del Agua puedes sentir, y a través del agua puedes sanar.

Y cuando conectas con este elemento, puedes conectar con la divina feminidad, con la Luna, con tu corazón. El agua necesita un recipiente y este recipiente es el cuerpo (que está formado por un 60 por ciento de agua); él te muestra tus emociones y te ayuda a comprenderlas. Ese recipiente también puede ser el cáliz, el útero, el centro energético que puede crear vida. Este es el centro del corazón inmaculado.

Agua como sanación, como conexión con el corazón y la compasión

Si vas a trabajar con este elemento, te invito a imaginar la suave caricia de las olas del mar rozándote los pies. Te invito a disfrutar de la energía sanadora del océano, y a reflexionar sobre la compasión y la empatía hacia ti misma. Soy una fiel defensora del cuidado y mimo hacia uno mismo y considero que todas deberíamos reservar un hueco en nuestras apretadas agendas para escuchar y venerar nuestras necesidades espirituales y emocionales, pero también creo firmemente en la piedad y la compasión por uno mismo, pues simboliza el Agua en su estado más exaltado; fluye y flota y te recuerda que puedes, y debes, dedicarte tiempo a ti misma, que puedes estar justamente donde estás, sin sentirte avergonzada o juzgada por ello. La compasión por uno mismo significa aceptar el momento, concederte la licencia de no ser perfecta. Gracias al Agua, asumirás dónde estás y aprovecharás la oportunidad de sanar heridas abiertas.

¿Alguna vez has flotado en el mar o en una piscina? ¿Alguna vez has sentido que el agua te sostiene mientras contemplas el cielo? ¿Te has maravillado al darte cuenta de que puedes entregarte al presente, sin pensar en nada más? Pues bien, este elemento transmite esa misma energía. Cuando te liberas y te entregas a tus sentimientos, a tus emociones, a los obstáculos que parecen entorpecer tu crecimiento, se te presenta la oportunidad de transformar el momento presente en lo que verdaderamente necesitas. Cambiar el futuro está en tus manos; olvida todas las expectativas que te habías formado alrededor del proceso de curación y reflexiona lo que realmente te honraría y te serviría *ahora mismo*. Esto no significa que vayas a sanar todos tus traumas en un abrir y cerrar de ojos, ni que vayas a deshacerte de la vergüenza que sientes en un periquete. Pero sí significa que vas a tener las herramientas necesarias para comprender el lenguaje de tu alma y de tu inconsciente para poder seguir creciendo y evolucionando.

¿Qué te sana? ¿Qué te nutre? ¿Dónde buscas consuelo cuando sientes dolor? Quizá te guste salir a dar un paseo en plena naturaleza, o tal vez prefieras darte un buen baño. Hay quien prefiere prepararse un té, o acudir a terapia, o gritarle a una almohada. Puede que a ti te funcione mejor pasar una tarde con un familiar, o con un buen amigo. Todos estos ejemplos pertenecen al reino sanador e idealista del Agua.

Formas de conectar con el Agua

Nunca olvides que los elementos son guías y que puedes invocarlos y trabajar con ellos siempre que lo desees. A pesar de que cada elemento tiene su forma específica, también tienen formas energéticas: los sentimientos que te invaden cuando estás haciendo ciertos rituales o magiak. A veces, una actividad física puede conectarte con el Agua y ayudarte a transmutar tus emociones. Pero quemar algo también te puede servir, ya que te permite despojarte de viejos patrones de pensamiento. El secreto es la intención. No hay una manera correcta de empezar; lo único que debes hacer es empezar.

El Agua te ofrece un amplio abanico de posibilidades para adentrarte en tu lado más emocional. Sumergirte en el agua, meditar en la bañera o frente al mar, beber agua o incluso consagrarte con agua bendita son rituales muy poderosos que te ayudarán a adquirir una visión más clara y objetiva. A continuación te propongo más ideas para conectar con este elemento:

- Acércate a un río, a un lago o a un océano. Báñate en el agua, o pasea por la orilla; apaga el teléfono, controla tu respiración y observa bien la superficie. Pide a los elementales y al espíritu de este cuerpo de Agua que te envíen mensajes y después, inspirándote en este momento, medita, relata la experiencia en tu diario o crea obras de arte.

- Tómate un baño con sales de Empsom y hierbas, como lavanda, jazmín, artemisa o rosa. Exhala todos tus miedos y preocupaciones mientras sientes que el agua te sostiene, te abraza y te sana. También puedes darte un baño ritual, explicado en la página 216.

- Convierte algo tan mundano como lavarte las manos en un ritual. Abre el grifo y visualiza una luz blanca que sale en cascada junto con el agua y empapa tus manos de esta vibración sanadora. Y, sobre todo, hazlo mostrando gratitud.

- Prepárate un té y tómatelo poco a poco, a sorbos, mientras conectas con los elementos de la Tierra y del Agua.

- Llora, conecta con tus sentimientos mientras te purificas y libera tus emociones en lugar de reprimirlas.

- Escucha a tu intuición. Cierra los ojos y concéntrate en tus entrañas, en ese sentido numinoso de verdad que yace en las profundidades de tu estómago. Hazle preguntas y presta mucha atención a las respuestas.

- Conecta con tu corazón. Medita, pregúntale qué necesita y después actúa en consecuencia.

- Convierte la ducha diaria en un ritual. Imagina que un chorro de luz blanca o dorada sale del rociador de la ducha para limpiar y purificar tu cuerpo y campo energético, disipando toda energía negativa o innecesaria. Exhala todas tus preocupaciones o ansiedades y deja que esta luz purificadora te envuelva. Puedes hacer la misma visualización con una cascada de luz dorada y divina en cualquier sitio, aunque no sea en la ducha (consulta la página 216 para una ducha ritual).

- Pasa tiempo bajo la luz de la Luna. Visítala de vez en cuando, aprende sus ciclos y, cuando sea luna llena, deja que su luz te ilumine. Habla con ella, dedícale poesía y conviértela en tu musa.

- Saca el máximo partido al agua de Florida; utilízala en un pulverizador para limpiar y purificar la energía de un espacio, en un cuenco a modo de ofrenda o incluso como perfume.

- ¡Bebe agua! Sostén las manos por encima o alrededor del vaso e imagina que una luz blanca procedente de los cielos recorre todo tu cuerpo y traspasa las palmas de tus manos para sumergirse en el agua. Siente el fluir de esta luz blanca sagrada por tu cuerpo mientras bebes.

- ¡Baila bajo la lluvia! La próxima vez que llueva (siempre y cuando no haga frío y sea seguro), ponte el bañador (aunque también puedes hacerlo desnuda, no seré yo quien te juzgue) y sal a disfrutar. Baila, juega y chapotea. Recupera esa alegría infantil y disfruta de los efectos rejuvenecedores y estimulantes de la lluvia.

El agua como espejo de la Luna

La obsesión de las brujas con la Luna no es ningún mito popular. A casi todas nos fascina en todas y cada una de sus fases; nos quedamos embobadas contemplando su plenitud pálida y amarillenta y nos maravilla la luz plateada con la que nos baña cuando no es más que una hendidura en el cielo estrellado. Sin embargo, debo reconocer que la luna llena es nuestra favorita. La Luna está relacionada con la energía del agua por lo que representa (lo intuitivo, lo sutil y lo idealista), pero también por su influencia en las mareas. La Luna calma el océano en marea baja y te brinda la oportunidad de pasar una tarde en la playa y de disfrutar de la serenidad que el Agua transmite. Pero también provoca mareas altas, mareas que te inquietan y te dejan con el alma en vilo, mareas que te exigen dar un paso atrás y a actuar con precaución mientras las olas besan y azotan la orilla. Del mismo modo, la Luna también gobierna tus ciclos. Te recuerdan que debes venerar tus propios patrones de crecimiento y estancamiento. Gracias a la Luna, podrás comprender esa parte divina y omnisciente y sumergirte en el océano para alcanzar tu propia divinidad y relación con la Diosa. La Luna se admira y se venera en todos los rincones del mundo; hay quien la alaba como un ser divino e inmortal, y también quien la considera la Diosa Luna, o la Triple Diosa que simboliza los ciclos del nacimiento, la muerte y el renacimiento a través de sus tres caras: la Doncella, la Madre y la Anciana. Creas o no en un dios o en una diosa, siempre puedes conectar con este cuerpo planetario y acceder a los mensajes liminales que representa.

La Luna es el puente que te conecta con tu mundo más íntimo y recóndito, pues representa lo invisible a los ojos, las sombras y todo lo desconocido. La Luna nos guía hacia nuestro submundo personal, pero también nos muestra el camino del subconsciente colectivo. Es un astro indómito, pero también sagrado. Simboliza la verdad de tu alma, tu capacidad de reconocer y comprender lo que tus ojos no ven pero tu alma sí percibe y siente. La Luna es la personificación de tu luz y de tu oscuridad, de tu fuerza emocional y de tus carencias emocionales. Está gobernada por el elemento del Agua. Y es ahí donde puedes transmutar tu dolor, donde puedes ahondar en tu vergüenza y sufrimiento para así transformarlos en otra cosa. La Luna te recuerda que tu potencial de evolución es inacabable y arroja su luz (o no) sobre todo aquello que debe revelarse o exponerse.

No podemos disgregar la Luna de lo sutil, pues ella es su arquetipo. La Luna, igual que el elemento del Agua, gobierna sobre tu intuición. Ella es lo que sientes en tus entrañas, tu capacidad de percibir algo más allá de los cinco sentidos. Cuando conectas con ella, cuando trabajas con sus fases, cuando reconoces tus pálpitos y corazonadas y los escuchas con atención, puedes comprender mejor tu mundo interior, lo que conlleva una mayor compasión y amor por uno mismo. La Luna nos muestra el reino del amor incondicional. Y es entonces cuando podremos compartir nuestra bondad y nuestro corazón con el mundo que nos rodea. No puedes trabajar con la Tierra, el Aire y el Fuego sin pensar en el Agua; ¿qué sentido tiene poseer un cuerpo si no pretendes escuchar y venerar tu alma?

Ritual: trabajar con las fases lunares

Uno de mis métodos preferidos para intensificar mi magiak es trabajar con las fases de la Luna. Cuando conectas con los ciclos de este cuerpo celestial, también conectas con el baile interminable de tu alma, un baile de muerte y renacimiento. En el momento en que comprendes que el cosmos refleja tus ciclos podrás conectar con ellos; también puedes establecer esa conexión trabajando con magiak compasiva o magiak que imita el resultado deseado. Mientras la luz de la Luna se expande o crece, desde la luna nueva hasta la luna llena, debes centrarte en lo que quieres manifestar e invocar. Después, desde la luna llena hasta la luna nueva, mientras la luz se encoge o mengua, debes centrarte en lo que quieres soltar y alejar de ti. Los puntos intermedios de entre estas dos fases son momentos para continuar el trabajo que empezamos durante la luna llena o nueva, además de ser la oportunidad perfecta para comprobar nuestra evolución y plantearnos de nuevo nuestra dirección e intención.

Si eres constante con la práctica de tus rituales, te aconsejo que trabajes con la Luna, ya que te ayudará a llevarlos al siguiente nivel. Cuando trabajas con sus fases, también trabajas de forma inconsciente con tu propia energía sutil y colaboras con lo divino en el plano del alma. Aunque no siempre prestes atención al signo en el que está la Luna, algo tan sencillo como tomar notas de la luna nueva y la luna llena, practicar magiak y hacer hechizos y rituales pueden renovar y mejorar tu práctica. Y recuerda que tus hechizos y rituales no siempre tienen que estar relacionados con la situación que estés viviendo en ese momento. Puedes trabajar con las fases lunares, sobre todo durante la luna nueva y la luna llena, para celebrar rituales de sanación y protección para un individuo o colectivo si tienes su consentimiento. Si no necesitas manifestar ni soltar nada de tu vida, siempre puedes enviar rayos de luz dorada y sanadora a personas o grupos de personas durante la luna nueva o la luna llena, por ejemplo, o encender una vela blanca para sanar a alguien.

LUNA NUEVA

Momento para: trabajar con tu oscuridad, hacer introspección, marcarse objetivos, manifestar, desprenderse de lo innecesario y empezar un nuevo ciclo.

Aunque el calendario gregoriano está marcado por el Sol, la luna nueva marca el inicio del ciclo de la Luna. Igual que aquellas de nosotras que todavía sangramos, la Luna pasa por todas sus fases cada veintiocho días, un periodo durante el cual puedes marcarte objetivos, manifestar lo que desees y desprenderte de lo que ya no necesitas. Siempre que haya luna nueva te resultará más fácil conectar con tus profundidades más oscuras, y es que cuando la luz del Sol no ilumina la Luna, tus sombras por fin pueden expresarse. Es una fase lunar muy intensa; te invita a adentrarte en tu alma con una claridad y lucidez que quizá no tengas durante la luna llena. La luna nueva permite que patrones arraigados e inculcados salgan a la luz. Es la oportunidad perfecta para darte cuenta de dónde te encuentras en realidad, más allá de la ilusión y a solas en tu propia oscuridad. Mientras la Luna esté ensombrecida y puedas campar por el reino astral como Pedro por su casa, también puedes llevar a cabo rituales de destierro, crear límites energéticos o hacer magiak de protección.

La luna nueva es la ocasión perfecta para marcarte unos objetivos claros y concretos para el mes que tienes por delante e invocar todo lo que necesites con tu magiak. Esto significa que debes fijarte unas metas espirituales y utilizar ese lienzo energético en blanco que el Universo te ofrece para escribir y dibujar lo que se te antoje en él. En este reino de vulnerabilidad emocional, puedes observar la superficie brillante de tu corazón para ver qué es verdad. Cuando trabajas con la luna nueva, también trabajas con tu naturaleza divina. Recuerda que, igual que el Universo, tú también posees la capacidad de crear. Ves el macrocosmos y el microcosmos. La Luna empieza su ciclo de cero, renovada, y tú también. Tiene la capacidad de crear, y tú también. Reconoce todo lo que está oculto y di «Como es arriba, es abajo»; cuando el Universo está en esos momentos previos a la concepción, tú también. Y eres tú quien debe decidir qué debe nacer, qué debe salir a la luz.

PRIMER CUARTO CRECIENTE

Momento para hacer balance, reajustar algunas cosas, sanar, probar cosas nuevas, manifestar.

Si bien la luna nueva te brinda la oportunidad de mostrarte tal y como eres, de abrazar la oscuridad y de considerar todas tus emociones en su estado más puro y verdadero, la luna en cuarto creciente, justo a medio camino entre la luna nueva y la luna llena, es el momento para hacer balance y ver cómo te sientes en realidad. Ahora es cuando puedes bajarte del tren de tus ambiciones y echar un vistazo a tu alrededor. ¿Vas en la dirección correcta? ¿Hay algo que todavía te perturba? ¿Sientes que vives en perfecto equilibrio? Escucha, eres humana y, al igual que todo el mundo, algún día meterás la pata, o te equivocarás, o harás daño a alguien. A veces lo que crees que quieres no es lo que necesitas, y lo que necesitas no es lo que quieres. Si trabajas con la energía de la Luna en su fase de cuarto creciente, podrás ajustar todas las circunstancias.

Si quiero manifestar algo, suelo empezar el hechizo en luna nueva y sigo trabajando en él durante la fase creciente, hasta que la Luna alcance su plenitud. También puedes practicar magiak de manifestación a lo largo de esta fase, o continuar con cualquier otra magiak que empezaste en luna nueva si sientes que vas por el buen camino. Además, es el momento propicio para probar cosas nuevas: una afición nueva, un restaurante nuevo, un amante nuevo, una forma de magiak nueva. Durante el primer cuarto creciente tienes la oportunidad de expandir tus horizontes, de pensar a lo grande, de disfrutar de los nuevos comienzos y de las semillas que plantaste en luna nueva, aunque recuerda que debes seguir regándolas y cuidándolas durante todo el ciclo. Cuando la luz de la Luna empiece a crecer y expandirse, tú también lo harás. Imagina que eres una planta: ahora es cuando empezarías a ver los primeros brotes asomando en la superficie. Has logrado germinar porque has dedicado tiempo a nutrir y regar las semillas. Y ahora es momento de crecer. Todavía no has florecido (eso está reservado para la luna llena), pero estás presenciando un momento maravilloso porque puedes ver tus deseos en acción. Celebra el esfuerzo que has hecho y el compromiso que has adquirido con aquello que estás nutriendo y alimentando. O aprovecha este momento para hallar serenidad y paz y hacer los ajustes necesarios; si algo no funciona, cámbialo.

Como mínimo, esta fase lunar es el momento idóneo para poner a prueba tu capacidad de empezar de nuevo, crecer, florecer y aprender y empezar de nuevo otra vez. Que la luz de la Luna te guíe hasta las profundidades de tu verdad y te recuerde que la finalidad no es alcanzar la perfección, sino evolucionar.

LUNA LLENA

Momento para: practicar adivinación, manifestar, sanar, bendecir un espacio, practicar magiak sexual, hacer rituales de amor y belleza, invocar tu poder, terminar un ciclo.

No es ninguna coincidencia que la Luna esté relacionada con la magiak y la brujería, ya que las brujas adoran una luna llena por muchísimos y muy diversos motivos. Es el momento más enérgico y potente del mes, cuando la Luna brilla con todo su esplendor y plenitud; representa la intuición, el subconsciente y la divina feminidad. La Luna te recuerda todo lo que eres capaz de hacer y, cuando es luna llena, es como una batería cósmica que puedes utilizar para elevar e intensificar tus ejercicios mágicos. A lo largo de esta fase lunar puedes practicar cualquier clase de magiak (a excepción de la magiak de destierro, que debería practicarse durante la luna nueva o el cuarto menguante). La luna llena es un momento excelente para practicar la adivinación, para crear rituales de manifestación, para sanar, para hacer magiak sexual, magia de amor, magia de belleza o rituales de amor propio, de cuidado de uno mismo y de devoción. También se aconseja trabajar con diosas, guías espirituales, espíritus animales y seres bondadosos y caritativos durante esta época del mes. Si te apetece, también puedes comprobar en qué signo zodiacal está la Luna para adaptar tu magiak a la perfección.

La luna llena también marca el final de un ciclo; significa que algunas cosas están llegando a su fin, igual que luna nueva implica un comienzo. Más tarde, cuando la luna empiece a menguar, tendrás la oportunidad de soltar, de desprenderte de todo lo que no quieres o necesitas. Pero en luna llena, debes celebrar todo su poder.

Es durante esta fase lunar cuando estás más cargada de la intensidad del Cosmos. Y cuando coincide con una superluna, es decir, cuando la Luna está más cerca de la Tierra en su ciclo de veintiocho días (conocido como «perigeo»), ya sea llena o nueva, tienes la oportunidad de acumular todavía más poder. La luna llena no tiene que ser el momento perfecto para probar algo nuevo, o para hacer algo que vaya a drenar tu energía. Hay quien opta por pasar más tiempo a solas o por practicar magiak para soportar la intensidad de la luna llena, pero también hay quien prefiere salir y celebrar. Esto puede cambiar de mes en mes. Así que te invito a hacer lo que en ese momento te plazca, ¡un consejo que nunca me cansaré de repetir!

Los dos o tres días anteriores y posteriores a la luna llena también son muy potentes e intensos, así que, si por algún motivo, no has podido hacer magiak el día en que brillaba la luna llena, siempre puedes ponerla en práctica durante estos días. Los métodos para absorber parte de su energía son muchos: meditar, hacer ejercicios de control de tu respiración, crear un altar, darte un baño ritual, hacer magiak de velas o magiak sexual o pasar tiempo bajo la luz de la Luna. Debo admitir que la imagen de una bruja desnuda bailando frente a una hoguera en mitad del bosque y con la luna llena de fondo no dista tanto de lo que hacemos, o queremos hacer, muchas de las brujas. Entre nosotras, es uno de los planes nocturnos más apetecibles que se me ocurre, sobre todo si estoy rodeada de mi aquelarre, ya que la luna llena es un momento excelente para practicar magiak con tu comunidad.

También puedes cargar cristales, talismanes y recuerdos con el poder y energía de la Luna llena, ya sea durante unas horas o durante toda la noche. Despejará cualquier energía negativa y trasladará el potencial de este astro a los objetos que hayas elegido.

Un apunte sobre los aquelarres
Un aquelarre se podría definir como un grupo de brujas que se reúnen para hacer rituales, para ofrecer y recibir apoyo, energía, amor o incluso para disfrutar de una comunidad. Aunque el número clásico de miembros de un aquelarre es el trece, lo cierto es que no estoy de

acuerdo. He formado parte de aquelarres de tres personas; el número, al fin y al cabo, no importa siempre y cuando todos los miembros tengan un criterio común y reine el equilibrio. No hay nada de malo en practicar magiak en solitario, así que elige el camino que mejor se adapte a tu situación física, espiritual y emocional. Sin embargo, practicar magiak en grupo es una opción que te animo a probar.

Algunos aquelarres exigen una iniciación, pero otros no. Algunos aquelarres son grupitos de amigas que practican magiak juntas y otros son brujas que se llevan bien pero que solo se reúnen para practicar magiak y no comparten nada más. También puedes reunirte con tu aquelarre a través de plataformas, como Skype o Zoom, durante la luna llena; recuerda que no hay normas que deban seguirse a rajatabla, sino que puedes hacer las modificaciones y ajustes que más te convengan. Por suerte, Internet nos facilita mucho la vida. Así que da rienda suelta a tu creatividad, utiliza las redes sociales y acude a las tiendas esotéricas de tu ciudad (si tienes suerte de tener una, claro está) y busca una comunidad. Asume quién eres, acéptate tal y como eres en realidad y, si quieres formar parte de un aquelarre, ponle toda tu intención; convéncete de que vas a encontrar personas parecidas a ti con quien compartir tu magiak y que te ayuden a prosperar y a evolucionar. ¡Que así sea!

TERCER CUARTO MENGUANTE

Momento para: desterrar, soltar, cerrar círculos, desprenderte de patrones que ya no necesitas, protegerte.

Esta fase lunar empieza la semana después de la luna llena y se alarga hasta una semana antes de la luna nueva. Es un buen momento para mudar la piel, para desprenderte de todo lo que no te permite avanzar y para cortar de raíz aquello que ya no necesitas o te impide crecer. También es un momento excelente para hacer magiak de protección y para lanzar hechizos de destierro, ya que, a medida que la Luna va perdiendo luz e intensidad, puedes empezar a soltar lo que ya no deseas. Puedes practicar rituales de liberación, como anotar en una hoja de papel aquello de lo que quieres desprenderte y después quemarlo y, si lo combinas con una meditación, también puedes empezar a deshacer patrones energéticos a los que llevas demasiado tiempo aferrada.

Esta fase lunar te ofrece la oportunidad de echar un vistazo a los objetivos y metas que te marcaste durante la luna nueva y comprobar si vas por el buen camino, pero también de introducir algunos cambios y ajustes en tu vida espiritual, física o emocional que quizá hayas pasado por alto durante las últimas semanas. Es un momento de introspección, un momento para utilizar herramientas como escribir en un diario o practicar adivinación para procesar lo que estás sintiendo y por qué. A medida que el resplandor de la Luna va menguando, o disminuyendo, te irás acercando más a lo que sea que quieres soltar. En luna llena recogemos los frutos de nuestro esfuerzo, pero durante la luna menguante podemos disfrutar de la recompensa de nuestra cosecha. A veces esto implica mucha abundancia, pero no siempre; dedica tiempo a venerar este ciclo de crecimiento por lo que es. Aprovecha esta fase lunar para abrir tu corazón, para ser sincera contigo misma y para olvidar las expectativas que te habías formado sobre algunas cosas. Siéntate y reflexiona. La Luna nos recuerda que todas tenemos la oportunidad de cambiar y que quienes éramos en el pasado no determina quienes seremos en el futuro. La luz de la luna menguante te brinda la oportunidad de evolucionar.

Una meditación basada en el amor para conocer el jardín de tu corazón

El camino del Agua es el camino del corazón y, si reconoces tu verdadera naturaleza emocional, podrás descubrir qué significa vivir como un ser de amor divino. Una de las formas más sencillas de hacerlo es a través de una meditación que te permite desconectar del mundo exterior para conectar con tu alma y tu espíritu. La meditación es una herramienta muy valiosa para cualquier persona mística, pero sobre todo para aquellas que viajan con la energía del sagrado corazón.

El mundo que te rodea te ha inculcado creencias, patrones de comportamiento, ideas. Te crees a pies juntillas todo lo que ves y lees en los medios de comunicación y sigues el ejemplo de amigos, familiares, profesores, libros, redes sociales… La sociedad es quien nos dicta y manda cómo debemos querer, cómo debemos vivir, en qué debemos creer y cómo debemos comportarnos para así merecer una pizca de felicidad, libertad y dinero. Por favor, no me malinterpretes. No estoy de acuerdo con hacer daño a nadie y soy una abanderada de la libertad en el sentido más amplio de la palabra, pero creo que tienes todo el derecho de definir lo que el amor significa para ti y de hacer lo que te dicta el corazón, y no lo que la sociedad, o tu madre, se empeña en que hagas. Escucha a tu alma. Cuando dedicas tiempo a hacer este trabajo de introspección, puedes separarte de todas esas imposiciones y acercarte a tu paisaje interior para saber quién eres y cuáles son tus verdaderas opiniones y creencias. El objetivo de esta meditación es ayudarte a explorar tu mundo interior y, para ello, debes invocar la energía del mar y de la rosa, dos iconos del corazón y del amor de los que hablaré más adelante, en el apartado dedicado a Venus y rituales.

Para empezar, prepara el espacio tal y como se indica en la página 29.

Te aconsejo que leas esta meditación varias veces para familiarizarte con ella. También puedes grabarte mientras la lees en voz alta y después hacer una meditación guiada.

Cierra los ojos y controla tu respiración: inhala profundo por la nariz y suelta el aire por la boca. Al exhalar, trata de soltar cualquier tensión acumulada, preocupación o malestar. Debes sentirte cómoda y estar presente. Después, pon en práctica la respiración del corazón (consultar página 99). Al coger aire y expulsarlo desde el centro de tu corazón, conecta con la Tierra, que te sujeta, te respalda y te ancla. Y ahora conecta con el Cosmos; siente cómo su luz fluye por todo tu cuerpo hasta alcanzar la Tierra. Cuando notes esta conexión, respira únicamente por la nariz; imagina que inhalas una luz rosada y cálida que llena tus pulmones y se extiende por todo tu cuerpo. Esta es la energía del amor puro, de la consciencia divina. Puedes alargar este paso el tiempo que necesites. Cuando sientas que ya has conectado con esta energía, imagina que estás paseando por la orilla de la playa. Siente las olas y esa agradable brisa marina mientras caminas por la arena. Tienes los dedos de los pies húmedos y el aire agita tu melena. Fíjate si está nublado o si hace sol. Y presta atención a las emociones que inundan tu corazón. Ahora visualiza esa misma luz rosa y vibrante envolviendo todo tu cuerpo. Sigue caminando. De repente, ves un jardín y decides acercarte a él. Es un jardín lleno de rosas de todos los colores; la imagen es tan hermosa que, por un momento, se te para el corazón. Te aproximas y te das cuenta de que todas las rosas están cerradas en su capullo, como si estuviesen esperando a que les dedicaras unas palabras para poder desplegar sus pétalos y florecer. Bienvenida al jardín de tu corazón; las rosas representan tu alma, tu amor y tus sentimientos. Te llama la atención una rosa en particular, así que te arrodillas frente a ella. Tus labios casi rozan sus pétalos y su perfume es embriagador. Da las gracias a la rosa por brindarte ese aroma tan delicioso y, entre susurros, exprésale todo tu agradecimiento por las lecciones que has aprendido, por el amor que has tenido y por las pérdidas y decepciones que has sufrido, y que te han hecho más fuerte. Comparte con esa rosa tus inquietudes, tus preocupaciones, tus esperanzas y tus sueños. Dile lo agradecida que estás por tener un corazón tan fuerte y resiliente. Mientras hablas con esta rosa, ella va abriendo todos y cada uno de sus pétalos para mostrarte su verdadero color. ¿Cómo la describirías? ¿De qué color es en realidad? Fíjate en todos los detalles y sigue conversando con ella. Pídele que te transmita todos los mensajes o conocimientos que tiene reservados para ti y, cuando hayas terminado, regálale un beso y dale las gracias una vez más.

Si te apetece, puedes repetir esta misma ceremonia con una rosa distinta o, si lo prefieres, puedes terminar la meditación. Si has acabado, dedica unos instantes a expresar tu más sincero agradecimiento a las rosas de tu corazón. Siempre están aquí para ayudarte a comprender lo que estás sintiendo. Cuando estés preparada, desanda el camino y vuelve a la orilla de la playa. Quédate frente al mar unos instantes, contémplalo y dale las gracias por todo su amor. Puedes quedarte aquí todo el tiempo que necesites. Después, regresa al punto de inicio. Respira hondo varias veces y expresa tu agradecimiento al elemento del Agua. Poco a poco, abre los ojos.

Puedes anotar la experiencia en tu diario, darte un baño, trabajar con cuarzo rosa, conectar con el elemento de una rosa o hacer lo que te apetezca en este momento. Repite esta meditación siempre que lo necesites para saber cómo está tu corazón en un momento determinado. Estas rosas te ayudarán a saber cómo debes nutrirte.

El Agua en el Tarot: las copas

Las copas, o cálices, son recipientes sagrados, ya que contienen el corazón del Tarot. Aquí es donde yace el misticismo, donde el corazón se exalta, donde puedes venerar tus emociones, ya sean de dolor o de amor. Las copas están relacionadas con el elemento del Agua y nos conectan con lo divino a través del amor, la amistad, el placer y la profundidad. Este palo del Tarot te ruega que seas vulnerable, que reconozcas dónde estás y que contemples la quietud y serenidad de tu corazón desde un punto de vista más imparcial y objetivo.

Este palo de la baraja es delicado, sensible y psíquico. Aquí es donde lo mundano se vuelve metafísico, donde tus sentimientos se transforman en lecciones y donde puedes ver con perfecta claridad lo que debes mantener y lo que debes soltar.

Las copas también representan el útero, el vórtice que crea vida, el guardián sagrado de la concepción espiritual. Es un centro energético que se encuentra en tu interior, tengas o no tengas un útero físico. Las copas marcan el inicio místico de cualquier forma de vida, el centro emocional que se concibe después de la chispa de la creación.

Al trabajar con este palo de la baraja, también trabajas con la parte más honesta y sincera de ti misma, esa parte que no es capaz de fingir, de huir, de esconderse. Las copas representan tu verdad emocional, tu sentido del alma, esa sensación que vibra en la parte más ancestral de tu ser. A través de esta baraja, puedes adquirir la compasión que necesitas para crear vida, y mantenerla.

Al ignorar este palo de la baraja, rechazas tu propia divinidad, llevas una vida insulsa y sin emociones y no disfrutas todo lo que deberías. ¿Y qué hay de divertido en eso?

LA ENERGÍA DE UN AMOR NUEVO - EL AS DE COPAS

Las copas representan la energía de todo aquello que está a punto de nacer y, en el caso del As de Copas, estos nuevos comienzos están ligados al reino emocional. Aquí es donde las almas chocan, donde se forjan nuevas relaciones, donde florecen nuevas amistades, donde los encuentros casuales ocurren y donde tu corazón siente que alguien lo contempla y lo venera. Este palo también es un presagio de amor. Pero recuerda esto: el amor no siempre es romántico. El As de Copas no siempre indica que vas a encontrar el amor de tu vida. Uno de mis mensajes favoritos que nos transmite esta carta es que el amor del espíritu y del Universo puede tomar muchas formas. Aunque a nuestra sociedad le encanta hacer especial hincapié en el amor romántico, lo cierto es que el amor platónico, el amor familiar, el amor entre amigos, el amor sexual y el amor asexual también son formas válidas e inspiradoras. Cuando destapas el As de Copas, aunque sí puede significar que tu alma gemela está esperándote a la vuelta de la esquina, también puede interpretarse de otro modo; quizá la carta está tratando de recordarte que ya estás rodeada de amor y que solo necesitas abrir los ojos para verlo. Esta carta habla de conexión, de armonía, de nuevas amistades y de toda clase de amor. Por otro lado, nunca ignores el amor que ya tienes y valora a todas las personas que te quieren y se preocupan por tu bienestar, y eso también te incluye a ti. El As de Copas también nos enseña en qué consiste realmente quererse y cuidarse: prestar atención a tus sentimientos, apostar por

prácticas y ejercicios sanadores o atreverse a pedir ayuda. Cuando aprecias el amor que te rodea y valoras tu propio amor, acabas atrayendo más amor, así que en este juego solo puedes ganar. No hay nada de malo en nadar en las aguas del amor. Esta carta habla de lo maravilloso que es sentir compasión, amor y deseo por alguien sin una pizca de egoísmo. Si destapas esta carta, ten por seguro que te va a bendecir con la fuente de la juventud (pero no física, sino espiritual), ese amor eterno para sobrevivir y prosperar en esta vida.

LA ENERGÍA DEL DOLOR Y DE LA LIBERACIÓN - EL CINCO DE COPAS

Esta carta no da lugar a dobles interpretaciones; significa dolor y sufrimiento. El Cinco de Copas representa a una figura central envuelta en una capa que está frente a un río; parece sumida en una especie de duelo ante tres copas que se han derramado y, justo detrás de esa figura, se ven dos copas que siguen en pie. Es una carta que simboliza el dolor y el trauma, el sufrimiento y el tener que seguir adelante a pesar de la angustia y la tristeza. En el Tarot, los cincos siempre representan un punto y parte, una ruptura: un punto de inflexión en algún aspecto vital, una decisión que pondrá tu vida patas arriba y la cambiará por completo y, casi siempre, un periodo de tiempo que debes aprovechar para soltar amarras y desprenderte de ciertas cosas. Esta carta habla de la naturaleza del ser humano. A veces eres tú quien pierde a alguien y quien debe seguir adelante y vivir por quienes ya no están. El Cinco de Copas puede simbolizar tristeza, dolor, depresión y ansiedad. Pero también puede ser un presagio de lo que vendrá después de ese periodo de duelo. Porque siempre hay esperanza. Esta carta te recuerda que eres fuerte y que eres capaz de navegar por esta tormenta que ahora mismo estás viviendo y llegar a buen puerto. A veces, lo único que debes hacer es pedir ayuda o seguir adelante.

Sin embargo, a veces no te va a quedar más remedio que enfrentarte a la situación y lidiar con ese dolor. Esta carta siempre me recuerda una frase que me gusta tener presente: «"Estar casi bien" no es lo mismo que "estar bien"». Si quieres emprender un viaje espiritual, no olvides que es fundamental conectar con el Universo y con tu «yo» más evolucionado y estar alineados con ambos. Y cuando te conformas con cosas, personas o situaciones que no te están haciendo ningún bien pero aparentan ser de gran ayuda para «estar bien», el Universo se da cuenta y te obliga a despojarte de todo ello, a aceptar que tú vales mucho más que eso. Nunca es fácil, pero siempre merece la pena. Y si observas este palo de la baraja al completo, no solo te darás cuenta de que el corazón es resiliente, sino también de que es necesario sentir todo el abanico de emociones humanas para realmente apreciar las más bonitas y maravillosas.

LA ENERGÍA DEL LIDERAZGO DESDE EL CORAZÓN - LA REINA DE COPAS

En el Tarot, cada una de las cartas de la corte está gobernada por un elemento, y nuestras elegantes reinas están gobernadas por el elemento del Agua. Así pues, la Reina de Copas se siente como pez en el agua. Esta carta es el ejemplo perfecto de lo que significa liderar desde el corazón. Si bien los reyes del Tarot se caracterizan por ser racionales y cerebrales, las reinas nos demuestran que se puede liderar con compasión y con amor. La Reina de Copas es la más intuitiva de todas las reinas, ya que no solo se deja guiar por su corazón, sino también por su tercer ojo. No sabe a ciencia cierta lo que va a ocurrir (aunque no nos engañemos, sí lo sabe), sino lo que ella considera que es lo correcto. Y gracias a esta carta tú puedes hacer lo mismo. La Reina de Copas apuesta por el matriarcado, por sociedades que se basan en la igualdad entre hombres y mujeres y que se construyen entre todos, y no por unos pocos. Simboliza la capacidad de liderar desde el cariño y la conexión. No se cansa de repetir que las mujeres pueden ostentar y lidiar con el poder, y que además lo hacen con elegancia y fortaleza. Ella es quien tiene la llave a la consciencia colectiva que impregna a todos los seres vivos. La Reina de Copas nos recuerda la importancia de la comunidad y la colaboración, del poder de una relación auténtica.

Esta reina intenta abrirte los ojos y convencerte de que tu intención y tus emociones no son tus puntos débiles, sino todo lo contrario. De hecho, cuando empieces a ascender y a adquirir más responsabilidad y, por lo tanto, más liderazgo, deberías prestarles mucha atención y confiar plenamente en ellas. Esta carta del Tarot te habla de la naturaleza del alma y la existencia humanas, pero también hace referencia al proceso de curación, un proceso que, a veces, resulta un verdadero calvario, una espiral infinita de la que sientes que no podrás salir jamás. La Reina de Copas nos obliga a recordar que el corazón es una bestia resiliente que solo quiere que escuches lo que tiene que decir. Ser de carne y hueso implica sentir dolor y sufrimiento, pero también amor, y la Reina de Copas se encarga de recordárnoslo.

Cuando destapas esta carta en una lectura, puedes estar segura de que la respuesta a tu pregunta está en tu corazón. Sea lo que sea que estás sintiendo te llevará a la raíz del problema. Aunque también puede interpretarse como la necesidad de ser más sincera, honesta y vulnerable contigo misma en la situación que tanto te angustia o te hace sufrir.

UNA TIRADA DEL TAROT PARA SANAR EL DOLOR CON COMPASIÓN

A veces, cuando atravesamos momentos de dolor, sufrimiento, ansiedad o tristeza, no nos vemos capaces de hacer nada, y mucho menos de pensar con claridad. Aunque en el fondo sabes que esto también pasará y que, tarde o temprano, empezará otro ciclo y todo volverá a la normalidad, es lógico verlo todo muy borroso, como si una niebla espesa se hubiera instalado en tu vida. En esos casos, deja que la naturaleza del Agua te guíe en esta lectura y aprovecha la oportunidad que le brinda a tu alma de expresarse con total libertad a través de símbolos y arquetipos, del lenguaje del Tarot y del elemento del Agua.

Antes de tirar las cartas, dedica unos minutos a respirar y a relajarte; visualiza una cascada de luz sanadora e imagínate bañándote debajo de ella. Si quieres, puedes trabajar con amatista o con cuarzo rosa; coloca los cristales cerca de ti mientras lees las cartas. También puedes anotar cualquier cosa que se te ocurra en tu diario y tomarte unos minutos para procesar lo que estás sintiendo. Mezcla las cartas, concéntrate en la pregunta o consulta que quieras hacer y, cuando estés preparada, dispón las cartas. Puedes sacar más cartas si la respuesta no te resulta lo suficiente clara. Trata de ser comprensiva y compasiva contigo misma y no olvides que todos los sentimientos son válidos.

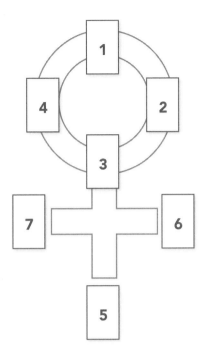

Carta 1: *mi estado emocional ahora mismo.*
Carta 2: *un mensaje del elemento del Agua.*
Carta 3: *una lección que mi alma ha aprendido.*
Carta 4: *lo que todavía pasa inadvertido.*
Carta 5: *lo que todavía debe sanarse.*
Carta 6: *lo que necesito recordar.*
Carta 7: *mis reservas de fuerza o reservas emocionales interiores.*

Los cristales y el Agua

Puedes conectar con el elemento del Agua a través del reino de los cristales. Las siguientes piedras te ayudarán a desenredar tus emociones, a atravesar las profundidades de tu alma y a conocer y familiarizarte con tus sombras y sentimientos. Colócalas sobre tu piel desnuda mientras te das un baño y disfrutas de las propiedades curativas del Agua. Llévalas contigo cuando visites a un cuerpo de Agua, como el mar o un lago, y bautízalas en este elemento. Deja que se carguen de energía bajo la luz de la luna llena. Ponlas en tu altar y exprésales tus intenciones. Otra forma de cargar estos cristales de energía es meditando con ellos para transmitirles tu intención. Los cristales pueden ayudarte a curar y proteger tu cuerpo energético, también conocido como el aura. Deja que te susurren sus mensajes sanadores durante una meditación o en sueños.

PARA CONECTAR CON EL ELEMENTO DEL AGUA: AGUAMARINA

El aguamarina, un cristal íntimamente conectado con el Agua, como su propio nombre indica, está relacionado con los chakras de la garganta y del corazón y su finalidad principal es alinearte con la energía del amor. Es un cristal que purifica, igual que el Agua, y tiene la capacidad de deshacer patrones de negatividad, dudas y críticas a los que tal vez lleves demasiado tiempo aferrada. Esta piedra actúa como espejo de tu verdad, por lo que te permite ver dónde estás sin juzgarte. Los marineros utilizaban aguamarina para gozar de protección y de valentía, y por eso la bautizaron como «el tesoro de las sirenas». Esta piedra se adhiere a tu corazón y le ofrece todo el apoyo energético que pueda necesitar mientras tú asimilas, procesas y desenredas tus sentimientos y emociones. Es muy recomendable para todas las personas que quieran deshacerse de patrones tóxicos. El aguamarina transmite una energía dulce y presente que te proporciona el espacio que necesitas para sanar, del mismo modo que el agua erosiona lo que ya no es necesario. Coloca esta piedra sobre tu mesita de noche si lo que buscas es calma y serenidad y sujétala en tu mano no-dominante mientras meditas si quieres establecer una conexión directa con tu corazón.

PARA TRANQUILIZARTE CUANDO EL MAR DE EMOCIONES AMENAZA CON AHOGARTE: AMATISTA

La amatista es una de las piedras con mayor vibración que tenemos al alcance de la mano y, además, transmite la energía apaciguante del

Agua. Podría decirse que es la maestra curandera del mundo de los cristales; es la aliada perfecta para superar los traumas y para aliviar el dolor y el sufrimiento, pero también te ayuda a restaurar la fuerza de tu cuerpo espiritual y energético. Esta piedra está relacionada con el tercer ojo porque te permite ver y explorar lo invisible al ojo humano desde una perspectiva nueva y, al mismo tiempo, te muestra nuevos paradigmas y formas de ser y hacer. Es un cristal compasivo que, sobre todo, tiene en cuenta a tu corazón; te ayudará a reencontrarte con tu yo más real y evolucionado y a recuperar tus talentos más intuitivos y psíquicos. La amatista te vendrá de maravilla para trabajar con tus sombras más oscuras, es decir, para transmutar el sufrimiento y el dolor (tus traumas kármicos o generacionales) en serenidad y sabiduría y fuerza, y te será de gran ayuda cuando la intensidad de tus sentimientos te abrume. Esta piedra también te servirá para romper patrones y superar adicciones y hay quien dice que si llevas una amatista cuando bebes, no llegarás a emborracharte (¡aunque nunca lo he comprobado!). Coloca una amatista sobre tu tercer ojo o sujétala en tu mano no dominante mientras meditas para conectar con tu intuición y para sanar.

Venus: la diosa romana del amor, la sexualidad, la victoria, la belleza y el deseo

Gracias a la diosa Venus, la homóloga romana de la Afrodita, la diosa de la mitología griega, empezarás a comprender tu corazón en profundidad. El amor empieza y termina con Venus y, por ese motivo, esta diosa de los mares te puede ayudar a recuperar tu belleza, tu sexualidad y tu capacidad de recibir.

Según cuenta la leyenda, Venus nació de la espuma del mar; Saturno (el dios de la agricultura y la cosecha) castró a su padre Urano (dios de los cielos) y su sangre se derramó sobre las olas, trayendo así al mundo a esta deidad. Venus es el reflejo cósmico que ves cuando observas tu imagen en el espejo; ella es puro amor y, al igual que ella, tu amor es infinito. En el panteón romano, Venus es la diosa del amor, del sexo, de la belleza, del deseo, de la fertilidad y de la victoria. Representa la capacidad de acoger y recibir. Igual que el cáliz e igual que la Reina de Copas, esta diosa del amor está íntima e inequívocamente relacionada con el espectro emocional y las profundidades de la naturaleza divina. Venus te muestra el camino hacia las junglas indulgentes de tu mundo interior y, gracias a ella, podrás adentrarte en lo más profundo de tu corazón.

Venus te mostrará la fuerza del elemento del Agua, te ayudará a superar el miedo a la oscuridad que suele reinar en las profundidades marinas y te enseñará lo que significa encarnar tu esencia divina; para ello, deberás aprender a venerar tu naturaleza emocional y a dar y recibir placer y amor con elegancia y alegría.

Si quieres trabajar con esta diosa, invítala a tus rituales de belleza, deseo y amor propio. Expresa tus anhelos y acéptalos con gratitud. La energía de Venus se traduce en la capacidad de recibir la abundancia, en términos sexuales, emocionales y monetarios. Cuando conectas con su consciencia, la intención lo es todo: debes aprender a considerarte un ser divino y, a través de la devoción y del placer, podrás llegar a encarnar tu esencia de diosa. La belleza es un concepto fluido y, como tal, tienes la capacidad y el derecho de definirlo a tu gusto. ¿Qué significa para ti sentirte hermosa, sentirte sagrada? Venus te ruega que te engalanes, que te quieras y que te des los caprichos que una diosa se daría. Si te tratas como a una verdadera diosa y empiezas a aceptar y recibir, llegarás al umbral de su templo y tendrás la oportunidad de conocerla en persona. Dedica tiempo a contemplar la belleza que hay en tu vida, a disfrutar la esencia extática del baile y del movimiento, del placer y del romance. Entrégate a la energía húmeda, caudalosa y creciente del Agua, y de Venus.

El mar representa un camino directo al corazón de Venus, así que puedes acercarte a la playa o, si vives en un lugar de interior, imaginarte caminando por la orilla. El océano te permite ver con tus propios ojos su belleza eterna y, a través del vaivén de las olas y de la marea, puedes conectar con el latido de la divina feminidad. Susúrrale tus secretos, tus ansiedades o tus miedos y deja que las olas se los lleven mar adentro.

UN ALTAR PARA VENUS

Venus es la diosa de la belleza, ¡y se merece un altar que esté a su altura! Piensa en todos y cada uno de los elementos de esta diosa. Es una diosa del mar, así que cualquier objeto que te recuerde a él será una buena elección: conchas que hayas recogido en la playa, agua del mar, agua bendita o agua sagrada, arena, perlas y cristales de tonalidades azules y verdes (conectados con el elemento del Agua

y el chakra del corazón). Pero también es la diosa de la belleza y el embellecimiento, por lo que puedes incluir tu barra de labios, perfume, aceites, talismanes, joyas que te representen y cualquier piedra preciosa que tengas en casa. Y, como diosa de la sexualidad, no puede faltar algo de lencería, juguetes sexuales, lubricantes o preservativos. Otros elementos que puedes añadir a tu altar son cartas de amor, cuarzo rosa, cornalina y cualquier detalle que te ayude a conectar con tu corazón y con tu sensualidad. No olvidemos que también es la diosa de la victoria; si te apetece, también puedes colocar objetos por los que sientas una especial predilección, como un bolígrafo, una libreta, una chapa, una insignia o cualquier otro objeto que te recuerde a algún éxito o logro conseguido en tu vida. Te aconsejo que también incluyas velas blancas, rosas, rojas o doradas, además de rosas (sobre todo blancas o rojas) y figuritas de Venus o Afrodita, o cualquiera de las ofrendas o símbolos sagrados que te propongo a continuación. Como siempre, déjate guiar por la intuición. Y, en este caso, ¡déjate guiar por la mismísima Venus! A lo mejor tienes una vela roja o rosa que enciendes cada día en su honor; o puede que le escribas una oración que recitarás cada viernes, su día sagrado. Confía en el proceso y decora el altar con todo aquello que te ayude a conectar con tu corazón. Recuerda que crear un ritual al que poder recurrir cuando quieras es una herramienta con un poder increíble. Deja que el lenguaje del amor sea tu guía cuando le dediques unos instantes a Venus y, sobre todo, escucha a tu corazón.

Colores: rojo, rosa, plateado, aguamarina, turquesa, azul claro, dorado, bermellón, carmesí.

Objetos sagrados y correspondencias: rosas (sobre todo rojas y blancas), serpientes, palomas blancas, gorriones y cisnes (aves sagradas para Venus), manzanas (en especial las de variedad Golden), perlas, conchas marinas, sal marina y cristales marinos.

Cristales: ópalo, cuarzo rosa, aguamarina, jade.

Carta del Tarot: los Amantes.

La carta de los Amantes nos enseña una de las lecciones más poderosas y ancestrales de la diosa Venus, la lección del amor incondicional. Venus no deja que las expectativas o los límites establecidos le impidan amar; quiere que los demás estén donde estén. En el Tarot, esta carta pretende transmitirnos esta misma energía, que consiste en saborear y disfrutar del poder del amor para conectar, crear y evolucionar junto con otros individuos. Venus construye y bendice el puente que debes cruzar para conocer de verdad a otra persona. Y a través de los Amantes puedes contemplar este estado cósmico del amor con más claridad; te recuerdan que el amor, sea de la forma que sea, siempre merece la pena. Esta carta no representa la posibilidad de que alguien te haga daño o te decepcione, ni tampoco hace referencia a los «¿y si?» que tanta negatividad desprenden. Esta carta representa la conexión consciente, una unión entre personas o entre distintos aspectos de tu ser. Aquí, Venus está representada en su forma más pura e irradia la luz del amor más verdadero, aquel que se entrega sin esperar nada a cambio. Reflexiona o anota en el diario lo que esta carta y el amor incondicional significan para ti. También es una carta maravillosa en términos de amor propio; te plantea una pregunta muy clara: ¿cómo puedes darte a ti misma el amor que buscas en los demás? La carta de los Amantes te invita a pasear por el reino del deseo y a adentrarte en el terreno del amor y de la lujuria. Explora y embárcate en esta nueva aventura.

Ofrendas: vino, manzanas, agua de rosas, miel, pastelitos, caramelos, rosas, frutas, fluidos sexuales, devociones de amor.

Una meditación para encontrar y encarnar a Venus

Esta meditación incluye respiración, movimiento, masaje y algún que otro complemento para conectar con la sensualidad y amor incondicional de Venus. La meditación consiste en observar un espejo, en invocar a esta diosa y en controlar la respiración mientras te acaricias y envuelves todo tu cuerpo en un manto de luz rosada. Si te apetece incluir un elemento de magiak sexual no dudes en hacerlo. La sexualidad y el amor por uno mismo son asuntos muy personales; recuerda que lo más importante no es seguir mis indicaciones al pie de la letra, sino crear un ritual que se desarrolle de una forma natural e intuitiva. A continuación te propongo un punto de inicio:

Necesitarás: un espejo en el que mirarte y una crema o aceite de masaje que tengas en casa.

Opcional: objetos sexuales, lubricante y cuarzo rosa.

Antes de empezar, prepara el espacio siguiendo los pasos indicados en la página 29.

Te aconsejo que leas varias veces la meditación para que te familiarices con los pasos. También puedes grabarte mientras la lees en voz alta y utilizarla como meditación guiada después. Si quieres crear un círculo como parte del ritual, hazlo antes de empezar.

Lo primero que debes hacer es adoptar una postura cómoda, ya sea sentada o tumbada boca arriba. Cierra los ojos y practica la técnica de respiración del corazón. Controla bien la respiración y empieza a conectar con la Tierra y con el Cosmos. Siente el apoyo y el respaldo del Universo a tu alrededor y adéntrate en tu corazón poco a poco. Ahora, imagina que un rayo de luz cálida y rosada desciende desde el Cosmos, atraviesa la coronilla de tu cabeza y se desliza por tu tercer ojo y por tu garganta hasta alcanzar tu corazón. Ese resplandor rosado tan agradable cada vez es más y más brillante; lo reconoces enseguida, es la energía de Venus Afrodita. Sin dejar de controlar la respiración, siente cómo esa calidez se va extendiendo desde el corazón hacia los brazos, la espalda y las piernas. Cuando tengas la sensación de que esta energía amorosa y delicada te acuna entre sus brazos, trata de conectar con la energía de Venus. Deja que se manifieste sin imposiciones ni límites. Es el momento de pedirle su bendición, mensajes, compasión y luz. Si quieres, también puedes pedirle permiso para fundirte con su consciencia y la energía del amor incondicional. Es importante que cuando conectes con la diosa no descuides tu respiración. Fíjate en si has notado algún cambio. Este paso puede durar el tiempo que tú quieras; después, abre los ojos y observa tu ojo no dominante en el espejo. Sigue con la respiración del corazón, pero inhala por la nariz y suelta el aire por la boca. Puedes hacer los sonidos que quieras al exhalar para así liberar toda esa energía acumulada, ya sea a través de suspiros, gemidos o bufidos. Lo que estás contemplando es el reflejo de lo divino, ya que estás encarnando a la diosa Venus. Date un masaje con el aceite o loción que hayas elegido y conecta con tu cuerpo en el plano físico. Sigues envuelta y protegida por esa luz radiante de color rosa; empieza a expandir esa energía por todos tus músculos, por cada centímetro de tu piel. Comienza por los pies y ve subiendo por las piernas, pasando por el interior de los muslos y el torso, hasta llegar al corazón. Imagina que es Venus quien está acariciándote el cuerpo, quien está sanándote con su luz pura y divina. Sin dejar de controlar la respiración y sin dejar de empaparte de esta energía de amor, presta atención a todas las sensaciones que te invaden. Cuando hayas terminado el masaje, cierra los ojos y visualiza el resplandor rosa una vez más. Dedica unos instantes a conectar con Venus y pregúntale qué mensajes tiene reservados para ti. Puedes repetir la visualización de la luz rosa las veces que te apetezca.

Si quieres practicar magiak sexual, continúa con esta visualización mientras te masturbas y te alimentas de placer. Tú tienes las riendas de esta experiencia, así que tú decides qué ritmo quieres. Cuando sientas que estás cargada de energía y a punto de alcanzar el clímax, imagina una explosión de luz rosa que te conecta con el Universo. Libera esta energía como ofrenda a Venus.

Recuerda que el paso anterior es totalmente opcional. Una vez hayas acabado, expresa tu agradecimiento a Venus por el amor que te ha dado, respira hondo varias veces y vuelve al presente y a tu cuerpo. Poco a poco, abre los ojos y, en la postura del niño, apoya la frente en el suelo. Suelta la energía que ya no necesitas a través del tercer ojo. Anota cualquier mensaje que Venus te ha transmitido durante la meditación en tu diario personal; te aconsejo que bebas un poco de agua y comas algo. Si te apetece, puedes darte un baño o acercarte a la orilla del mar. Presta especial atención a tus sueños y a tus sentimientos. También puedes dejar una ofrenda a Venus en el altar, como rosas frescas, miel, caramelos, una copa de vino o un pastelito. Repite esta visualización siempre que necesites el abrazo de Venus.

Práctica de personificación: convierte tu baño o ducha en magiak

Cuando hablo de personificar o encarnar el elemento del Agua, me refiero a un par de cosas. Por un lado, a recurrir a la moda y a adaptar tu estilo personal de tal forma que refleje las características de este elemento; y, por el otro, a reconocer y admitir tus emociones y sentimientos, tu corazón y sus profundidades más oscuras (es decir, lo que el agua representa a nivel espiritual). Quizá te haya surgido la siguiente duda: si un 60 por ciento de mi cuerpo ya es agua, ¿cómo puedo encarnar físicamente este elemento? La respuesta es sencilla: ¡solo tienes que estar en contacto con ella! En todas las culturas encontrarás un ritual de purificación inspirado en el Agua; oficios religiosos que se celebran a orillas del mar, baños romanos, *mikves* judíos. El Agua es sagrada. Así que, cuando te das una ducha o un baño y le pones intención, puedes transformar una acción tan sencilla y cotidiana en un ritual de reverencia y sanación.

PRESTA ATENCIÓN A LAS FASES LUNARES

No olvides que tienes la oportunidad de conectar con las fases de la Luna mientras transformas una ducha o un baño en un ritual. Utiliza la guía de las fases lunares de la página 191 si necesitas ayuda para decidir cuándo celebrar estos rituales y cómo puedes adaptarlos y guarda esta chuleta a buen recaudo porque te vendrá de perlas, créeme:

De luna nueva a luna llena: para expresar, manifestar, atraer, empezar algo nuevo, invocar algo nuevo.

De luna llena a luna nueva: para soltar, sanar, liberar, purificar, proteger, desterrar y limpiar.

CONVIERTE TU DUCHA EN UN RITUAL DE AGUA

Aunque debo reconocer que los baños rituales me encantan, no todas podemos darnos largos y placenteros baños, ya sea porque no tenemos tiempo, o una bañera. Además, las duchas pueden ser igual de transformadoras. Si en tu ducha incluyes hierbas, una visualización y, sobre todo, intención, puedes crear una experiencia sensorial que te permitirá disfrutar de los efectos refrescantes y purificadores del Agua.

Prepara el espacio
El primer paso siempre es disponer y organizar el escenario. Para ello, puedes seguir las indicaciones de la página 29. Asegúrate de que tienes todo lo que necesitas en la ducha, como por ejemplo un jabón de aroma y textura agradables (los que contienen extracto de lavanda, menta, eucalipto o rosa son opciones maravillosas), una toalla suave y esponjosa y tu loción hidratante o aceite corporal preferidos. ¡Y manos a la obra!

Cuelga eucalipto
Ata unas ramitas de eucalipto alrededor del rociador de tu ducha y disfruta de sus propiedades calmantes y sanadoras; esta hierba te ayudará a serenarte y a liberar el estrés acumulado. También puede servirte para aliviar ansiedades o preocupaciones.

Establece una intención
Antes de meterte en la ducha, cierra los ojos y respira. Te aconsejo que sigas la técnica de la respiración del triángulo que encontrarás en la página 102, ya que está asociada con el elemento del Agua. Aprovecha este momento para preguntarte qué necesitas o qué te falta para seguir evolucionando. Puesto que vamos a trabajar con el elemento del Agua, una intención maravillosa puede ser purificar, sanar y liberar o

conectar con el propio elemento. El Agua puede servirte para disolver lo que ya no necesitas, pero también para conectar con tu corazón. Este elemento puede cicatrizar heridas y curarlas. Puede llevar tu sensualidad a la superficie, intensificar tu intuición o inspirar tu divina feminidad. Cuando estés preparada, manifiesta tu intención.

Dúchate y visualiza

Entra en la ducha (comprueba que la temperatura del agua sea agradable) y relájate. *Disfruta*. Recuerda que no tienes prisa. Controla tu respiración y siente cómo tu piel se despierta al mojarse. Cuando inhales, imagina que te empapa una luz dorada cálida y agradable y, cuando sueltes el aire, imagina que todas tus preocupaciones, energía negativa o ansiedades abandonan tu cuerpo. Inspira lo bueno, exhala lo malo. Puedes alargar este momento el tiempo que necesites. Después, conecta con tu intuición. Deja que el agua te moje de pies a cabeza y visualiza esa luz dorada absorbiendo todo lo que ya no necesitas. Enjabónate y siente cómo la espuma limpia tu cuerpo físico y cómo el agua se desliza por tu piel de una forma deliciosa. Disfruta de la conexión con este elemento y entrégate a tu intención. Cuando creas que estás limpia y consagrada, sal de la ducha.

Termina y ánclate

Aunque la ducha ya ha acabado, todavía falta terminar el ritual. Respira hondo varias veces y transmite tu agradecimiento al Agua por haberte sanado y purificado. Dedica unos segundos a recuperar tu intención. Si quieres, puedes utilizar loción hidratante o aceite corporal. Aprovecha este momento para mimarte y para disfrutar de tus rituales de belleza favoritos: aplícate una mascarilla facial, sécate el pelo, píntate las uñas o ponte tu crema facial con un buen masaje. Cuando hayas acabado, da las gracias, inspira hondo, suelta todo el aire y bebe un poco de agua. ¡Y ya está!

CREA TU PROPIO BAÑO RITUAL

Aunque las duchas rituales pueden ser cortas y rápidas, y por lo tanto son sencillas y requieren poco tiempo de preparación, los

baños rituales nos exigen un pelín más de dedicación, pero, créeme, el esfuerzo merece la pena. Resérvate al menos treinta minutos para prepararte y disfrutar de un buen baño; en general, yo suelo reservarme una hora, aunque no estoy todo el tiempo metida en el agua.

Antes de empezar, prepara el espacio y elige qué elementos vas a querer incluir. Echa un vistazo a la tabla de correspondencias de la página 105 si necesitas más información sobre las hierbas y demás elementos que deberías añadir a la bañera. A continuación encontrarás una pequeña guía que puedes utilizar para conectar con tu intuición. Aquí tienes algunos ingredientes para empezar:

Un recordatorio: no necesitas mucha cantidad de una misma hierba para disfrutar de sus propiedades. Con añadir un par de pizcas es más que suficiente; también puedes preparar un té o infusión con la hierba en cuestión y echarlo a la bañera. Los colores son una guía para tus velas y para la ropa o decoración que vayas a utilizar. Si vas a meditar dentro de la bañera, también te pueden ayudar con las visualizaciones.

SAL

Sal de Epsom, sal del Mar Muerto, sal rosa del Himalaya. Todas estas variedades te ayudarán a anclar y purificar tu cuerpo energético, pero también a aliviar dolores musculares gracias a sus propiedades calmantes y sanadoras. La sal es uno de los cristales más pequeños que existen en la naturaleza y puede absorber energías negativas, es decir, que tiene la capacidad de eliminar restos psíquicos de tu cuerpo energético. Siempre utilizo sal de Epsom cuando me doy un baño; echo varios puñados antes de añadir las hierbas o aceites que voy a usar. Para ser más exacta, suelo elegir la sal de Epsom de lavanda porque me resulta muy relajante, pero puedes utilizar la que más te guste, siempre y cuando no contenga yodo.

PARA SANAR

Colores: azul claro, azul oscuro, blanco, lavanda, dorado.
Esencias: lavanda, menta, eucalipto.
Cristales: amatista, ágata azul, cuarzo transparente, cuarzo rosa, charoita.
Hierbas: lavanda, camomila, rosa, romero, conchita azul.

PARA ATRAER EL AMOR

Colores: rosa, blanco, dorado, rojo, escarlata, plateado.
Esencias: rosa, jazmín, lavanda, canela, miel.
Cristales: cuarzo rosa, rodonita, cornalina, jade, piedra lunar color melocotón, rodocrosita.
Hierbas: rosas, lavanda, damiana, lengua cervina, camomila.

PARA GANAR CONFIANZA

Colores: amarillo, naranja, rojo, magenta –los colores del sol.
Esencias: florales muy intensas, canela.
Cristales: cuarzo citrino, cornalina, ojo de tigre.
Hierbas: camomila, jengibre, valeriana, bálsamo de limón, hierba de San Juan.

PARA ESTIMULAR LA CREATIVIDAD

Colores: amarillo, naranja, rojo, púrpura, violeta, azul klein, dorado, blanco.
Esencias: cítricas, canela, miel, clavo, sal marina.
Cristales: cuarzo transparente, cornalina, cuarzo citrino, ojo de tigre.
Hierbas: romero, menta, piel de naranja, artemisa, bufera.

PARA ANCLARTE

Colores: blanco, dorado, azul claro, violeta oscuro, tonalidades tierra.
Esencias: cedro, lavanda, salvia, copal, incienso.
Cristales: ónice, cuarzo ahumado, ojo de tigre, cornalina, pirita.
Hierbas: raíces, diente de león, romero, ortiga.

PARA SOLTAR

Colores: negro, plateado, blanco, violeta oscuro, azul oscuro.
Esencias: incienso, hierba dulce, copal, canela, tabaco.
Cristales: turmalina negra, amatista, cuarzo ahumado.
Hierbas: ortiga, estramonio, romero, menta, tomillo, hierba de San Juan.

PARA PROTEGERTE

Colores: blanco, dorado.
Esencias: hierba dulce, lavanda, copal, incienso.
Cristales: ónice, lapislázuli, cuarzo transparente, turmalina negra, heliotropo.
Hierbas: cascarilla (cáscara de huevo en polvo), hierva santa, enebro, albahaca, hojas de laurel, artemisa, hisopo, tomillo, valeriana, estramonio.

PARA MANIFESTAR

Colores: amarillo, dorado, naranja, escarlata, rojo, blanco.
Esencias: cítricas, rosa, miel, lavanda, sándalo, hierba dulce.
Cristales: cuarzo citrino, topacio amarillo, piedra lunar, cuarzo transparente.
Hierbas: diente de león, romero, granada, ginseng, violeta.

PARA CONECTAR CON LA DIVINA FEMINIDAD

Colores: blanco, violeta claro, azul claro, azul oscuro, violeta oscuro, púrpura, dorado, plateado.
Esencias: rosa, jazmín, lavanda, miel.
Cristales: cuarzo rosa, piedra lunar, angelita, ópalo.
Hierbas: rosa, lavanda, artemisa, ortiga, violeta, damiana, conchita azul.

PARA ALIMENTAR LA INTUICIÓN

Colores: blanco, plateado, rosa claro, violeta, azul claro.
Esencias: artemisa, cannabis, incienso, copal.
Cristales: amatista, cuarzo transparente, piedra lunar, ópalo, angelita, charoita, diamante de Herkimer.
Hierbas: artemisa, romero, diente de león, camomila, escutelaria, menta, nuez moscada.

Un simple baño puede convertirse en todo un ritual, pero también puede ser un paso previo antes de hacer magiak. Lee con atención los pasos para familiarizarte con ellos y adáptalos si lo consideras necesario para que se ajusten mejor a ti.

Paso 1: prepara el espacio y llena la bañera

Como con cualquier otro ritual, lo primero que debes hacer es preparar el espacio y reunir todos los elementos que vas a incluir, tal y como se explica en la página 29. Piensa en qué vas a ponerte después del baño y deja las prendas cerca de la bañera. Elige la toalla más suave y esponjosa que tengas y abre el grifo. Cuando la bañera empiece a llenarse, añade la sal y, cuando esté llena y cierres el grifo, echa las hierbas.

Paso 2: decide la intención

Antes de meter un pie en la bañera, piensa en tu intención. Puesto que ya has elegido las correspondencias e ingredientes, lo más probable es que ya tengas una en mente. Bien, dedica unos instantes a venerarla. Si quieres, puedes invocar a cualquier deidad o guías elementales con quien quieras trabajar: el elemento del Agua, la diosa Venus o incluso tu propio corazón.

Paso 3: conecta y disfruta

Una vez el baño esté listo y tengas bien clara la intención, métete en la bañera. Sumérgete poco a poco y siente cómo el agua va envolviéndote. Zambúllete en el agua mientras invocas estas energías. Ve a tu ritmo, no corras. Cuando te sientas preparada, cierra los ojos. Ponte cómoda y después sigue la técnica de respiración cuádruple de la página 99; a mí me gusta hacer diez respiraciones seguidas antes de relajarme por completo. El objetivo de este paso es fundirte con tu intención y disfrutar del momento. Deja que las hierbas te ayuden a conseguirlo. Inhala una luz blanca y sanadora e imagina que se extiende por todo tu cuerpo. Cuando sueltes el aire, libera cualquier preocupación o tensión. Sigue conectando con tu intención y con el elemento del Agua el tiempo que necesites, aunque siempre recomiendo un mínimo de diez o quince minutos para realmente sentir los efectos del baño ritual. De hecho, el mero hecho de bañarte ya es una meditación, así que disfruta del proceso.

Paso 4: cierra y termina

Cuando consideres que ha llegado el momento de salir de la bañera, respira hondo varias veces y regresa a tu cuerpo. Recuerda tu intención y dirige y canaliza toda tu energía hacia ese deseo o anhelo. Da las gracias a las deidades o elementos con los que hayas trabajado, exprésales gratitud y amor y empieza a sentir los efectos del baño. Cuando estés lista, vacía la bañera y sal. Bebe un poco de agua, pica algo o haz magiak. Te recomiendo que anotes todas las sensaciones que has tenido en tu grimorio.

Nunca retiro las hierbas de la bañera después del ritual; prefiero que se sequen durante la noche y, al día siguiente, las recojo. De hecho, es mucho más fácil que cuando están mojadas. Vigila con las rosas y las flores de color, ya que pueden teñir la bañera. Si quieres, puedes recoger las hierbas y utilizarlas para un hechizo que esté relacionado con tu intención.

Energizar agua

El Agua es un elemento muy versátil; puedes sumergirte en ella, hidratar tu cuerpo y también limpiarte y purificarte. Puedes energizar agua con una intención bajo la luz de la luna llena o con cristales y después utilizarla en un ritual para consagrar artículos, o incluso consagrarte a ti misma, limpiar tu espacio, o para darle un toque todavía más mágiko a tu baño ritual.

A continuación encontrarás algunos de mis métodos favoritos para energizar agua. Si puedes, utiliza agua de manantial o agua natural, aunque el agua embotellada o del grifo también funcionan. Otra opción es usar agua del mar. Piensa que cuanto más conectada estés al lugar del que proviene esa agua, más potente e intenso será el resultado. No es necesario, pero puede ayudar.

SAL

Añade tres pizcas de sal a una jarra o bote lleno de agua y después remueve tres veces en el sentido de las agujas del reloj, o en *deosil*. Visualiza una luz blanca que desciende desde los cielos, que recorre todo tu cuerpo y que se desliza por tus manos y por la punta de tus dedos, cargando así esta agua sagrada con luz divina. Echa unas gotitas en las esquinas y alrededor del perímetro de una habitación para limpiar y purificar el espacio.

LA LUNA

Deja el agua en la terraza o el jardín por la noche, bajo la luz de la luna llena, ¡y consigue agua lunar! Puedes dejarla varias horas o toda la noche. El agua se cargará de la energía de la Luna. Puedes añadir un vasito de agua lunar a tus baños, o usarla para consagrar los elementos de un ritual o incluso centros energéticos, como el tercer ojo, y también para representar a una diosa (siempre y cuando viertas el agua en un cáliz). Te aconsejo que añadas algunos cristales al agua para que así absorba toda la energía de la Luna, pero piensa bien qué piedras vas a poner ya que algunas, como la selenita, no deben sumergirse en agua.

CRISTALES

Cualquier variedad de cuarzo sirve para cargar o energizar el agua. Puedes dejarlos en agua durante largos periodos de tiempo, ya que solo aportan beneficios, sobre todo si utilizas agua potable. Elige la variedad según las propiedades mágicas que esperas del agua energizada. También puedes cargar los cristales y el agua bajo la luz de la luna llena. El agua energizada con cristales te servirá para hechizos y baños rituales y, si añades unas gotitas de aceites esenciales y tienes un pulverizador en casa, podrás limpiar y purificar un espacio sagrado sin la necesidad de quemar hierbas o incienso.

LUZ SOLAR

Deja el agua a plena luz del sol durante una o dos horas para que se cargue de la energía del Fuego. Llena una jarra o un cuenco con más agua de la que vas a necesitar, por si hace demasiado calor. El agua se cargará de la fuerza, la pasión y la energía del sol. Puedes bañarte con esta agua, utilizarla para humedecer velas si te gusta practicar magiak con velas o para consagrar espacios o herramientas rituales.

VISUALIZACIÓN

Coloca el cuenco o jarra de agua delante de ti y extiende los brazos de manera que las palmas queden mirando hacia el agua. Dedica unos segundos a anclarte y a conectar con la Tierra y con el Cosmos. Imagina una luz blanca y radiante que entra por la corona de tu cabeza y se va extendiendo por todo tu cuerpo; se desliza por el torso, alcanza la punta de tus dedos y se sumerge en el agua. Este resplandor blanco te envuelve en una especie de círculo protector mientras va cargando el agua. Respira hondo e imagina que el agua empieza a brillar con esta energía. Y ahora transmite tu intención al agua, ya sea para sanar, para purificar, para proteger o para consagrar. Cuando estés lista, abre los ojos poco a poco. Puedes beberte el agua, utilizarla para purificar un espacio, incluirla en hechizos y rituales de sanación o incluso añadirla a tus baños.

SONIDO

Otra forma de purificar el agua es a través del sonido. Usa un diapasón, un gong, un cuenco tibetano o música para limpiar la energía del agua. Prueba distintos tonos, melodías y frecuencias hasta dar con la combinación adecuada. Escucha música sanadora, como ritmos binaurales o frecuencias *solfeggio,* mientras te das un baño para cargarte de esta energía.

Las profundidades del Agua: sumérgete en tu sombra

El agua te permite conocer tu verdadera naturaleza emocional y percatarte de tus heridas, tus prejuicios, tus patrones adquiridos. El Agua representa tu mundo interior, el reino sutil, esa parte de ti que afecta e influencia todas tus decisiones. Aquí yace el corazón, el amor, las sombras, el dolor. El Agua es destructora, pero también sanadora.

Cuando conectas con este elemento, conectas con tu corazón. Y todo entra en comunión consciente. Si sientes que tu balanza interior está desequilibrada tal vez sea porque tiendes a absorber o a «apropiarte» del dolor y sufrimiento de los demás, lo que se conoce como ser un émpata. Si eres una persona muy sensible y todo lo que ocurre a tu alrededor te afecta de una manera u otra y además no te cuesta ponerte en el lugar del otro y comprender su situación, ¡quizá este sea tu caso! La empatía puede ser una gran virtud, pero exige unos límites para que no resulte tóxica. «Empatía» es sinónimo de «compasión», pero no puedes responsabilizarte de la energía de los demás. Debes practicar una serie de ejercicios para no empaparte de esa energía y para sentirte responsable únicamente de tus sentimientos; de lo contrario, te impregnarás de los problemas de los demás y sufrirás más de la cuenta (una buena manera de equilibrar la empatía es a través de ejercicios de anclaje). Sin embargo, trabajar con tu oscuridad, con tus sombras, te ayudará a reconocer los sentimientos ajenos que has almacenado en tu corazón, sentimientos que has adquirido de otras personas y que no te permiten avanzar.

Las sombras residen en el Agua. A pesar de que los círculos espirituales suelen centrarse en el amor y la luz, también debes aprender a lidiar con tu propia oscuridad. La vida no es más que un sinfín de experiencias tejidas entre sí. Si quieres exprimir cada momento al máximo y llevar una vida plena e intensa, no te va a quedar más remedio que abrirte y aceptar todas y cada una de las emociones, y no solo aquellas que te proporcionan felicidad o bienestar. Debes aprender a aceptar el dolor, la decepción y el desamor.

Y por eso es tan importante que te atrevas a sumergirte en esas profundidades tan oscuras. Se trata de aprender a reconocer y gestionar esos sentimientos sombríos, igual que lo haces con el corazón, el amor y la luz. Consiste en adentrarte en las partes más siniestras de tu ser, en asumir las heridas que todavía no han cicatrizado y en reconocer esa parte de ti de la que, tal vez, no te sientas muy orgullosa. Las emociones que merodean por esas sombras te ayudarán a aprender grandes lecciones vitales; no hagas como el avestruz y escondas la cabeza; sé valiente y enfréntate a ellas para poder transformar parte de ese dolor en experiencia y aprendizaje y para integrarlos en tu identidad. No puedes ignorar el dolor, o la tristeza. Ni tampoco puedes pretender que esa vergüenza que sientes desaparezca de la noche a la mañana. Lo que sí puedes hacer es tratar de comprenderla, aceptarla y gestionarla. Ese es el principal objetivo.

¿Qué habita en tu oscuridad? Piensa en la persona que más te saca de tus casillas, esa persona que te incomoda y te exaspera, a pesar de que a lo mejor nunca te ha hecho nada. ¿A quién no soportas? ¿Quién puede amargarte el día con su mera presencia? Haz una lista de las cosas que te molestan de esa persona, ¡o personas! Intenta ser específica. Piensa en esos detalles que dice o hace que te provocan escalofríos, que te ponen de mal humor o, simplemente, te irritan. Cuando hayas terminado, lee de nuevo la lista. Y *voilà*, acabas de conocer a una de tus sombras.

Cuando trabajas con tu sombra, debes hacerlo desde la ternura y la compasión. Por fin estás frente a tu verdadero ser, sin prejuicios ni ideas preconcebidas. Puedes charlar con esa niña herida, con esa adolescente con el corazón roto, con esa adulta que se siente aislada y sola. Si quieres, puedes crear prácticas y rituales que te acerquen a esa parte desconocida de ti misma. Cuando veas la oscuridad tal y como es, te darás cuenta de que no puede controlarte y de que puedes cambiar tus tendencias y patrones. Vas a poder contemplar tu «yo» en su totalidad, sin juzgarlo. Y si quieres convertirte en una bruja más poderosa y más consciente, es fundamental que conozcas esa parte de ti, la comprendas y la asumas. No le tengas miedo y no sientas vergüenza por ella.

Algo que suele oírse en círculos *new age* y en algunas tradiciones neopaganas es que la magiak blanca es buena y que la magiak negra es mala, o que la magiak blanca es sinónimo del bien y la negra, del mal. Es una teoría que simplifica demasiado ambos conceptos y que, en términos de magiak, es errónea. El blanco absorbe energía y el negro, en cambio, la repele. Pero si hablamos de ropa, ocurre justo lo contrario, y por eso llevamos prendas blancas en el desierto. Los colores blanco y negro no conforman el binario del bien y el mal. La magiak es lo que tú quieras que sea. No es buena, ni mala, tan solo *es*.

Igual que tu oscuridad. Tu oscuridad y tus sombras existen, igual que también existe tu luz. Lo que importa es que aprendas a lidiar con ello y que canalices esa energía de una forma sana para ti. Es fundamental tener compasión por uno mismo. Lo vuelvo a decir, por si acaso: *es fundamental tener compasión por uno mismo*. Si no estás pasando un buen momento, no te avergüences. Crea un espacio seguro en el que puedas sentir dolor o tristeza sin que te consuma; solo así te convertirás en una superviviente, y no en una víctima. Trabajar con nuestras sombras implica trabajar con nuestra alma. Igual que el Agua, este trabajo exige unos límites sanos, un recipiente. Si haces terapia, vas a un lugar concreto a una hora concreta, ¿verdad? La constancia y disponer de un espacio y un horario dedicados a este profundo trabajo emocional son de vital importancia para crecer y evolucionar. Cuando plantas una semilla, no la riegas solo una vez; este trabajo requiere perseverancia, empeño. Y es aquí donde entra el ritual, cuando te comprometes con el Universo a estimular y alimentar tu evolución. Adentrarnos en nuestras sombras puede ser un trabajo intenso y transformador que podría compararse con ascender y descender del propio infierno.

Los rituales que encontrarás en este capítulo te ayudarán a empezar a conocer ese lado oscuro. No tengas miedo y, si necesitas ayuda, no dudes en pedirla. Soy una gran defensora de la terapia y considero que cuidar de nuestra salud mental es una parte muy importante de cualquier práctica espiritual. Si ves que la situación te supera y te abruma y crees necesitar ayuda, ¡da el paso! No te avergüences por querer cuidar de ti misma.

SANAR EL KARMA ANCESTRAL

Le guste o no, lo admitas o no, tu familia y el karma familiar afectan e influencian tu vida. Esto no significa que estés condenada a repetir patrones familiares que no te gustan o incluso desprecias, sino que tienes la oportunidad de romper este círculo. Esta práctica se extiende a todo tu linaje familiar, pues consiste en tratar de enmendar o deshacer el dolor que has heredado de tu familia o que te transmitieron de pequeña. Sanar el karma ancestral puede implicar romper ciclos de abusos, o superar miedos que han ido pasando de generación en generación, o aprender la magiak tradicional de la familia o los métodos de adivinación propios de tu linaje o cultura. Pero esas no son las únicas implicaciones. Tal vez te ayude a reconocer que tus antepasados abusaron del poder que se les había otorgado, o colonizaron otros pueblos para después esclavizarlos. De ser así, debes trabajar para cambiar esta dinámica que seguro está presente en tu magiak y en tu vida. Si tus abuelos o bisabuelos están vivos, te aconsejo que les preguntes sobre su infancia y juventud, sobre sus creencias espirituales y sobre sus supersticiones. Si puedes, plantéales esas mismas preguntas a tus padres; recuerda que también heredas el karma y los traumas de tu familia más cercana y romper estos ciclos y patrones con trabajo espiritual y terapia, por ejemplo, es una de las mejores cosas que puedes hacer. Al romper ciclos tóxicos adquiridos en esta vida y en esta línea temporal, no solo los romperás para futuras generaciones, sino que también sanarás a generaciones pasadas. En este caso, no hay futuro o pasado, ya que es una práctica que sana a todos los que han sufrido ese dolor.

Al trabajar con nuestro pasado, tendremos que invocar a nuestros ancestros bondadosos y compasivos, en especial a aquellos que vayan a respaldar y enriquecer tu práctica espiritual. (Por desgracia, es imposible saber si todos tus antepasados fueron clementes, caritativos y éticos, así que te recomiendo que para esta clase de rituales solo invoques a aquellos que sabes que sí lo fueron.) Crea un altar en honor a ellos, con fotografías, recuerdos, reliquias familiares, libros, joyas o artículos que tengas en casa y que te conecten con tu linaje familiar. Dedica una vela a tus ancestros y déjales una ofrenda. Puedes meditar frente al altar, o simplemente contemplarlo. Habla con tus antepasados y pídeles que te guíen en este viaje. Aprende su magiak y ponla en práctica. Infórmales cuando veas algo que te recuerde a ellos y compártelo con ellos. Tus guías y ancestros siempre estarán a tu lado para ayudarte y para hacerte saber si vas en la buena dirección; lo único que debes hacer es preguntárselo.

RITUAL DE ROSAS PARA SANAR TUS SOMBRAS

El objetivo de este ritual no es luchar contra tu oscuridad; de hecho, ni siquiera se trata de sanarla. La finalidad es que aprendas su lenguaje y consigas entender lo que está intentando decirte y que, a partir de ahí, crees una dinámica más sana y compasiva. No pretendas librarte de tu oscuridad, ni tampoco hacerla desaparecer. Asume que tienes un lado oscuro e intenta comprenderlo. Siéntelo. Explóralo. Habla con él. Acéptalo como parte de ti. Dedica un tiempo y un espacio para establecer una relación con él. Y después utiliza las propiedades sanadoras del agua y de las rosas para integrar sus mensajes y conseguir que tu oscuridad no sea quien te controle, sino al revés. Tu sombra es una parte de ti que debes aceptar; no la confundas con una energía ajena, tóxica y peligrosa.

Este ritual incluye una meditación y un proceso de escritura para obligarte a meditar y reflexionar sobre tus sombras. Después energizarás agua con luz sanadora y utilizarás una rosa para purificarte con esa agua sagrada.

El mejor momento para hacer este ritual es durante la luna llena, la luna nueva o la luna menguante.

Necesitarás: un diario y un bolígrafo, un cuenco de agua, una rosa roja o blanca (asegúrate de retirar todas las espinas antes).

Opcional: hierbas sagradas, un recipiente no inflamable, un encendedor.

Lee varias veces este ritual para familiarizarte con los pasos. Si te preocupa perderte, tenlo cerca.

Paso 1: ánclate

Como siempre, el primer paso es preparar el espacio. Piensa en cómo puedes crear un ambiente sanador y sigue las indicaciones de la página 29 si necesitas un poco de ayuda. Vas a adentrarte en tu oscuridad, así que te aconsejo que crees una atmósfera conductiva que te transmita calma y serenidad, tanto en el plano físico como emocional. Baja la intensidad de la luz eléctrica. Enciende algunas velas. Reúne todos los elementos que vayas a usar y busca un lugar cómodo en el que sentarte.

Cierra los ojos. Crea un círculo de protección, ya sea mediante una práctica física o a través de una meditación. Respira según la técnica del corazón. Ánclate y siente cómo tu cuerpo está conectado con la Tierra. La base de tu columna vertebral se va alargando hasta rozar la Tierra, y entonces se transforma en una raíz dorada que atraviesa el suelo y que envía una luz blanca hacia tu corazón. Una luz blanca y radiante que nace del Cosmos entra por la coronilla de tu cabeza y se va extendiendo por todo tu cuerpo, hasta llegar al corazón.

Ahora es el momento de invocar a las deidades, ancestros, ángeles, guías espirituales o guías animales que te van a acompañar durante este ritual. Te recomiendo que invoques a Venus, ya que es una diosa de Agua y, para ella, las rosas rojas son sagradas. No tengas prisa. Ahora expresa tu intención, compártela con quien hayas invocado e invitado a tu ritual y pídeles que te brinden su compasión y arrojen luz a la situación.

Paso 2: medita y habla con tu sombra

Si ya te has anclado, has conectado con tu magiak, te sientes tranquila y serena y has entrado en un estado contemplativo, ha llegado el momento de enfrentarte a tu sombra y entablar una conversación con ella. Recuerda que tu sombra no puede hacerte daño porque tú tienes el control. Si en algún momento te ves superada por la situación, respira hondo, repite la visualización de la luz blanca del paso anterior y abre los ojos poco a poco. La imagen de tu sombra puede ser eso, una sombra, o puede ser tu reflejo, o puede parecer un monstruo aterrador. Sea como sea que imagines ese aspecto de tu ser, visualízalo sentado delante de ti. Observa a tu sombra con atención y fíjate en todos los detalles, incluso en qué lleva puesto, y en la energía que desprende. Sin descuidar la respiración, intensifica la conexión con tu sombra y no olvides que el Universo te protege y te mantiene a salvo. Cuando estés preparada, empieza a hablar con ella. Pregúntale qué lecciones quiere que aprendas. ¿Qué mensaje intenta transmitirte? Recuerda que las respuestas no siempre son verbales; a veces se resumen en un olor, en una sensación, en un sonido, en un recuerdo o incluso en un color. Aprovecha esta oportunidad para preguntarle en qué momentos o situaciones se manifiesta y presta mucha atención a lo que se te pasa por la cabeza, el cuerpo y el tercer ojo; así, cuando vuelvas a experimentar esa sensación en el futuro, sabrás que se trata de un mensaje de tu sombra y podrás identificar qué la ha provocado o desencadenado. Debes esforzarte por comprender a tu sombra sin juzgarla. Cuando estés lista para cerrar esta parte del ritual, inspira hondo y pídele a tu sombra si tiene algún mensaje más para ti. Exprésale tu gratitud por la conversación que habéis tenido. Respira hondo varias veces más y, cuando estés preparada abre los ojos.

Paso 3: escribe en el diario

Ahora debes reflexionar sobre tu sombra. Algunas preguntas que deberías plantearte: ¿qué ha sentido mi cuerpo durante la conversación con mi sombra? ¿Qué ha tratado de decirme? ¿Qué he aprendido sobre mi sombra, sobre mi misma? ¿Qué puedo hacer cuando tengo la sensación de que esa parte de mí me controla? ¿Cómo puedo recuperar ese control? ¿Cómo puedo aceptar esa parte oscura de mí y amarla?

Paso 4: carga el agua

En este paso, vas a utilizar rosas y agua energizada para purificarte y sanar tu cuerpo energético.

Busca un lugar cómodo en el que sentarte y coloca el bol justo delante de ti. Después, extiende los brazos de forma que las palmas queden mirando el agua. Cierra los ojos y conecta con la luz blanca y sanadora del Cosmos y la misma luz radiante de la Tierra, de forma que se encuentren en tu corazón. Saborea esta energía tan cálida y agradable y deja que se extienda por todo tu cuerpo, hacia la coronilla y el tercer ojo, hacia la columna vertebral, hacia tus brazos y la punta de tus dedos. Imagina esa luz sumergiéndose en el agua, que se ilumina con ese suave resplandor. Cuando creas que el agua está cargada, abre los ojos y coge la rosa.

Paso 5: conságrate

Contempla la rosa durante unos instantes. Acércatela a la nariz e inspira hondo. Deja que los pétalos te rocen la nariz mientras disfrutas de ese aroma tan característico. Si te apetece, puedes acariciarte el cuerpo con la rosa y sentir el tacto sedoso de sus pétalos sobre tu piel. No tengas prisa y, cuando estés preparada, sumerge la rosa en el agua que has cargado.

Toca la coronilla de tu cabeza con la rosa y afirma en voz alta que este centro energético está equilibrado y bendecido. Respira hondo. Después, desliza la rosa hasta el tercer ojo y afirma en voz alta que este centro energético está equilibrado y bendecido. Respira hondo de nuevo. Debes repetir lo mismo en cada chakra de tu cuerpo: la rosa debe tocar el chakra de la garganta, el del corazón, el chakra del plexo solar, justo encima del ombligo, el sacro, justo debajo del ombligo, y el chakra raíz, en la base de tu columna vertebral. Comunícale al Universo que estás preparada para evolucionar y pasar a la siguiente fase. Puedes purificar otras partes de tu cuerpo, como las palmas de las manos o los pies, con el agua sagrada y la rosa. Y deja que el Universo se encargue de sanar lo que necesita sanarse.

Paso 6: cierra el ritual

Cuando creas que es el momento de terminar, deja la rosa a un lado y siéntate en una postura cómoda. Concéntrate en tu respiración. Quédate aquí unos instantes y aprovecha para conectar con las raíces doradas que has plantado al principio y con la luz blanca y radiante del Cosmos. Sigue la técnica de la respiración del corazón y comprueba cómo te sientes. ¿Notas algún cambio? ¿Te da la impresión de que has hecho espacio en tu corazón? ¿Qué has aprendido de tu sombra? Reflexiona sobre estas preguntas y expresa tu agradecimiento a tu sombra por su amor y sus mensajes. Si has invocado a alguna deidad, como Venus, u otros guías espirituales, ancestros o guías animales, dales las gracias por la ayuda que te han brindado e infórmales de que el ritual se ha acabado. Imagina que esas raíces doradas empiezan a retroceder, a replegarse de nuevo hacia tu columna vertebral mientras el resplandor blanco que ilumina tu corazón regresa al Cosmos. Respira hondo varias veces y después abre los ojos. Adopta la postura del niño y apoya la frente sobre el suelo; visualiza que trasladas todo el exceso de energía a través del tercer ojo a la Tierra. Si has creado un círculo, ciérralo. Expresa tu gratitud al Cosmos, deja una ofrenda en tu altar, bebe un poco de agua y come algo. Si te sientes un pelín cansada, te aconsejo que te des un baño con sales de Epsom y que hagas algo que te divierta o te haga reír. Prepárate un té, sal a dar un paseo, siéntate a escribir en tu diario y, sobre todo, no tengas prisa por volver al mundo real.

Un, dos, tres: desterrar en un santiamén

Desterrar algo consiste en soltarlo, en liberarlo o, en este caso, en frenarlo en seco. ¿Cómo? Convirtiéndolo en hielo. No podemos ignorar que el Agua, en su estado más denso y concentrado, es hielo puro. Así que puedes utilizar la fuerza del hielo para detener una avalancha de energía, o para construir una pared protectora, o para alejarte de una presencia o energía tóxica, dañina o incluso agresiva. Es importante recordar que la magiak no es la única fuerza de este mundo y que tu línea de tiempo y la del Universo no siempre coinciden. Vivimos una época en la que el agradecimiento y la bondad no están a la orden del día y, a veces, olvidamos que los hechizos no se pueden comprar en Amazon. Existen otras fuerzas que pueden alterar tus hechizos, incluso manipularlos. A pesar de que la magiak es un suplemento necesario e importante en tu vida real, te aconsejo que tomes otras acciones para eliminar o borrar lo que tanto te esfuerzas por desterrar o alejar. Si quieres que el Universo se cruce en tu camino, ¡tú también debes cruzarte en el suyo! A continuación encontrarás un método de destierro muy sencillo y efectivo que podría definirse como poner algo o a alguien «en el vacío». No me malinterpretes, no vas a hacerles nada malo, tan solo vas poner un poco de distancia. La palabra clave aquí es «espacio».

Antes de entrar de lleno en el destierro, debes asegurarte de que te has alejado de la situación o persona en cuestión. Piensa en el problema que tanto te angustia o te preocupa e intenta comprender cómo te sientes. No te apresures. Consúltalo con la almohada antes de dar cualquier paso. Debes tener la mente clara y despejada para hacer magiak y, además, la magiak de destierro jamás debe tomarse a la ligera. Imagina, por ejemplo, que te das cuenta de que mantienes una relación tóxica, o de que sigues patrones heredados que te impiden crecer, evolucionar. Una parte de ti querrá seguir anclada a esa relación o a ese patrón, porque es el camino fácil y porque ya se ha familiarizado o acostumbrado a él, pero en el fondo sabes que debes distanciarte y apartarte de esa situación. En este caso, te aconsejo que hagas el ritual que te propongo a continuación.

Recuerda que desterrar a una persona consiste, en pocas palabras, en esquivar su energía y devolvérsela. No pienses que vas a transmitirle un huracán de energía negativa o tóxica, o que le vas a hacer algo malo. El acto de desterrar es el equivalente energético de una orden de alejamiento; te proporciona distancia, espacio y libertad.

Antes de empezar, prepara el espacio y reúne todos los elementos que vayas a necesitar, incluido un bolígrafo y una hoja de papel. Después, ánclate, crea un círculo, invoca los elementos (sigue el ritual de la página 314) y, si te apetece, destapa un par de cartas del Tarot. Dedica unos instantes a meditar, reflexionar o a anotar en tu diario aquello que pretendes desterrar y por qué. Antes de hacer cualquier tipo de magiak, asegúrate de que esto es lo que quieres. Después escribe qué o a quién vas a desterrar en una hoja de papel y dóblala varias veces. Cárgala de energía, ya sea a través de un cántico, una danza o baile particular, una masturbación, dando vueltas en la habitación, tocando un tambor o haciendo lo que te apetezca. Transmite esa energía al trozo de papel junto con la intención de soltar, de liberar. Cuando estés lista, despide a los elementos, cierra el círculo y ánclate. *Ahora viene la parte más divertida.*

Coge el trozo de papel en el que has escrito qué vas a desterrar y sumérgelo en un vaso de agua (puedes usar un vaso de plástico), en una cubitera o en una bolsa de congelación llena de agua y después guárdalo en el fondo de un cajón del congelador. También

puedes guardar el trozo de papel directamente en el congelador, sin recipiente. Cierra la puerta del congelador, olvídate del papel, ¡y disfruta del hechizo! Si por algún motivo cambias de opinión y quieres invertir el hechizo, saca el vaso, la cubitera o la bolsa de plástico del congelador. ¡Y ya está!

Encarnar el Agua: la moda de la sensualidad

El Agua es un elemento sanador y místico que representa lo liminal, lo consciente, lo sensual. Aunque el Fuego te ayuda a conectar con tu sexualidad, con la pasión más desenfrenada y el deseo, el Agua te permitirá acceder al centro de tu corazón, un lugar de entrega absoluta y de verdad. Si quieres personificar la energía de este elemento, debes elegir prendas que te recuerden al corazón y al amor; lo primero que debes hacer es decidir qué significa la palabra «romance» para ti: un vestido vaporoso de seda que te acaricia la piel, un perfume que te evoca a las tardes de julio frente al mar, prendas que te recuerden a ese idilio de verano y a un día de primavera. Piensa en una mujer enamorada hasta las trancas, con las mejillas sonrosadas y los labios teñidos de rojo pasión. ¿Qué significa para ti estar enamorada del Universo? ¿Qué te pondrías si mantuvieras un romance con el Cosmos y pudieras transformar lo mundano en magiak?

Empecemos con los colores del océano. Tonalidades turquesa que se entremezclan con el azul oscuro del cielo a medianoche, azul cielo, blanco perla y el color dorado de la arena bajo la luz del sol. Piensa en el amplio abanico de azules que puede adoptar el océano y el cielo, pero también en el espectro de rosas, naranjas y púrpuras del atardecer. Luce estos colores para conectar con la energía del océano y para añadir un toque de serenidad a tu día. Otras opciones que debes considerar para encarnar este elemento son los esmaltes holográficos, el color blanco opalescente, el rosa pastel o tonalidades metálicas. Y, puesto que la Luna y el Agua están íntimamente relacionadas, también puedes incluir el blanco, el marfil, el plateado; cualquier tonalidad que te recuerde a la Luna te acercará a este elemento. Los tejidos brillantes, como el satén, la seda, el tul y el crepé te harán sentir como si estuvieses en un sueño. Puedes lucir estos colores combinados con el rosa y el rojo para conectar con tu corazón, ya sea en ropa interior, vestidos, faldas largas con estampados de flores, pantalones de tiro alto o americanas. También puedes usar sombra de ojos plateada y un iluminador dorado o con destellos marfil —los colores de las conchas marinas— o, si te atreves, sombra de ojos azul.

Otra forma de personificar este elemento a través de la moda es luciendo perlas y conchas marinas. Puedes fabricar tus propias joyas con conchas que hayas recogido de la playa o que hayas comprado, por ejemplo. Las piedras preciosas y cristales asociados con el Agua, como la piedra lunar, el aguamarina o la amatista pueden servir como talismanes. Convierte un collar, un par de pendientes, un anillo, un broche o cualquier complemento que se te ocurra en un talismán, un elemento de conexión con el Agua, la divina feminidad, la Luna o incluso con una diosa del agua o del amor (consulta la página 83 para más información). Puedes hacerlo en luna llena; deja el colgante o el artículo seleccionado toda una noche bajo la luz de la luna llena para que se cargue de su energía y así utilizarlo a diario, como protección, o tan solo cuando practicas magiak durante un ritual.

Lo importante es encontrar prendas y complementos que te recuerden a este elemento y con los que te sientas cómoda. Repasa el capítulo y piensa en qué significa el Agua para ti. Para mí, implica reconocer y asumir mi sombra, conectar con la divina feminidad, venerar mi proceso de curación y conectar con mi corazón. Cuando me visto teniendo todo esto en cuenta, suelo llevar algo de rejilla, un vestido lencero, mis botas Doctor Martens, mi chaqueta de cuero plateada, un *eyeliner* azul y unas gotas de agua de perfume de rosas; es un estilo que me recuerda a mi fuerza interior y que, al mismo tiempo, me hace sentir romántica y sensual. Los vestidos son prendas que nos permiten conectar con distintas energías a la vez; en mi opinión, los vestidos largos y vaporosos, de tejidos ligeros con mucho movimiento, son la prenda perfecta para conectar con el Agua. Piensa en qué sueles ponerte para pasar una tarde en la playa: un sombrero, un vestido amplio, un caftán o un pareo para después del baño, y prendas que dejan al descubierto tu piel. Los perfumes que huelen a verano, a playa y a lluvia también son una buena elección para conectar con este elemento. Incluso puedes llevar un vial lleno de agua sagrada como talismán para establecer una relación más simbiótica.

Antes de vestirte, piensa en lo que quieres sentir. Déjate guiar por la intuición y escucha las necesidades de tu corazón.

Preguntas para conectar con el Agua

Tu corazón es una criatura muy sensible y, para llegar a comprender su lenguaje, debes dedicarle tiempo y esfuerzos y, sobre todo, aprender a escucharlo sin prejuicios. Para alcanzar tu plenitud, no puedes ignorar tu intuición. Cuando escribes en tu diario o libreta personal, puedes ser quien quieras ser: puedes ser esa chica eufórica y desmesurada, o dramática, o desordenada y confundida, o preocupada y abrumada. La escritura te permite acceder a tus profundidades más oscuras porque no hay juicios, ni opiniones, ni competición. Aprovecha la oportunidad.

Te animo a que te plantees las siguientes preguntas para ahondar en tu proceso de sanación. Familiarízate con ellas. Prepárate un té, apaga el teléfono, enciende algunas velas o incienso, pon algo de música, coge un bolígrafo y tu diario y adelante.

- ¿En qué características del Agua me veo reflejada?

- ¿Cómo es en realidad mi verdadera naturaleza emocional?

- ¿Qué está tratando de decirme mi alma ahora mismo?

- ¿Qué siente mi lado oscuro, mi sombra? ¿Cómo lo expresa?

- ¿Cómo vivo el mundo que me rodea cuando estoy conectada con mi corazón?

- ¿A qué ejercicios y rituales puedo recurrir cuando me siento triste o preocupada y necesito ayuda?

- ¿Qué partes de mí misma todavía no he aprendido a aceptar y a amar?

- ¿Cómo puedo aprender a hacerlo?

El Agua en la astrología: Escorpio, Cáncer y Piscis

Los signos asociados con el Agua son los más intuitivos del zodíaco. Son capaces de sentir y percibir cosas invisibles a los ojos, pero también ven cosas que el resto no podemos ver. Si algo caracteriza a estos signos zodiacales es su capacidad de deambular por distintos reinos y de viajar a las profundidades más oscuras. Son sensuales, creativos y artistas que te recuerdan que puedes soñar, crear, amar, recibir, disfrutar y sentir. Los signos acuáticos te ayudarán a ahondar en tu magiak y a adentrarte en tu mundo de verdad y expresión. Gracias a Escorpio (el escorpión), Cáncer (el cangrejo) y Piscis (los peces), aprenderás a reconocer tu verdad creativa, tu corazón y tu lado más comprensivo y empático. Estas criaturas tan vulnerables y honestas pueden enseñarte lecciones muy valiosas; recuerda que cada signo zodiacal tiene un don especial.

ESCORPIO - EL ESCORPIÓN

Es la oveja negra del zodiaco, sin duda. Los Escorpio son personajes controvertidos, o los amas o los odias. Ahora bien, nadie puede negar que son poderosos e influyentes. Cuando se centran en quiénes son y dan rienda suelta a su magiak, los Escorpio son sinónimo de transformación, sexo, drogas y *rock and roll*. Este signo suele asociarse con la muerte, la magiak, lo erótico y el renacimiento y eso es precisamente lo que te brinda y te ofrece. A pesar de guardar cierto parecido con los signos del Fuego, Escorpio es un signo de Agua representado por un escorpión, que tiene un exoesqueleto: un caparazón duro y resistente y un cuerpo blando y sensible, unos rasgos muy parecidos al cangrejo, otro signo acuático. Así que, aunque los Escorpio sean personas profundas a quienes les apasiona la poesía y hablen de muerte y sexo y vicios día y noche, también tienen un lado sensible. En su estado menos desarrollado, pueden llegar a aferrarse a su sombra hasta el punto de sentir que su oscuridad es lo que les define. A veces viven en un caos constante para poder transformarse, pero si les proporcionas un espacio para que exploren ese caos, son imparables. Los Escorpio nos muestran el inmenso poder de la sexualidad, la pasión y la oscuridad. También son las musas y los iconos de la sociedad; podemos aprender mucho de su intensidad.

CÁNCER - EL CANGREJO

Cáncer es el signo que alimenta y nutre al resto del zodíaco; es ese amigo que te arropa cuando tienes frío y que te ofrece agua y comida y cobijo cuando más lo necesitas. Representa la energía de la Emperatriz, la energía de la comodidad, de sentirse como en casa. Podríamos decir que es un cuidador nato, compasivo y evolucionado. Los Cáncer son personas emocionales y misericordiosas y, en su estado más evolucionado, son intuitivas, sensibles, generosas y empáticas. Sin embargo, en su estado menos desarrollado, las emociones pueden llegar a abrumarles de tal manera que se vean superados por ellas y no puedan canalizarlas de una forma sana. El cangrejo, igual que el escorpión, muestra una coraza dura e impenetrable, pero, en un entorno familiar que le inspire confianza, es un ser sensible y tierno. La energía de Cáncer es expresiva y similar a la energía sanadora del océano. Cuando este signo ama, lo hace en cuerpo y alma y es fiel y leal a sus seres más queridos. El hogar es un concepto importante para el cangrejo y por eso suelen crear espacios agradables y familiares en los que poder procesar y gestionar sus emociones. Los Cáncer son personas consideradas y amables que nos enseñan a escuchar a nuestro corazón, a venerar y atender nuestros sentimientos y a crear espacios y relaciones que no solo nos acompañen durante nuestra evolución, sino que también la estimulen y alimenten.

PISCIS - LOS PECES

Es el último de los doce signos y podría decirse que atesora la sabiduría de toda la rueda zodiacal. Representado por los peces, este signo es el más soñador y más intuitivo de todos. Nos muestra un mundo surrealista, de ensueño, y nos enseña el lenguaje del corazón. No es de hablar, sino de sentir. La visión de la vida de este signo es la de una fantasía tecnicolor. En su estado más evolucionado es capaz de romper con los límites establecidos gracias a su intuición y su magiak. Piscis es un signo muy emocional y, de hecho, ese es su superpoder; sus emociones pueden transformarse en obras de arte, en visiones extraordinarias y en expresiones increíbles. En su estado menos evolucionado, sin embargo, se sienten atrapados por sus propias emociones y no son capaces de empezar ni terminar nada por miedo a los típicos «¿y si?». Pero si están alineados y en sintonía con el Universo, su magia es tan creativa que sobrepasa cualquier límite imaginable.

EN SU ESTADO MENOS EVOLUCIONADO

Todos los signos acuáticos, en su estado menos desarrollado, son esclavos de sus mareas internas, de sus sentimientos. Son propensos a la depresión y ansiedad si no tienen la ayuda, el apoyo o respaldo que necesitan. Estos signos, si no aprenden a establecer límites sanos o a mantener relaciones sanas, pueden verse superados por sus propios sentimientos y eso, a su vez, puede transformarse en destrucción, en un huracán que arrasa con todo lo que se encuentra por delante. Además, tienden a expresar sus emociones a través de los celos, la ira, la tristeza o incluso la apatía y el nihilismo porque intentan convencerse de que nada importa. A veces, los signos de Agua utilizan las drogas y el sexo como vías de escape; gozan de esas experiencias pero no tienen las herramientas para comprenderlas, sobre todo en el caso de personas muy intuitivas o psíquicas. En este estado tan caótico y desordenado, la energía de estos signos se manifiesta como una fantasía; su mente está en otra parte, pero se niegan a aceptarlo. Si trabajan con otros elementos, en especial con la Tierra, los signos acuáticos pueden aprender a controlar sus emociones y así crear en lugar de destruir.

EN SU ESTADO MÁS EVOLUCIONADO

Cuando los signos acuáticos se esfuerzan por aprender y evolucionar, entran en sintonía con su mundo interior. Lo sienten, lo conocen y lo aceptan. Utilizan su magiak para escribir, para crear verdaderas obras de arte, para trascender y para hallar libertad en la intensidad de sus emociones. Son artistas, creativos, poetas, novelistas, enfermeros, comadronas y cuidadores natos. Los signos de Agua son compasivos y bondadosos, son el amor divino en persona y transmiten la misma serenidad que el mar cuando está en calma. Además, tienen la capacidad de indagar en lo sutil, en lo sagrado, y esa es su tarea, su misión, su sombra, su trabajo. Y cuando lo hacen, pueden acceder a lo etéreo con mucha más facilidad que cualquiera de nosotros. Los signos acuáticos son aquellos médiums y brujas que gozan de una conexión innata y natural con sus dones psíquicos.

Cuando los signos del Agua están en un entorno familiar que les inspira calma y confianza, florecen. Cuando establecen límites sanos, son capaces de triunfar y llegar a lo más alto porque están en un lugar lleno de amor, arte, sinceridad y vulnerabilidad. Son líderes que se basan en el corazón, en el tercer ojo, en una presencia que tiene la capacidad de hacer desaparecer cualquier límite establecido. Estos signos nos enseñan lo que significa amar de forma incondicional y la conexión espiritual que podemos alcanzar si vivimos así.

CAPÍTULO 5

Espíritu: encárnalo

Has emprendido el viaje y has aparecido al otro lado. Has gozado de la energía física de la Tierra, has disfrutado de la expansión y presencia del elemento del Aire, has pasado por el reino erótico y apasionado del Fuego y has vivido el mundo emocional e intuitivo del Agua. Y ahora estás a punto de adentrarte en el reino de lo metafísico, de lo intangible, el reino que conecta al resto de elementos entre sí. Bienvenida al reino del Espíritu.

A estas alturas ya sabrás que cada elemento te enseña lecciones distintas de ti misma, de la visión que tienes de la vida y de cómo amas, cómo sufres, cómo bailas y cómo exploras tu realidad. Pero a pesar de los valiosos aprendizajes que te brindan los elementos, el reino del Espíritu es capaz de trascenderlos, pues representa el crecimiento y la evolución en su estado más puro. El Espíritu es la manifestación de la Tierra, el Aire, el Fuego y el Agua al mismo tiempo y encarna la magiak de todos y cada uno de los elementos. Podría decirse que el Espíritu es el hilo dorado que teje el resto de los elementos y los mantiene unidos.

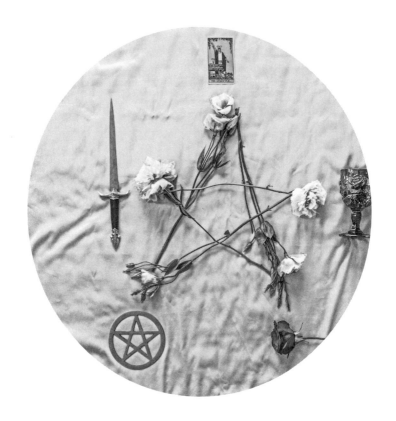

El Espíritu como conexión con los elementos

La personificación, el empoderamiento y la práctica espiritual tienen un objetivo común: conectarte con tu propio poder y espíritu. En este sentido, el Espíritu se puede entender de dos maneras distintas. Por un lado, el Espíritu es esa red invisible que lo une todo. Es la chispa que enciende la llama, el recipiente que sostiene el agua, el suspiro del viento y las raíces del bosque. Podría definirse como todo lo que pasa desapercibido al ojo humano, pero que podemos percibir y sentir. Puedes vivir el Espíritu en tu propia piel; todo depende del modo en que conectas con la naturaleza, de la energía que recibes cuando trabajas codo con codo con el Universo o de la fuerza y pasión que le pones a tus deseos. No existe un camino directo al Espíritu, lo cual es una gran suerte.

Aunque muchas religiones patriarcales quieren hacernos creer que necesitamos la ayuda de un cura o un pastor para poder conectar con lo divino, la brujería considera que no solo somos una conexión directa con lo divino y el espíritu, sino también su reflejo y personificación. Estás hecha de Espíritu; en tu interior late el corazón del centro del Universo, habita la oscuridad misteriosa e inescrutable, esa sombra maravillosa e inspiradora.

Sin embargo, tú también tienes tu propio espíritu o alma, es decir, un camino personal propio que nos conecta con esta energía cósmica. Cuando hablo de Espíritu, no solo me refiero a esa fuerza que escapa de nuestro entendimiento, sino también a esa parte eterna, inflexible e imperecedera de tu ser que es de esta naturaleza. ¡Seguro que la has sentido! Si has practicado los ejercicios que te propongo en el libro, o si has emprendido algún tipo de viaje espiritual, sabrás muy bien a qué me refiero, pues habrás tenido la oportunidad de sentir esta energía expansiva y numinosa.

La figura del pentáculo ilustra muy bien esta conexión entre los elementos. Un pentagrama es una estrella de cinco puntas y el pentáculo, por su lado, es la misma estrella con un círculo a su alrededor. La punta superior de la estrella representa el Espíritu y las cuatro restantes, los demás elementos. El Espíritu envuelve el pentagrama y, de esta manera, une la Tierra, el Aire, el Fuego y el Agua. Cuando pienses en el Espíritu, piensa en el *prana*, el *kundalini*, el amor, la energía que transmiten tus ejercicios espirituales, la energía del Universo. Todo eso hace que el Agua no se estanque, que el Fuego no se apague. El Espíritu, en cambio, es el catalizador, el transformador, las emociones que utilizan los elementos para que tú puedas crecer y evolucionar. El Espíritu te proporciona un espacio y un tiempo para darte cuenta de lo que puedes aprender del mundo natural que te rodea. En otras palabras, el Espíritu es el lenguaje de la naturaleza.

El Espíritu como conexión con uno mismo

Trabajar con el Espíritu implica admitir que la divinidad que se encuentra en la naturaleza y a tu alrededor también está en ti. Conectar con el Espíritu significa, en resumidas cuentas, conectar con uno mismo. Y cuando conectas con tu propio espíritu, conectas con la versión más madura y evolucionada de la persona que quieres ser; este es el espíritu de la práctica espiritual, ¡sin duda! Conectarás con tu ser superior, tu esencia espiritual. El Espíritu se puede manifestar de una forma clara y evidente, o de una manera más sutil y discreta. A veces es delicado, como la caricia de la brisa en tu piel y otras mucho más directo, como si alguien te susurrara al oído. El Espíritu utiliza un lenguaje único: ¿qué te hace sentir viva? ¿Qué te ha inspirado a tomar este camino? Es el Espíritu quien te guía, solo que adopta la forma de los elementos y arquetipos para transmitirte sus mensajes.

Cuando afirmo que el Espíritu es una conexión con uno mismo, lo que quiero decir es que debes permitirte ser dueña de cada parte de tu ser. Significa encarnar todas tus dimensiones, y hacerlo con orgullo. Conectar con el Espíritu implica establecer tus propios límites y conocer mejor que nadie tus ideas, tu sombra, tu ira, tu sexualidad. Pero no solo eso, también implica asumir la responsabilidad de llevar una vida espiritual, y aceptarla tal y como es. Significa mostrar agradecimiento porque tienes el don de sanar, no solo a ti misma, sino también a tu familia y a las generaciones que están por venir. Al igual que ocurre con el Aire, el Espíritu es intangible, pero se presiente y se percibe, y lo necesitas para sobrevivir. De lo contrario, no estarías en este camino místico.

El Espíritu como intuición

Uno de los obsequios más preciados que te brinda el simple hecho de emprender un viaje espiritual es aprender a escuchar a tu intuición.

La intuición es ese sexto sentido que nunca falla, esa corazonada repentina, esa certeza absoluta que notas en las entrañas. Puede tomar muchas formas y voces, pero en general siempre te avisa cuando algo no anda bien, o no encaja tal y como debería. Según tu estado de salud mental y otros factores, como por ejemplo traumas del pasado, a veces puede ser muy difícil distinguir ese presentimiento de un ataque de pánico o de ansiedad. La única forma de aprender a distinguirlos es trabajando con tu intuición. Recuerda que, a pesar de que la intuición no siempre habla alto y claro (como en momentos en los que estás convencida de algo, pero no puedes explicar por qué), nunca te dará la espalda; siempre que la necesites, estará a tu lado.

Tu intuición es como tu GPS interior, una especie de radio que tu ser superior utiliza para pedirte que le escuches y que le respondas. Es una de las formas que tiene de comunicarse contigo, pero la intuición es multidimensional y evoluciona con el paso del tiempo. Lo único que puedes hacer es prestarle atención; recuerda que siempre que trata de decirte algo es por un motivo importante.

Puedes aprender el lenguaje de la intuición si dedicas tiempo a plantear y formular preguntas a ese sexto sentido, a ese instinto natural que tanto te cuesta definir. Empieza por situaciones banales y cosas mundanas, como si deberías probar a ser vegana o aprender cocina tailandesa. Cierra los ojos y contempla las diversas posibilidades. Y ahora trata de distinguir aquella opción que parece encajar mejor que las demás, que te ofrece expansión y crecimiento. Cualquier opción que parezca una contracción o que no encaje en absoluto en ese rompecabezas es un no definitivo. Pruébalo mientras conduces o estés dando un paseo a solas. Deja que de vez en cuando tu intuición sea el típico copiloto pesado que te dice qué camino tomar y qué camino evitar. Pídele a tu intuición que te guíe y confía en ella. Trata de hacerlo también en situaciones que te provoquen estrés o ansiedad. Continúa manteniendo estas conversaciones con tu sexto sentido o intuición y así, cuando tengas un presentimiento real, sabrás diferenciarlo de un ataque de ansiedad, por ejemplo. La intuición es uno de los regalos que te brinda la magiak, así que presta atención a lo que tu cuerpo trata de transmitirte durante tus hechizos y rituales porque es otra manera de comprender el mensaje del Espíritu.

Formas de conectar con el Espíritu

Si quieres conectar con el Espíritu, con esta interminable fuente de energía, con la Diosa y con tu ser superior, puedes hacerlo de muchísimas maneras. Por mencionar algunas, puedes hacerlo a través de una danza, o dando un paseo en plena naturaleza o dedicando tiempo a conocer y trabajar los elementos. Otra opción es decantarte por un solo elemento que te guíe hacia el Espíritu; la elección de ese elemento, sea cual sea, dependerá de la clase de conexión que quieras establecer y de la experiencia que anheles vivir. Conectar con el Espíritu es algo íntimo y personal, como ocurre con todo en el mundo de la magiak, por lo que no existe un enfoque «único» apto para todos los públicos.

Si has puesto en práctica los ejercicios que te sugiero a lo largo del libro, sabrás lo que te funciona y lo que no, lo que te permite evolucionar y lo que no. A lo mejor te encanta crear altares y hacer ejercicios de respiración y de magiak sexual, pero te cuesta una barbaridad ahondar en tu sombra. O tal vez prefieras hacer ejercicios que te resulten más naturales y acordes con tu personalidad (y que están relacionados con el Aire y el Fuego, por ejemplo) y que pueden ayudarte a trabajar esos aspectos que tanto te cuesta comprender o gestionar (y relacionados con el elemento del Agua). En este caso, trabajar con el Espíritu implicaría hacer ejercicios de respiración y de magiak sexual en la bañera, seguidos de una meditación al salir del baño para trabajar esa reticencia o aversión y así saber de una vez por todas qué está tratando de decirte esa sombra. También puedes invocar a tu ser superior para que te guíe y te ayude.

El Espíritu te insta a explorar nuevos territorios. Es la iniciación, el camino del alquimista, del místico y del chamán. Simboliza el Fuego de los dioses, un fuego sagrado y purificado. El Espíritu es la energía de la carta de la Torre en el Tarot, esa energía que te urge a abrazar el crecimiento y la transformación, incluso cuando lo que quieres es rehuir de esa evolución, incluso cuando ese crecimiento te asusta o te resulta doloroso y arriesgado. En esta situación, hasta el dolor contiene la medicina de este elemento. En ocultismo, esto se conoce como el principio de polaridad, que asegura que todo tiene polos y que todo es dual. Pero esta dualidad consiste, de hecho, en dos extremos de una misma cosa o concepto. El dolor y el placer son los dos extremos de un mismo espectro, igual que el amor y el odio, el bien y el mal y cualquier otra polaridad que se te ocurra.

No puedes decir que vas a conectar con el Espíritu porque siempre estás conectada a él. No puedes escapar o ignorar los ciclos energéticos de la vida, la muerte y el renacimiento. Ya has emprendido este viaje y, te hayas dado cuenta o no, estás conectada a la matriz energética del Cosmos. No se trata de conectar con esta energía, sino de recordar que lo estás. Por lo tanto, lo que realmente haces es reconectar con ella. Nutrirte de ella. Cargarte de ella. Y regresar a ella. A continuación te propongo varios métodos de reconectar con el Espíritu, por si necesitas un poco de inspiración:

- Da un paseo por un entorno natural y, a poder ser, pasa cerca de un lago, un río o una playa un día que el cielo esté despejado y haga sol para poder conectar con todos los elementos.

- ¡Baila! Suéltate la melena, menea las caderas, grita, gime, sacude los brazos. Es fácil entrar en trance o en un estado de consciencia cuando se baila, sobre todo si das vueltas sobre ti misma o bailas al son de los tambores. Deja que tu cuerpo se mueva sin avergonzarte o juzgarte por ello.

- Canta o tararea una canción. El sonido es una medicina infalible. Entonar mantras o cantar tus canciones favoritas te ayudará a conectar con el Universo además de sanar tu campo energético. Los mantras hindúes, budistas y tibetanos son perfectos para conectar con su energía y canalizarla.

- Reza. ¡Los antiguos dioses están aburridos! ¡Y nos echan de menos! Rezar no tiene que ser algo soso y aburrido y, de hecho, existen muchas formas de rezar. A mí me encanta charlar con la Diosa y el Espíritu como si fuesen amigas mías; les cuento cómo me ha ido el día, por ejemplo, comparto mis inquietudes, les doy las gracias por su ayuda, les ruego que me protejan y me guíen o les hago saber que he recibido su mensaje.

- Sé receptiva. Si pretendes conectar con el reino sutil, debes reconocerlo. Para conectar con el Espíritu, ¡debes estar dispuesta a recibirlo con los brazos abiertos! Y cuando lo recibas, ¡dale las gracias! Cuando reconoces un presentimiento, un mensaje o una emoción, le estás diciendo al Universo que eres consciente y que estás agradecida por la ayuda que te brinda. De esta manera todo fluye y puedes pasar a la siguiente fase, que es…

- Sé agradecida. Dedica tiempo a conectar con aquello que te hace sentir plena y feliz. Tu cuerpo, la Tierra, el Sol, tus amigos, tu familia, ese libro que nunca te cansarás de leer, tu canción favorita, lo que sea. Fomentar esa gratitud crea una magiak muy potente que alimenta el Espíritu.

- Haz rituales. ¡Hola! La magiak es la puerta de entrada al subconsciente, el reino del Espíritu. Cuando entras en estos estados de consciencia y conectas con arquetipos que se han ido cargando de energía durante miles y miles de años, estás en el terreno de lo divino, del Espíritu, del subconsciente colectivo.

- Trabaja con el Tarot, energías sanadoras, cristales, diosas y los elementos. Todos los ejercicios que encontrarás en este libro son espirituales precisamente porque conectan con el Espíritu.

- Mantén relaciones sexuales o mastúrbate. Da besos. Enamórate y sedúcete, a ti o a otra persona. Saborear las mieles del placer te ayudará a entrar en un estado mental de consciencia.

- Trabaja con tormentas para encarnar distintas combinaciones de los elementos. Las tormentas tienen su propia magiak y puedes meditar o encarnar la energía de una tormenta cuando esté cerca, o cuando quieras canalizar su poder. Dedica algo de tiempo a meditar cuando se avecine una tormenta y asegúrate de estar en un lugar seguro cuando llegue el momento de absorber esta energía. Puedes probarlo incluso cuando no anuncien tormentas; utiliza luces, sonidos y vídeos porque te ayudarán a canalizar esta energía. Es un método que también puedes usar durante un ritual, para invocar energía o para tratar de comprender mejor a los elementos. Otra opción es meditar e invocar un elemento como el Agua o suplicar ayuda a los espíritus del Agua o elementales cuando esté lloviendo; es una meditación muy eficaz si se produce un incendio forestal.

Meditación del pentagrama para encarnar los elementos

El Espíritu abarca todas las cualidades de cada elemento y, por lo tanto, el pentagrama es el mapa físico y metafísico que puedes utilizar para encarnar esas cualidades. En esta meditación guiada, vas a visualizar el pentagrama, vas a conectar con los elementos asociados a cada punta y vas a terminar en la punta superior de la estrella que representa el Espíritu; cuando alcances esa punta, visualizarás una luz blanca y pura que, además de purificarte, te alineará con una energía y vibración superiores, la energía y vibración del Cosmos, de la fuente original, de lo divino.

Busca una postura cómoda, ya sea sentada o tumbada, y concéntrate en tu respiración. Inhala y fíjate en qué partes del cuerpo has acumulado tensiones y, al expulsar el aire, libera esas tensiones para que, poco a poco, vayan desapareciendo. Cuando sientas que estás presente, imagina que dibujas un pentagrama. Empieza por la punta superior y, mientras trazas las líneas, visualiza un resplandor dorado que te envuelve y te protege. Desde la punta superior de la estrella (que representa el Espíritu y es el punto donde termina el pentagrama), dibuja una línea hasta la esquina inferior derecha del pentáculo, asociada con el elemento del Fuego. Empieza a sentir el calor del Fuego en todo tu cuerpo. Si te apetece, puedes visualizar las llamas frías violetas del maestro Saint Germain, unas llamas capaces de purificarte y liberarte de todo lo que ya no necesitas. Otra opción es imaginar una lengua de lava ardiente deslizándose por todo tu cuerpo. También puedes sentir la energía de la pasión sexual y la lujuria. Piensa en qué significa este elemento para ti y presta atención a la reacción de tu cuerpo.

Cuando te sientas preparada, vuelve a la visualización del pentagrama que estabas dibujando delante de ti y contempla la luz dorada que desprende. Desde la esquina inferior derecha, traza otra línea hasta la esquina superior izquierda, donde encontrarás el Aire. Conecta con este elemento, ya sea a través de una técnica de respiración o de una visualización. Puedes imaginar el perfil de tu cuerpo disolviéndose poco a poco, como si tu espíritu estuviese expandiéndose, igual que el Aire. También puedes sentir una bocanada de aire fresco, o la caricia de la brisa en las mejillas. En definitiva, saborea la sensación de presencia y libertad y expansión que te brinda el Aire.

Cuando estés preparada, vuelve a la visualización del pentagrama y, desde la punta asociada con el Aire, dibuja una línea recta hacia la esquina superior derecha que simboliza el Agua. Empieza a sentir este elemento en tu cuerpo. Como siempre, puedes hacerlo de diversas maneras. Puedes imaginarte dando un paseo por la orilla del mar, de un río o de un lago, con la arena cálida y húmeda bajo tus pies. O puedes sentir la energía del amor por todo el cuerpo, que es como una corriente de agua; estás envuelta en tus propias emociones, como si estuvieses en una bañera llena de agua caliente. Dedica unos instantes a conectar con este elemento y presta atención a las reacciones físicas de tu cuerpo; deja que todas las emociones suban a la superficie y afloren.

Cuando estés preparada, vuelve a la visualización del pentagrama; la estrella que estás dibujando todavía desprende esa luz dorada tan agradable. Desde la esquina superior derecha, deslízate hasta la esquina inferior izquierda, es decir, hasta la Tierra. Empieza a sentir este elemento que, de hecho, puedes palpar debajo de ti. Imagina que todo tu cuerpo se funde con Gaia y conecta con su sabiduría, su serenidad. No tengas prisa y saborea esa sensación de fortaleza; si te apetece, imagina un sinfín de flores abriéndose por todo tu cuerpo y disfruta de esa energía de crecimiento y evolución.

Cuando estés preparada, vuelve a la visualización del pentagrama. Traza una línea desde la punta inferior izquierda de la estrella hasta la punta superior, gobernada por el Espíritu. Visualiza la luz blanca y radiante del Cosmos iluminando la corona de tu cabeza. Si te apetece, puedes visualizar esa misma luz del Cosmos deslizándose por todo tu cuerpo, iluminando cada esquina y recoveco, y conectándote con la Tierra. Es una luz sanadora porque te permite despojarte de todo aquello que ya no necesitas. Aprovecha este momento para descubrir qué significa el Espíritu para ti y la sensación que te invade al haber conectado con cada uno de sus elementos, y sus mensajes. No tengas prisa y goza de este espacio de presencia divina, de luz y de equilibrio.

Cuando estés preparada, vuelve al pentagrama dorado que tienes delante de ti. Cada una de sus cinco puntas vibra con el amor y la intención con los que has conectado mientras explorabas los elementos. Cuando consideres que la meditación ha terminado, expresa tu agradecimiento al Universo, imagina que el pentagrama se disuelve y abre los ojos. ¡Y ya está!

Práctica ritual: adivinación — observar el Espíritu a través de los elementos

El Espíritu es intuición y, por lo tanto, predecir o adivinar el futuro es una de las formas de invocarlo. El Espíritu es ese sentido psíquico que todos tenemos en nuestro interior, y podemos utilizar varios métodos de adivinación para acceder a él. Has aprendido a interpretar algunas de las cartas del Tarot y ahora voy a enseñarte otra técnica ancestral para vaticinar el futuro.

Este método de adivinación se realiza por medio de superficies reflectantes. Los objetos clásicos más utilizados son una bola de cristal o un espejo, pero lo cierto es que puedes conseguirlo si trabajas con todos los elementos. Hay quien tiene visiones, quien escucha ruidos, quien percibe un aroma distinto en el aire o quien advierte o palpa algo distinto en el ambiente, todo depende de qué sentido se tenga más desarrollado. La clarividencia es la facultad que tienen algunas personas de ver cosas que otros no ven; la clariaudiencia, de oír cosas que otros no oyen; la clarisentiencia, de percibir cosas que otros no perciben y el clariconocimiento, de saber cosas que otros ignoran. Todos podemos desbloquear esos dones psíquicos y así disfrutar de sus beneficios, pero lo cierto es que la mayoría tenemos algunos sentidos más agudizados y desarrollados que otros. Al igual que ocurre

con todos los aspectos de la magiak, no es algo bueno ni malo, es así y punto. Tienes tu propio karma, tus propios talentos y tus propios sueños y, si trabajas con esta técnica de adivinación, podrás conectar con tus dones psíquicos de una forma totalmente distinta. La adivinación también puede ayudarte a ahondar en un sentimiento, por ejemplo. Si te ves superada o abrumada por una energía elemental en concreto, puedes poner en práctica este método para ver qué se esconde bajo la superficie o saber qué quiere transmitirte esa energía.

Antes de empezar: vaticinar el futuro a través de una superficie reflectante puede ser un ritual en sí mismo, o formar parte de un ritual más grande y elaborado que puedes celebrar en luna nueva o en una fecha importante para las brujas, como el Samhain. En cualquier caso, deberás preparar el espacio y organizarlo todo. La primera vez que pruebes este método de adivinación, puedes activar un temporizador de cinco o diez minutos si crees que te ayudará a estar más presente.

Si vas a adivinar con una bola de cristal o un espejo de obsidiana negra, objetos propios de la Tierra, deberás cargarlos de energía antes de usarlos. Puedes hacerlo en luna llena, aunque te aconsejo que los cargues durante varias noches de luna llena para beneficiarte de todos sus efectos.

TIERRA

Una bola de cristal, un espejo de obsidiana negra, espejos negros cóncavos

Aunque muchas bolas de cristal están hechas de vidrio, forman parte del elemento de la Tierra y te permiten vaticinar lo que va a ocurrir, igual que cualquier espejo cóncavo pintado de negro. El espejo de obsidiana negra es muy poderoso, pero no es imprescindible para poder adivinar el futuro. Antes de empezar, te aconsejo que enciendas una vela blanca y la coloques cerca de la bola de cristal o espejo que vas a utilizar.

Paso a paso: ánclate y concéntrate en tu cuerpo, en el aquí y en el ahora. Inhala y exhala sin forzar, de forma que el aire fluya sin problemas. Poco a poco, el elemento de la Tierra empieza a adentrarse en tu campo energético. Cuando estés preparada, fija la mirada en el espejo o en la bola de cristal. Al hacerlo, trata de despejar la mente de cualquier pensamiento negativo, preocupación y ansiedad; despréndete de todas las tensiones que has acumulado cada vez que expulses el aire. Imagina que tu tercer ojo se abre y, en ese momento, pídele al Universo y al elemento de la Tierra que te permitan recibir esos mensajes que te ayudarán a mejorar y evolucionar en este momento de tu vida. Observa la superficie de tu bola de cristal o espejo y comprueba que pestañeas de vez en cuando. Inspira hondo y fíjate si percibes algo distinto, ya sea un sabor, un olor, una sensación, un color, una visión o un sonido. Puedes alargar este momento el tiempo que necesites y, cuando estés lista, asegúrate de anotar la experiencia en tu diario.

AIRE

Humo

Para algunas, predecir lo que va a ocurrir mediante el humo puede parecer muy difícil, ya que el humo se mueve y se expande constantemente. Por este motivo es más fácil hacerlo en un estado de meditación que permita seguir el rastro de la danza del humo. Puedes quemar incienso, hierbas o resina; todo dependerá de lo que te apetezca en ese momento y del ritual elegido. Recuerda que trabajar con correspondencias, como esencias y hierbas, te ayudará a conectar de una forma más íntima y profunda con el humo. Este ejercicio te resultará más sencillo si tienes un fondo oscuro porque verás mejor el humo.

Paso a paso: ánclate y concéntrate en tu cuerpo, en el aquí y en el ahora. Inhala y exhala sin forzar, de forma que el aire fluya sin problemas. Siente cómo el oxígeno llena tus pulmones y empiezas a conectar con el elemento del Aire. Al expulsar el aire, expulsa también pensamientos negativos, preocupaciones y ansiedades. Cuando estés preparada, enciende las hierbas o incienso que hayas elegido y observa el humo con atención. Imagina que abres tu tercer ojo. Si quieres pedirle al Universo que te permita recibir sus visiones y mensajes, este es el momento para hacerlo. Déjate llevar por tu mirada, que sean tus ojos los que decidan fijarse en un punto en concreto o seguir los movimientos hipnóticos del humo. Inspira hondo y fíjate si percibes algo distinto, ya sea un sabor, un olor, una sensación, un color, una visión o un sonido. Puedes alargar este momento el tiempo que necesites y, cuando estés lista, asegúrate de anotar la experiencia en tu diario.

FUEGO

Velas, una chimenea o un brasero, papel

Al parecer, el Fuego es el elemento más cautivador y fascinante de todos. Nadie aparta la mirada cuando las llamas danzan y crepitan y parpadean. Puedes presagiar el futuro con el Fuego y así conectar con tu pasión, sexualidad, deseos y confianza. Utiliza velas, ya sea en una chimenea o en un brasero, o un trozo de papel que hayas utilizado en un ritual y que quieras quemar.

Paso a paso: lo primero que debes hacer es asegurarte de tener un espacio seguro para encender el fuego. Respira y concéntrate en tu cuerpo, en el aquí y en el ahora. Para conectar con el elemento del Fuego, inhala hondo y expulsa cualquier preocupación, ansiedad y tensión al soltar el aire. Cuando empieces a notar una sensación cálida y agradable en la tripa, imagina que abres tu tercer ojo y en este preciso instante conecta con el Universo y con el Fuego; ruégales que te permitan recibir los mensajes que quieren transmitirte en este momento. Enciende una llama y observa con atención el fuego, sin olvidarte de pestañear de vez en cuando. Después de contemplar las llamas durante unos instantes, entrarás en un estado de trance que te permitirá fusionarte con este elemento tan fascinante. Inspira hondo y fíjate si percibes algo distinto, ya sea un sabor, un olor, una sensación, un color, una visión o un sonido. Puedes alargar este momento el tiempo que necesites y, cuando estés lista, asegúrate de anotar la experiencia en tu diario.

AGUA

Un cuenco de agua (el agua sagrada y el agua lunar funcionan de maravilla), el océano, un río o lago natural, una bañera o una piscina

En teoría, no hay nada que te impida adivinar el futuro en la piscina de tu mejor amiga o mientras disfrutas de un baño relajante. Puedes vaticinar el futuro con cualquier clase de agua, incluida el agua que tú misma hayas consagrado (consulta la página 224). Coloca un cuenco de agua sobre una superficie oscura y enciende una vela, por ejemplo, pero también puedes hacerlo frente al mar o desde la orilla de un río o un lago.

Paso a paso: respira y concéntrate en tu cuerpo, en el aquí y en el ahora. Empieza a sentir la energía emocional y liviana del Agua fluyendo por tu cuerpo y conecta con el elemento. Imagina que abres tu tercer ojo y dedica unos instantes a conectar con el Universo y el elemento del Agua; pídeles que te permitan recibir cualquier mensaje que te estén enviando en estos momentos. Después, observa la superficie acuática que hayas elegido y siente que el Agua y tu alma se funden. Inspira hondo y fíjate si percibes algo distinto, ya sea un sabor, un olor, una sensación, un color, una visión o un sonido. Puedes alargar este momento el tiempo que necesites y, cuando estés lista, asegúrate de anotar la experiencia en tu diario.

El Espíritu en el Tarot

En el Tarot, el Espíritu está representado por los arcanos mayores, es decir, las veintidós cartas que narran el viaje del Loco. Es la historia de la evolución del alma, de la individualización y del viaje espiritual que uno emprende cuando conecta con el subconsciente colectivo. Estas cartas te muestran el viaje del Espíritu y gracias a ellas puedes comprender el significado de crecer y aprender y evolucionar y morir.

En los arcanos mayores verás al Loco asumir un riesgo y embarcarse en un viaje, verás que encuentra el coraje necesario para hacerlo a pesar

de los peligros que le acechan y en cada uno de sus pasos percibirás una pizca de ingenuidad e inocencia. El Loco aprende grandes lecciones y desarrolla sus talentos y habilidades para convertirse en el Mago, un personaje que te recuerda que eres un manifestador. Con una buena dosis de consciencia, puedes trabajar con los elementos y las herramientas que tienes a tu disposición para crear la vida que tanto anhelas. La Suma Sacerdotisa te permite adentrarte en el reino de la magiak y te guiará hacia el subconsciente, un lugar donde aprenderás a equilibrar la parte receptiva con la parte más activa de tu ser; el equilibrio entre las distintas partes de su ser está simbolizado por las cartas de la Emperatriz y el Emperador y los Amantes. Y aquí empieza el proceso de la actualización de uno mismo, un proceso durante el cual reclamas tu poder, tomas las riendas de tu cuadriga y, por último, buscas tu sabiduría interna, representada por el Ermitaño. Enseguida te darás cuenta de que eres la única persona que controla tu propio mundo y de que el «resto del mundo» no te pertenece. La carta del Colgado pretende decirnos que debemos deshacernos de esta idea de individualidad si queremos conectar con el Espíritu, que debemos librarnos de nuestro ego y prepararnos para la Muerte, que, de hecho, es una puerta a la transformación. Esta puerta también abre la puerta de la Torre, que está a punto de derrumbarse. Pero lo que no ves es que la caída de la Torre te muestra unos cimientos sólidos, un anclaje y una perspectiva más nítida y clara de las cosas. Le sigue la carta de la Estrella y sus hermanos celestiales, presagios de fortaleza, sabiduría intuitiva y destino. No estás sola en el mundo, sino que formas parte del Espíritu, del Universo, del Todo. El Juicio es la carta que abandera el karma, que te comunica que estás preparado para lo que está por venir y, poco a poco, te acercas al Mundo, la carta que representa la profecía celestial que te informa de que has llegado al final del ciclo. Ahora debes empezar de nuevo, emprender el mismo viaje, pero como el Mago. Debes pasar por todos los ciclos pero con el saber y conocimiento de haberlo hecho antes.

Puesto que no tengo suficiente espacio para explicar los arcanos mayores uno a uno, he decidido comentar algunas de las cartas relacionadas con cada uno de los elementos, y un par de cartas que conectan con el Espíritu en su dualidad. Si te apetece saber más sobre el apasionante arte del Tarot, te aconsejo que lo hagas. Al final del libro encontrarás una lista de lecturas adicionales con varias propuestas y sugerencias.

LA TIERRA: LA EMPERATRIZ Y EL EMPERADOR

La Tierra es la forma de vida más rica y más abundante. Vive en un ciclo permanente de vida y muerte, pues todo marchita y perece y todo germina y florece. La energía de la Tierra es compasiva y bondadosa, es aquella que nutre, que cuida y que protege. Encontrarás esta energía, en su estado más puro y destilado, en la Emperatriz y en su forma de gobernar. La Emperatriz es la Madre Tierra personificada, el vientre donde nacen todas las cosas. No hace falta ser mujer para comprender el mensaje de esta carta, un mensaje de evolución, de crecimiento, de compromiso con uno mismo y de placer a largo plazo. Transmite la energía del equilibrio, de la receptividad y la acción que permiten que la vida siga y evolucione. Es la energía del Espíritu, de la primavera y de la lealtad. La Emperatriz simboliza el agua que fluye por los campos y praderas para que los cultivos crezcan y den sus frutos. Su cónyuge aparece en la siguiente carta de la baraja, el Emperador, que simboliza la orilla del río que permite que fluya sin desbordarse o, dicho con otras palabras, los límites que permiten que la Emperatriz pueda prosperar y florecer. El Emperador es la estructura de la intuición de la Emperatriz, dos elementos necesarios para sentirse seguro, protegido y amado, pero también satisfecho y reconocido. Uno no puede depender solo de su sabiduría, ni tampoco de su intuición. Necesitas las dos cosas para construir unos cimientos sólidos que sujeten y aguanten tu evolución en todas sus facetas.

Estas cartas te enseñan la importancia del equilibro y de saber en qué momentos debes dejarte guiar por tu instinto y en qué otros, por tu cerebro. Son las estructuras sobre las que te sostienes, la balanza entre las cualidades masculinas y femeninas que posees; da igual el género, todos poseemos esas cualidades energéticas. El Emperador y la Emperatriz expresan la dualidad, pues son los dos extremos del mismo espectro. A través de ellos puedes comprender lo que significa ser activo y receptivo, flexible y firme. Representan la intuición y la sabiduría y, por ese motivo, puedes recurrir a ellos cuando necesites su ayuda y orientación o cuando quieras encontrar una estructura sólida en tu vida.

Paso a paso: medita sobre ambas cartas o dedica unos instantes a contemplarlas con atención, fijándote en cada detalle. Después, haz una lista con aquellas cualidades de ti que te recuerden al Emperador, es decir, aquellas más estructuradas, más masculinas, más orientadas a la acción. Después, haz otra lista con las cualidades que te recuerden a la Emperatriz, es decir, aquellas más receptivas, más femeninas, más emocionales. Compara ambas listas y valora si hay alguna cualidad que no se ve compensada, por ejemplo. Esto te ayudará a saber qué partes de ti necesitan equilibrarse.

AIRE: LA SUMA SACERDOTISA

A pesar de que hay varias cartas que podemos relacionar con cada elemento en particular (además, cada carta tiene sus propias asociaciones astrológicas), lo cierto es que no se me ocurre una carta más apropiada para el Aire que la Suma Sacerdotisa. El Aire representa la mente y el intelecto, pero también es el elemento de la libertad y el crecimiento, de todo lo etéreo y, por supuesto, de lo invisible al ojo humano. Y la Suma Sacerdotisa es quien gobierna este reino místico, energético, etéreo y expansivo. Y tiene muchos secretos que revelarte.

La Suma Sacerdotisa es una carta que simboliza todo lo oculto, lo mágiko y lo secreto. Representa el conocimiento oculto, las enseñanzas secretas, aquellas que han sobrevivido porque se han transmitido de generación en generación. Esta carta del Tarot es un recordatorio de tu propia magiak, de tu capacidad de expresar, de desterrar y de invocar. Simboliza el ritual, la energía, la acción y la intención. Está presente en cada uno de los pasos de cualquier hechizo y, al igual que ocurre con el Aire, no puedes atarla o sujetarla contra su voluntad. Trasciende, como el elemento que representa. La Suma Sacerdotisa vigila el velo, así que solo los que ella considere dignos y merecedores podrán cruzarlo. Este personaje simboliza el Aire en su estado más exaltado, cuando se vuelve afilado y cortante, como el filo de una espada. Pero también simboliza la verdad. La Suma Sacerdotisa es la antigua Diosa de las serpientes de Creta, la diosa de los misterios, de los ciclos, del marchitamiento y el renacimiento vital. No puedes encerrarla, ni maniatarla, así que no trates de hacerlo. Invócala y te ayudará a conocer tu propio poder.

Paso a paso: crea un altar dedicado a esta carta y a tu sacerdotisa interior. Leer el Tarot, estudiar adivinación, practicar rituales y aprender nuevos caminos espirituales son formas de conectar con ella. Otra manera de crear un portal y conectar con esta carta y el elemento del Aire es fumando o quemando hierbas sagradas, como cannabis, camomila, damiana o lavanda.

FUEGO: LA FUERZA

La imagen que protagoniza la carta de la Fuerza es, sin duda, inspiradora: una mujer que ha conseguido domar un león, al que está sujetando por la mandíbula, que luce una sonrisa serena y tranquila y sobre la que flota el símbolo del infinito. Esta carta, igual que el elemento del Fuego, desprende confianza y determinación. La timidez no forma parte de los rasgos característicos del Fuego. No se avergüenza de lo que es, ni pide disculpas por ello. Esta carta te recuerda que posees una fuerza interior inagotable, y el símbolo del infinito que planea sobre su cabeza como una corona también hace hincapié en esta idea. El Fuego representa tus deseos y anhelos, pero también representa la ira y el ego. Contiene todo lo que te exaspera y te saca de tus casillas, también lo que te inflige dolor y sufrimiento, lo que amenaza con hundirte y matarte; pero también te enseña que eres capaz de superar y vencer esas situaciones y de salir todavía más fuerte de ellas.

La Fuerza es una carta que pretende recordarte que sigues teniendo una fortaleza interior infinita, pero debo admitir que no es una carta cómoda, ya que implica cambio, transformación, evolución; esa fuerza interior se recupera cuando uno desciende al inframundo y regresa renovado y transformado. Esta carta del Tarot, igual que el Fuego, representa el renacimiento.

Trabajar con esta carta implica despojarse de miedos heredados o adquiridos durante la infancia. Vives atrapada en viejas historias y leyendas que parecen el león más salvaje y hambriento que jamás hayas visto. Te sientes tan débil y tan pequeña que no te ves capaz de enfrentarte a esa monstruosidad. Pero entonces recuerdas quién diablos eres. Como el Fuego, sabes que puedes librarte de todo lo que ya no necesitas y fomentar y nutrir lo que sí te conviene. La carta de la Fuerza te muestra un león que, en realidad, no tiene unos colmillos tan afilados y mortales y que eres mucho más fuerte de lo que crees o pareces. Si te enfrentas a tu ego y a tus miedos, incluso cuando estés asustada, atravesarás el fuego alquímico y renacerás de las cenizas como el ave fénix.

Paso a paso: haz una lista de las veces que te has sentido orgullosa por ser una mujer fuerte, por no haberte rendido. Dibuja o talla el símbolo alquímico del Fuego (un triángulo) sobre una vela roja y después escribe tu nombre al lado. Coloca la carta de la Fuerza en el altar, junto a la vela. Enciende la vela y lee en voz alta la lista que has elaborado al principio. Deja que la vela se consuma por completo. Cuelga la lista en la pared, o déjala en un lugar visible y léela cuando necesites recordar de lo que eres capaz.

AGUA: LA LUNA

Esta carta te permite conectar con lo sutil, puesto que representa todo lo que verdaderamente sientes o, dicho de otro modo, tu subconsciente, ese rincón de tu mente borroso y misterioso. En esta carta aparece la Luna, el cuerpo celestial que gobierna el océano y sus mareas, y el elemento del Agua, que simboliza tu mundo interior y todo lo metafísico.

Gracias a la calma y serenidad del mar, y al claro reflejo del cielo estrellado sobre la superficie y al portal que te abre la luz de la Luna, encontrarás el camino que te llevará a tu verdad. Esta carta del Tarot, a pesar de la serenidad que transmite, es muy potente e intensa. Aunque la energía de la Luna es pasiva, no olvides que requiere compromiso y sinceridad. El elemento del Agua te proporciona libertad y movimiento y sus corrientes te llevarán hasta tu máxima expresión emocional, igual que esta carta.

La Luna representa el camino que recorre la Suma Sacerdotisa y es aquí donde ella juega y practica su magiak. A través de esta carta podrás descubrir todas tus dimensiones, reconocer todos tus sentimientos y asumir tus sombras y heridas más profundas. La luz de la Luna te ilumina para que puedas asimilar y procesar todo esto y proporciona espacio a este despliegue de experiencias y emociones que exteriorizas y proyectas. Esta carta y el elemento del Agua te ayudarán a sanar y superar traumas, pero antes que eso te ayudarán a darte cuenta de qué heridas siguen abiertas.

Esta carta simboliza tu creatividad, tu sacerdotisa interior, tu hierofante. Es la magiak que conoces, que sientes en tus entrañas. Y también es tu conexión interior con el Espíritu, con la fuente de toda energía, con el dios o con la diosa. Sin embargo, puede ser una carta de negrura absoluta, rodeada de pesadillas, como un velo que te impide ver lo que hay al otro lado, como la luna nueva. Pero no olvides que las fases lunares se van sucediendo y que nada es para siempre; si aceptas que el péndulo no tardará en balancearse y se moverá hacia la iluminación mística, este camino en forma de espiral no te resultará tan aterrador.

Paso a paso: medita o pasa tiempo bajo la luz de la Luna llena. Crea un altar dedicado a la luna llena. Añade un vaso de agua lunar a la bañera para absorber todavía más la energía de la Luna. Y para disfrutar de un baño lunar sanador y purificador, añade unos pétalos de rosa o lavanda, enciende velas blancas y plateadas y echa un puñado de sal de Epsom.

EL ESPÍRITU CONTRA LAS CUERDAS: LA TORRE

El Espíritu no se puede definir como más o menos vibracional, o más o menos evolucionado. El modo en que nosotros, los seres humanos, con nuestros sentidos y capacidades, vivimos y sentimos ese Espíritu es lo que sí se puede definir desde una perspectiva vibracional. En esta vida, todos pasamos baches. Todos tenemos altibajos. En algún momento u otro, todos hemos tenido la sensación de que alguien nos había echado un mal de ojo. Estas situaciones son las sombras, esas grietas que se abren en las profundidades marinas a las que no llega la luz del Sol. Pues bien, este es el mensaje de la Torre.

Esta carta simboliza un final y una transformación. Pretende informarte de que una de las estructuras más solidas de tu vida, ya sea una relación, un empleo o una creencia, se está rompiendo en mil pedazos y se va a desmoronar. Simboliza un final, el caos, la revolución. Aunque pueda ser una carta incómoda, transmite uno de los mensajes más potentes del Espíritu y de todo el Tarot: hay cosas que deben terminar para poder volver a empezar.

Cuando observas la carta de la Torre, ves que algo se rompe, que algo llega a su fin y que el derrumbe provocará una serie de daños estructurales que deberán subsanarse. Es el momento perfecto para desprenderte de todo aquello que ya no te sirve, de allanar el terreno y de prepararlo para construir algo nuevo; la base debe ser lo bastante segura y robusta para que puedas edificar algo encima sin que se venga abajo a la primera de cambio.

A veces, cuando esa estructura ya se ha derrumbado, eres capaz de adoptar otra perspectiva y darte cuenta de todo lo que has aprendido o evolucionado gracias a esa mala experiencia. A veces, eres tú quien debe romper esa estructura para poder repararla después. Y otras veces no lo sabes hasta que, de golpe y porrazo, todo parece desmoronarse a tu alrededor.

Paso a paso: para trabajar con la energía de la Torre, lo primero que debes hacer es rendirte. Desprenderte de todo lo que ya no necesitas. Dejar de luchar contra viento y marea y aceptar que hay cosas que deben cambiar. No puedes asumir todo esto de la noche a la mañana, así que ten paciencia y si cometes algún error, no te castigues por ello. Trata de recordarte cada día que superarás este bache y que esta situación tan dolorosa y complicada te ayudará a crecer y a evolucionar. Crea un altar dedicado a los nuevos comienzos y decóralo con flores blancas, velas blancas y telas blancas. Tú eliges la experiencia que quieres vivir.

CONECTADOS Y EN ARMONÍA CON EL ESPÍRITU: EL MAGO

En esta carta ves a la figura del Mago con los pies en el suelo, con una mano apuntando al cielo y con la otra apuntando al suelo. Ante él aparecen los cuatro palos del Tarot: la copa, la espada, el pentáculo (o la moneda de oro), y la vara (o basto), sobre su cabeza se advierte el símbolo del infinito. El Mago representa la culminación del poder de todos los elementos, la fuerza de todos los palos del Tarot intensificada por la energía de los arcanos mayores. Esta carta representa el equilibrio entre la Tierra, el Aire, el Fuego y el Agua, un equilibrio necesario para favorecer el crecimiento y el renacimiento. La magiak del Mago simboliza el Espíritu, la última pieza de la estrella de cinco puntas.

El Mago también es el ocultista, aquel que estudia lo sutil, que perfecciona el reino energético y provoca cambios en el plano físico. Es plenamente consciente de que la vida es un reflejo del Cosmos y de los cielos. Como es arriba, es abajo. Como es dentro, es fuera. Esta carta te recuerda que en tu interior habita una fuerza infinita, una fuerza capaz de crear, desterrar, renacer, destruir y amar. Representa toda la variedad de experiencias que has vivido como si fuese un ser espiritual y, por lo tanto, también simboliza la manera en que conectas, reflejas y canalizas el Espíritu.

Es absurdo pensar que siempre vivimos en perfecto equilibrio; de hecho, si lo hiciésemos, ¡no sobreviviríamos a ello! Todos necesitamos estar en constante búsqueda de ese equilibrio. Todo depende de cómo nos sintamos en ese momento o situación y de qué necesitemos. Por muy mística y mágika que seas, vas a tener que enfrentarte a situaciones incómodas y dolorosas a lo largo de tu vida. La carta del Mago pretende recordarte que todas las herramientas que necesitas, todas las lecciones que puedes aprender de los elementos, están ahí, sobre el altar que tienes delante de las narices. Utilízalas cuando quieras porque siempre van a estar ahí, igual que el Espíritu.

Paso a paso: para encarnar la energía del Mago, puedes trabajar con los elementos, crear un altar y decorarlo, hacer rituales que te obliguen a trascender y a ahondar en tus sentimientos. Otra manera de trabajar con este arquetipo es ponerte en su piel, convertirte en él. Ya estás en este camino, así que déjate guiar por tu curiosidad. Para transformarte en el Mago trabaja con el Tarot, con los cristales y los elementos, haz rituales, estudia astrología, venera a la diosa, anota tus vivencias en un diario… Las opciones son infinitas.

UNA TIRADA DEL TAROT PARA DEJARTE GUIAR POR CADA ELEMENTO

Las cartas del Tarot son la herramienta perfecta para conocer a fondo cada uno de los elementos, ya que cada palo de la baraja te puede ayudar a relacionar la Tierra, el Aire, el Fuego y el Agua con tu propia experiencia humana. Ver tu reflejo en el Tarot puede guiar el viaje espiritual que has emprendido y ese conocimiento te acompañará durante el resto de tu vida.

Una de mis tiradas favoritas utiliza la figura del pentáculo y los elementos y pretende mostrarte qué partes de tu ser se sienten respaldadas, qué partes se sienten plenas y satisfechas y qué partes requieren un poco más de atención o incluso ayuda externa. A estas alturas, ya habrás aprendido las lecciones, el lenguaje y los mensajes que pueden transmitirte los elementos. Esta tirada te ayudará a ahondar todavía más en los elementos y, si la lees e interpretas con intención y presencia, te llevará hacia la energía del Espíritu, esa energía de conexión y equilibrio que existe entre la naturaleza y todos los seres vivos.

¿Qué te apetece aprender de la Tierra? ¿Del Aire? ¿Del Fuego? ¿Del Agua? ¿Del Espíritu? Pues bien, esta tirada te permitirá vivir todo esto de una forma totalmente distinta. Anota la experiencia en tu diario y, antes de empezar, recuerda invitar a los elementos al espacio que hayas elegido. Enciende algunas velas. Enciende incienso, o hierbas aromáticas; llena una copa o un cáliz con vino, agua lunar o agua sagrada, o con otra ofrenda; no olvides las cartas. Respira hondo varias veces para conectar con tu cuerpo. Invoca a los elementos cuando quieras y ruégales que te brinden su compasión y su guía. Si estás preparada, baraja las cartas y deja que el camino se abra frente a ti.

Carta 1: el Espíritu – ¿Dónde están los milagros y la abundancia en mi vida?

Carta 2: el Agua – ¿Qué están tratando de decirme mis emociones ahora mismo?

Carta 3: el Fuego – ¿Qué me mantiene viva y apasionada?

Carta 4: la Tierra – ¿Dónde me siento segura y protegida?

Carta 5: el Aire – ¿Dónde puedo mostrarme tal y como soy y estar presente?

Carta 6: ¿Qué aspectos de mi vida están alineados y en armonía?

Carta 7: ¿Qué aspectos de mi vida no están alineados y, por lo tanto, requieren más atención?

Carta 8: ¿Qué elemento debo invocar para que me ayude a encontrar cierto equilibrio?

Carta 9: ¿Qué lecciones no debo olvidar para poder seguir adelante?

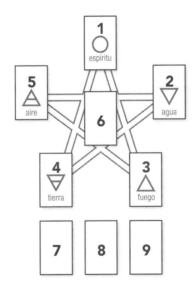

Un ritual para proteger y purificar un espacio

Los elementos transmiten equilibrio y representan lo que necesitas para encontrar un anclaje firme y seguro, para saborear y disfrutar de la vida en lugar de limitarte a sobrevivir y para rodearte de abundancia. Puedes utilizar los elementos para transformar cualquier espacio en un hogar en el que recibir al espíritu de la Tierra, el Aire, el Fuego y el Agua con los brazos abiertos. Los elementos pueden ayudarte a cargar ese espacio de energía, así que aprovecha la oportunidad. Tú eres la conexión entre los elementos y tu casa, lo que tú consideras tu hogar, puede convertirse en el Espíritu. Recuerda que puedes adaptar y modificar este ritual como mejor te convenga.

Es un ritual perfecto para hacer en luna nueva o en cuarto creciente, pero puedes recurrir a él cuando sientas que tu espacio te está pidiendo a gritos un poco de limpieza energética. A mí me encanta purificar esta clase de espacios los domingos, después de limpiar el baño y mi habitación.

Para este ritual puedes utilizar agua sagrada, magiak con velas, una visualización, una intención clara y concreta y cristales. El objetivo es cultivar una relación con los elementos en tu hogar.

Necesitarás: un cuenco con agua, sal, una vela blanca y un candelabro, cerillas o un mechero, miel (para vestir la vela), hierbas como artemisa, lavanda o hierba dulce, o resina de copal o de incienso.

Opcional: hierbas para vestir la vela (consulta las correspondencias de la página 105), un átame o daga ceremonial, angelita.

La angelita es un mineral de color azul cielo que te permite acceder al conocimiento y mensajes de seres angelicales, guías espirituales y del Universo. Esta piedra representa paz, hermandad y compasión y puede ayudarte a aceptar, asumir y superar una situación para así poder seguir evolucionando y avanzando por tu camino espiritual. Gracias a este mineral podrás recibir y comprender los mensajes sutiles y las pistas intuitivas que el Universo te envía y, precisamente por eso, siempre recomiendo incluirla en este ritual, porque aporta paciencia y amor.

Paso 1: reúne todo lo que necesitas

Asegúrate de tener a mano todo lo que vas a utilizar y lee varias veces el ritual para hacer los cambios o adaptaciones que consideres necesarios. También puedes anotar el ritual en tu grimorio y así no tendrás que cargar con este libro de un lado para otro. Después prepara el espacio según las indicaciones de la página 29.

Paso 2: ánclate

Da lo mismo por dónde empieces el ritual; lo importante es que tengas cerca todo lo que vas a necesitar. Vas a caminar por el espacio elegido, pero debes empezar cerca del cuenco de agua. Cuando lo tengas todo dispuesto, cierra los ojos y respira hondo. Elige el método que más te guste para anclarte. Visualiza la luz blanca y sanadora del Cosmos e imagina que entra por la corona de tu cabeza y se expande por todo tu cuerpo hasta alcanzar la Tierra. Esta luz blanca y radiante absorbe todas las preocupaciones y energías negativas que ya no necesitas, o que te impiden evolucionar. Ese resplandor cálido y sanador pasa por todos los meridianos energéticos de tu cuerpo.

Paso 3: invoca a los elementos y enciende la vela

Después de anclarte, vas a invocar a los elementos para rogarles su bendición y protección. Si quieres, también puedes invitar a guías espirituales, seres angelicales, deidades, ancestros o seres de luz para que aporten su granito de arena en este ritual. Cuando invoques a los elementos, puedes hacerlo tal y como te propongo a continuación:

Elemento de la Tierra (y dibujas el símbolo alquímico de la Tierra).
Elemento del Aire (y dibujas el símbolo alquímico del Aire).
Elemento del Fuego (y dibujas el símbolo alquímico del Fuego).
Elemento del Agua (y dibujas el símbolo alquímico del Agua).

Os ruego que purifiquéis, consagréis y bendigáis este espacio. Confío plenamente en el dios/diosa/Universo, en el Espíritu y en mí misma, y desde este espacio destierro cualquier energía que no necesito o me impide seguir creciendo y evolucionando.

Paso 3: bendice el espacio con agua sagrada

Añade tres pizcas de sal al cuenco de agua; este gesto simboliza la fusión de la Tierra y el Agua. Utiliza un dedo o un átame para mezclar ambos ingredientes. Hazlo en el sentido de las agujas del reloj, o *deosil*, y en múltiplos de tres. Mientras remueves el agua, imagina esa luz blanca proveniente del Cosmos deslizándose por tus brazos y la punta de tus dedos. Cuando hayas terminado, extiende las manos, con las palmas mirando hacia el agua, y visualiza que esa luz blanca y sanadora se sumerge en el agua para eliminar cualquier impureza energética y para instilar amor y sanación.

Cuando consideres que el agua está cargada de esa energía sanadora, ponte en pie y echa unas gotas en cada esquina de la puerta de entrada de tu espacio. Después, camina en el sentido de las agujas del reloj y echa unas gotas de agua sagrada en todas las esquinas de la habitación. Cuando hayas terminado, deja el agua junto al resto de elementos que vas a utilizar en el ritual.

Paso 4: quema el humo sagrado

Ahora, coge las hierbas sagradas que hayas elegido y enciéndelas. Deja que el humo baile y se expanda por el espacio. Empieza por la puerta de entrada y muévete en el sentido de las agujas del reloj; dispersa el humo de manera que llegue a todas las esquinas de la habitación y dibuja un perímetro al andar. No descuides tu respiración ni la conexión que has establecido en el paso anterior con la luz sanadora del Universo.

Paso 5: visualiza, declara la intención y enciende la vela

Vuelve al punto de inicio, es decir, donde has reunido todos los elementos que vas a utilizar, deja las hierbas y coge la vela. Si has decidido incluir un trozo de angelita, ahora es el momento de cargar el mineral. Sujeta la vela con ambas manos mientras canalizas la energía del Cosmos de forma que se deslice por tus brazos, manos y palmas y alcance la vela. Ahora, piensa en la intención que quieres para tu espacio: quizá anheles un espacio más seguro y protegido, o que te permita sentir con más intensidad, o puede que prefieras cultivar una relación más estable con él. Sujeta la angelita con la mano para transmitirle también la intención e imagina que la piedra la absorbe. Si quieres, puedes leer en voz alta las frases que te propongo a continuación:

Tierra, Aire, Fuego, Agua, yo os invoco.
Soy el Espíritu que teje la red que os une y os conecta y, gracias a los elementos, he purificado y consagrado este espacio.
Este espacio está protegido en todos los planos y de todas las maneras posibles.

Ahora viste la vela; úntala con la miel, desde el centro hacia los extremos, para alejar a cualquier energía tóxica o negativa. Después enciende la vela mientras conectas con la Tierra; para ello, siente su energía bajo las plantas de tus pies e imagina que va ascendiendo por todo tu cuerpo. Conecta con el Aire; concéntrate en tu respiración para poder anclarte en el aquí y en el ahora. Conecta con el Fuego y siente que te protege con sus llamas. Y, por último, siente una oleada de Agua por todo tu cuerpo, una oleada que te proporciona paz y serenidad.

Paso 6: cierra el ritual

Regresa a la puerta de entrada de tu espacio. Dibuja el pentagrama de destierro (para ello, debes dibujar la estrella de cinco puntas empezando por la esquina inferior derecha y terminando en el mismo punto) mientras visualizas una versión dorada del pentáculo justo detrás. Si quieres, puedes imaginar que el resplandor blanco del Cosmos actúa como un escudo energético o una cascada de protección en la puerta de entrada.

Cuando hayas terminado, di algo similar a lo que te propongo a continuación:

En el nombre de los elementos, en el nombre de mi ser superior, del Cosmos, de la Diosa, el ritual ha terminado. Ahora, este es un espacio sagrado que ha sido bendecido para que todos los implicados puedan evolucionar y florecer.

Por último, concéntrate de nuevo en la respiración para recuperar la presencia. Puedes visualizar la luz blanca del Cosmos deslizándose por tu cuerpo; en esta ocasión no se expande, sino que regresa de nuevo a los cielos. Apoya la frente en el suelo, en la postura del niño, y expulsa cualquier exceso de energía a través de tu tercer ojo.

Deja la angelita cerca de la puerta principal de tu casa o sobre un altar para gozar de más protección y guía de los seres angelicales.

Consejos: guarda el agua sagrada en un tarro para purificar el espacio y déjala bajo la luz de la luna llena para que se cargue de su energía. No soples la vela para apagarla; lo ideal sería que se consumiera por sí sola. Puedes dejarla en el fregadero o dentro de un cuenco con agua para no correr ningún riesgo. Si no tienes más remedio que apagarla, utiliza un apagavelas o un abanico, pero, sobre todo, no la soples. Después, enciéndela cada día y, al hacerlo, conecta con tu intención y con los elementos. Tira la cera sobrante en un cubo de basura situado en un cruce o intersección.

Cristales para conectar con el elemento del Espíritu

Los cristales nos abren las puertas del reino de la Tierra, pero también pueden trasladarnos al reino del Espíritu. El Espíritu es el oxígeno que flota a tu alrededor, el tejido que nos conecta los unos con los otros, lo nebuloso, pero también representa la curación, el cambio, la magiak que te permite colaborar con el maravilloso mundo de los cristales. Aunque las piedras y minerales están conectados con el Espíritu, sus efectos y su capacidad de alterar y cambiar cosas son características propias del elemento, y no del cristal en sí. Un cristal puede ayudarte a entrar en trance, a alcanzar ese estado de consciencia alterado, pero también puede mostrarte una perspectiva que no habías visto antes, o actuar como un talismán protector o guiarte hacia la compasión y el amor. Y todo esto, en resumen, es el lenguaje del Espíritu.

Sin embargo, hay cristales que transmiten la energía de este elemento de una forma más clara y directa que otros. Algunas piedras, como el cuarzo y la selenita, canalizan el Espíritu de una forma muy intensa y eficaz y, por si fuera poco, es muy fácil transmitirles una intención, deseo o anhelo, lo que supone una gran ventaja. Otras piedras como la charoita, la turquesa y la labradorita pueden ayudarte a alcanzar tu máxima vibración y, durante el proceso, te protegen y anclan tu energía.

PARA ENCARNAR EL ESPÍRITU: CHAROITA

La charoita, un mineral precioso de tonalidad púrpura, es una piedra increíble, ya que te permite conectar con energías de una forma totalmente nueva y distinta. Otra de las ventajas de este cristal es que te ayuda a acceder a tu intuición y a estimular los chakras del tercer ojo y de la corona, de manera que puedes recibir ayuda divina en forma de descargas, sincronicidades y mensajes. La charoita nos despeja el camino para que vivamos estas experiencias y actúa como una energía amable y compasiva que nos guía hacia nuestro conocimiento, hacia nuestra verdad. Este mineral nos calma, pero también nos motiva y alienta a seguir adelante, lo que la convierte en una maravillosa sanadora holística y espiritual.

Además, la charoita también actúa como catalizador para conectar con tus poderes más sutiles y perceptivos. Puedes utilizar este mineral para despertar tu intención y ganar seguridad en ti misma; así, dejarás de buscar la aprobación de otras personas para tomar decisiones. Otra de las propiedades de esta piedra es que te permite observar el espejo de tu verdad con más claridad. Pero la lista de ventajas no termina aquí: también te ayuda a superar miedos, a cerrar heridas y a romper con patrones heredados que no te permiten evolucionar. Coloca la piedra sobre tu tercer ojo cuando medites para estimular el chakra y conectar con tu intuición y tus sentidos psíquicos.

PARA SANAR EL ESPÍRITU: TURQUESA

Se dice que la turquesa, una piedra que representa el equilibrio y la armonía, une el cielo y la tierra, es decir, tu lado femenino y tu lado masculino. Es una piedra de un color verde azulado muy llamativo que suele llevarse como amuleto porque protege el cuerpo áurico e impide que entre una sola mota de contaminación energética. Además, también ayuda a equilibrar y alinear el sistema de chakras. Es una piedra estimulante que posee una conexión muy especial con los chakras superiores y que te permite ser dueña de tu futuro porque puede acceder a tu intuición, disipar viejas creencias e inhibiciones y reconocer qué ciclos kármicos deben romperse o terminar. Esta piedra trasciende reinos, te guía hacia otros mundos sin dejar de brindarte protección y seguridad. Y también es una muy buena opción para atraer abundancia y para sentirte segura en todos los sentidos. Coloca la piedra sobre tu tercer ojo cuando medites para ser más consciente de tu intuición y recibir cualquier mensaje psíquico. Colócala sobre la garganta para deshacerte de viejas creencias y patrones heredados y llévala siempre encima si lo que buscas es protección, ya sea a nivel físico o energético.

PARA ANCLARTE Y PROTEGER EL ESPÍRITU: LABRADORITA

La labradorita, que se asocia con todos los chakras o centros energéticos corporales, es una piedra protectora y una gran aliada para cualquier bruja, mago u ocultista. Este mineral iridescente presenta un amplio rango de colores, desde el azul hasta el púrpura, pasando por el amarillo y el verde. Es un mineral hermoso que hipnotiza a cualquiera que lo mire. La labradorita, una piedra que encarna el Espíritu casi a la perfección, estimula tu intuición, fomenta las sincronicidades y te permite recibir y comprender los mensajes que te envía el Universo. Además, la labradorita contribuye a equilibrar el cuerpo físico y el cuerpo energético y te ayuda a acceder a la sabiduría universal o a los mensajes ocultos en tus sueños. Es, sin duda, una herramienta muy útil que deberías incluir en tus rituales y magiak, sobre todo si quieres saber interpretar tus sueños o conectar con el subconsciente.

Esta piedra también sirve para proteger el aura al mismo tiempo que equilibra todos los chakras. Podría compararse con una desintoxicación energética, ya que te ayuda a desprenderte de lo que ya no necesitas pero sin provocar fugas o pérdidas de energía. La labradorita te aporta un anclaje firme, el anclaje que necesitas para poder disolver todo aquello que no te permite seguir evolucionando. Para trabajar con este cristal, medita con él. Sujétalo con tu mano no dominante o túmbate boca arriba y colócalo sobre el chakra que más necesite de sus propiedades. También puedes dejar esta piedra sobre el escritorio para inspirarte y encontrar presencia, o sobre la mesita de noche para recordar tus sueños y así poder interpretarlos después.

Invocar a la Diosa: la divina feminidad como Espíritu

Supongo que ya te habrás dado cuenta de que la Diosa habla muchos idiomas distintos. Se comunica contigo cuando sientes ese hormigueo en la nuca. Pero también cuando oyes el murmullo de las hojas de los árboles. La Diosa nos habla en sueños, en visiones, en poesía. Es el relámpago y el rastro de destrucción que deja a su paso. La Diosa, sea cual sea su nombre, sea cual sea el elemento que la gobierne, sea quien sea quien la venere, es mucho más que todo eso. No hay una diosa para el Espíritu porque la Diosa *es* el Espíritu.

En el marco del hinduismo, la energía y principio de la divina feminidad se conoce como Shakti, la Divina Madre, cuyo nombre significa «poder» o «energía». Representa la fuerza dinámica que reside en la base de tu columna vertebral, también conocida como *kundalini*. Es quien dio a luz a otras diosas hindúes, como Kali, Parvati y Durga y, puesto que Shakti simboliza la energía de la energía vital, se dice que incluso los dioses tienen Shakti, o la energía de Shakti.

Shakti está en todas partes. La fuerza vital está en todas partes. La Diosa está en todas partes. ¿Qué recuerdas? Tu propia divinidad. ¿Cómo la invocas? Cuando haces magiak, cuando muestras devoción y cuando reclamas tu poder.

Honrar el Espíritu, la Gran Diosa

Existen una infinidad de expresiones para la divina feminidad, la Diosa, el Espíritu. Hay quien prefiere no dedicarse a una única deidad y hay quien se pasa la vida entera dedicándose a una diosa en concreto. No hay una opción que te convierta en una mejor feminista o mejor bruja que otra. Recuerda que jamás ha habido y nunca habrá una forma «apropiada» de venerar a una deidad y, ahora que vivimos en este patriarcado tan tóxico, necesitamos honrar y venerar a diosas más que nunca.

Sin embargo, quizá no haya ninguna diosa en particular que te llame la atención. Tal vez te sientas más conectada con la energía de la divina feminidad cuando no muestra un rostro reconocible. O puede que la veneres a través de los ciclos lunares, o como la Gran Diosa que muere y renace a medida que avanzamos por la Rueda del Año. Aunque te propongo rituales y meditaciones para que conectes con las distintas facetas de esta divinidad, lo más importante aquí es tu conexión, lo que tú consideres que mejor te funciona a ti, la clase de magiak que más te apetece practicar. En otras palabras, lo fundamental es que puedas comunicarte con ella de una forma clara y fluida.

Puedes conectarte con la Diosa a través de los elementos, utilizando los distintos aspectos del mundo natural para representarla y ponerle cara. Puede que, en lugar de venerar a Venus, veneres cuerpos acuáticos. O que en lugar de honrar a Gaia, honres las montañas que rodean tu casa. O que, en vez de adorar a Kali, adores el Sol. O que prefieras venerar al cielo y al viento en lugar de a Nut. Al fin y al cabo, venerar a una diosa es venerar al mundo natural, a la Tierra en toda su gloria. En el fondo, el nombre que utilices para denominar a esta energía es lo de menos.

Si no quieres entregarte a una diosa en particular y te apetece trabajar con una energía universal, como Shakti o el Espíritu o la Luna, siempre puedes trabajar con diosas individuales cuando meditas o practicas hechizos y rituales específicos. Otra opción es crear un altar blanco dedicado a Shakti o a la Luna y decorarlo con velas perfumadas y rosas blancas. O, si lo prefieres, puedes dedicar un altar a todas las diosas y a la energía de la Diosa.

La energía de la Diosa no solo la transmiten las diosas; puesto que todos los seres humanos somos un reflejo de esta naturaleza divina, puedes honrar a personas que poseen un talento o cualidad que admiras y que te gustaría fomentar y alimentar en ti misma, ya sean ancestros, deidades o estrellas del pop. Eres libre de incluir fotografías de tu madre o de Lana Del Rey o de Ruth Bader Ginsburg en tu altar dedicado a las diosas. Si admiras ciertas cualidades en una persona, es importante recordar que son personas de carne y hueso y que quizá, si las conocieras a fondo, te decepcionarían porque no cumplirían tus expectativas. Sin embargo, puedes encontrar tu diosa interior si sigues la luz que esas personas irradian.

Trabajar con una *Dea Matrona*, o una Diosa Madre

Ni siquiera el reino celestial escapa del drama. Cada deidad tiene su propio bagaje, su propia opinión y punto de vista, su propia voz. Cuando trabajamos con diosas, ponemos cara al Espíritu, lo dotamos de una imagen física, pero solo vemos una manifestación de una eterna lista de posibilidades. Y esto significa que solo podemos ver una cara de un poliedro de infinitas caras. La verdad es que todos los dioses y diosas tiene sus propias motivaciones e ideas. Los seres celestiales y divinos, como lo son Venus, Nut, Kali y Gaia, tienen sus propias intenciones. Kali y otras diosas oscuras, como Hécate, Lilit, Babalon y Morrigan, que residen en el reino de la muerte y la transformación y la decadencia, pueden ser muy exigentes y, a veces, aterradoras.

Sin embargo, son diosas que, gracias a su sabiduría y conocimientos ancestrales, pueden ayudarte a afrontar tus miedos, tus demonios. Reconozco que me encanta trabajar con diosas oscuras porque me han proporcionado algunas de las experiencias más intensas y transformadoras que he vivido jamás. Si decides acercarte a una diosa oscura, recuerda que debes tratar de conectar con ella desde la compasión y el amor. Si lo consideras necesario, crea un círculo de protección; comparte con la Diosa tus preocupaciones e inquietudes. No olvides que al adentrarte en la esfera de esta sabiduría femenina, te estás entregando en cuerpo y alma a la Diosa y, a veces, la Diosa puede ser una verdadera zorra y hacer algo que te parezca injusto o que, en ese momento, te parta el corazón. Sin embargo, de una forma u otra, estas manifestaciones divinas siempre nos enseñan una lección y nos ayudan a seguir avanzando por el camino del karma. Y por ese motivo siempre volvemos a recurrir a ellas.

Al trabajar con una diosa, el Espíritu se destila o se transforma en el talento o facultad de esa diosa en particular. Venus, por ejemplo, es la destilación del amor y Kali, la destilación de la transformación. Estos arquetipos representan aspectos específicos de lo divino. Puedes trabajar con diosas distintas en distintos momentos de tu vida y así conectar con los arquetipos que mejor representen los ciclos y situaciones que estés viviendo. Habrá épocas en las que necesites protección, o curación, o transformación, o amor, o pasar un duelo, o provocar un cambio… Sea lo que sea, siempre hay una diosa para todo.

Una Diosa Madre es una diosa a quien te entregas en cuerpo y alma, con quien decides trabajar la inmensa mayoría de veces y a quien dedicas tu devoción. En mi caso, soy una devota de Venus, aunque también trabajo con otras diosas, incluidas Kali y Hécate, la diosa de todas las brujas. Cada día dedico unos momentos de meditación a Venus y me gusta crear obras de arte inspirándome en ella. Siempre la invoco antes de empezar un ritual o hechizo y lo cierto es que creo que soy un fiel reflejo de lo que representa. La relación que establece cada persona con una Diosa Madre (o con un Dios Padre si la deidad es masculina) es única y es un reflejo de la evolución de esa persona.

ENCUENTRA TU DIOSA MADRE

Se dice que la Diosa Madre es quien elige a la bruja, y no al revés y, a decir verdad, no puedo estar más de acuerdo. La Diosa será quien te busque y se acerque a ti. Sin embargo, en muchos casos, como por ejemplo el mío, antes debes enviar una invitación y hacer un ritual. Si pretendes abrir un portal a lo divino, aquí encontrarás varios métodos para hacerlo:

- Crea un altar dedicado a la Diosa y hazle un hueco en tu vida, lo que implica conectar con ella de vez en cuando y expresarle tus miedos, preocupaciones e inquietudes.

- Déjale ofrendas y regálale palabras de agradecimiento.

- Da rienda suelta a tu creatividad, dibuja, pinta y escribe y dedica tus obras de arte a la Diosa para afirmar tu relación con ella.

- Redacta una carta o una petición para conocer y conectar con la Diosa; coloca la hoja de papel debajo de la almohada y pídele en sueños que te permita conectar con ella.

- Carga un cristal, ya sea angelita o cuarzo transparente, con esta intención y medita con él.

- Medita y ruégale a la Diosa que te revele su rostro; y para darle un empujoncito, te invito a pasar tiempo en plena naturaleza y dedicarle rituales o ceremonias.

- Crea un ritual específico para comunicarle a la Diosa tu intención; este ritual reafirmará la conexión que pretendes establecer.

- Busca información de todas las diosas para saber con cuál te sientes más identificada.

- Echa un vistazo a tu árbol familiar para saber a qué diosas veneraron tus antecedentes.

Instaura una práctica devocional

Todos nos entregamos en cuerpo y alma a aquello que nos importa, ya sea el trabajo, nuestras relaciones personales o nuestra salud. Bien, pues también puedes crear una relación con el Cosmos y esforzarte por estimularla y nutrirla. Piensa que la Diosa es como una amiga con quien quieres mantener una relación sana y enriquecedora. ¿Qué sueles hacer para alimentar ese vínculo tan personal? Pasas tiempo con esa persona, le expresas tus inquietudes y miedos, la escuchas con atención y, sobre todo, haces lo que está en tu mano por cuidar y mimar esa relación. Al trabajar con la Diosa, canalizas tu energía y honras todo lo divino que hay en ti, tanto por fuera como por dentro.

Mi consejo para cualquier práctica o ritual de devoción es empezar poco a poco. No pretendas empezar la casa por el tejado. En el siguiente capítulo aprenderás a conectar con todos los elementos y el Espíritu junto con una guía que te ayudará a elaborar tu propio ritual. Trabajar con la Diosa puede formar parte de ese ritual y, con el tiempo, ese paso se irá convirtiendo en una práctica devocional en sí mismo.

Si realmente quieres formar una relación sólida y duradera con la Diosa, te recomiendo que, además de tus rituales diarios, dediques unos minutos de tu día a día a ella. Piensa bien en qué va consistir la práctica devocional en cuestión e inclúyela en tu vida cotidiana.

A continuación te propongo algunos ejemplos de rituales de devoción a la Diosa que puedes hacer cada día:

- Enciende una vela consagrada y dedicada.

- Quema hierbas sagradas.

- Medita para conectar con la Diosa.

- Trabaja con cristales dedicados a la Diosa.

- Déjale ofrendas.

- Mastúrbate o practica magiak sexual.

- Canta o medita entonando un mantra.

- Recita una oración.

- Da rienda suelta a tu creatividad: compón música, escribe, pinta, fotografía.

- Interpreta tus sueños.

- Lleva un talismán que hayas cargado de energía en un ritual.

- Practica la escritura creativa o actualiza tu diario.

- Repite afirmaciones o mantras.

- Baila, estira, muévete.

Un ritual para atraer a la Diosa

El ritual que te propongo a continuación puede formar parte de otro ritual para invocar a la Diosa o para absorber la energía de la Luna. Es un ritual muy versátil, ya que te permite invocar varias diosas específicas o, si lo prefieres, trabajar con la divina feminidad en su máxima expresión. El ritual consiste en invocar la energía de la Diosa, en invitarla a entrar en tu cuerpo a través del chakra de la corona y trabajar con una ofrenda y el símbolo sagrado del cáliz o la copa para conectar con su conocimiento.

Los motivos para invocar a la Diosa pueden ser múltiples: como parte de un ritual de devoción, para establecer una conexión más intensa con ella y así recibir sus mensajes, como un paso de tu práctica de magiak sexual (ya sea sola o acompañada), o porque necesitas más guía y orientación en tu camino mágiko particular.

Necesitarás: un cáliz, una ofrenda de vino, agua sagrada o incluso zumo (pero no llenes mucho el cáliz porque vas a tener que sujetarlo).

ANTES DE EMPEZAR: ÁNCLATE

Si no vas a incluir esta práctica en otro ritual, lo primero que debes hacer es preparar el espacio, crear un círculo y anclarte siguiendo la técnica de anclaje que mejor te funcione, aunque, si lo prefieres, también puedes hacer una visualización mientras controlas la respiración. Si vas a incluir esta práctica en otro ritual, asegúrate de tener el cáliz y una ofrenda de vino o zumo en el altar.

PASO 1: RESPIRA Y CONECTA CON EL CÁLIZ

Sujeta el cáliz que previamente habrás llenado con una ofrenda de vino, agua sagrada o zumo con ambas manos y acércalo al centro de tu corazón. Inspira hondo e imagina que la luz blanca del Cosmos entra por la corona de tu cabeza y se desliza por la columna vertebral, por los brazos, por la palma de las manos y por la yema de los dedos hasta sumergirse en la copa. Empieza a conectar con la energía de la Diosa e imagina que esta luz blanca y sanadora ilumina la ofrenda y el cáliz.

PASO 2: COLÓCATE EN LA POSTURA DE LA DIOSA

Si puedes, ponte de pie y separa las piernas a la anchura de los hombros. Sujeta con mucho cuidado el cáliz con una sola mano. Ahora, vas a dibujar las alas de un ángel, como si estuvieras sobre la nieve, pero solo de abajo arriba.

Empieza con los brazos estirados, con las manos cerca de las caderas y las palmas mirando hacia arriba. Siente cómo tu pecho se expande y, en lugar de encoger los hombros, bájalos para que no se tensen. Quédate en esta postura unos segundos.

Después mueve los brazos hacia arriba, pero sin flexionar los codos. Mantenlos estirados y ten cuidado de no derramar el contenido del cáliz. De esta forma, tu cuerpo adoptará la forma de una estrella. Conecta con la energía de la Diosa e imagina que el cáliz que estás sujetando se llena de una luz blanca y purificadora.

PASO 3: INVOCA A LA DIOSA

Sujeta el cáliz con ambas manos de manera que los brazos y el cáliz estén a la misma altura que tu tercer ojo. Ahora, tú eres una columna, un pilar por el que la luz sanadora del Universo puede deslizarse y fluir con total libertad. Es el momento de invocar a la Diosa; puedes utilizar las frases que te propongo a continuación o, si lo prefieres, puedes escribir tu propia invocación antes del ritual y leerla ahora en voz alta.

> *Invoco a [el nombre de la Diosa o solo «la Diosa»].*
> *Yo te invoco desde el amor y la confianza que te profeso. A ti te entrego mi consciencia.*

Repite esta súplica tres veces mientras conectas con el chakra de la corona. Deja que la energía de la Diosa ilumine cada uno de tus chakras corporales y siente cómo todo tu cuerpo se va llenando de esa luz blanca y sanadora.

Acércate el cáliz a la frente, de manera que lo toques con tu tercer ojo.

Ahora, llévate el cáliz a los labios y, si te apetece, toma un sorbo de vino, agua sagrada o zumo. Invita a la Diosa a tu ritual. No tengas prisa. Quédate aquí hasta que consideres que la invocación se ha completado. Es probable que tarde unos instantes. No tires la toalla a la primera de cambio y aprende de los errores. Si notas que algo ha fallado, te animo a que la próxima vez modifiques las palabras o dejes una ofrenda específica a la diosa que has elegido.

PASO 4: TERMINA EL RITUAL

Si has invocado a la Diosa porque quieres invitarla a otro ritual, ahora es el momento de hacer ese ritual, o adivinación, o arte, o magiak sexual.

PASO 5: CIERRA EL RITUAL Y DESPIDE A LA DIOSA

Cuando hayas acabado, deberás comunicarle a la Diosa que vas a dar por terminado el ritual. Colócate de pie y sujeta el cáliz con ambas manos por encima de tu cabeza. Después, di algo parecido a lo que te propongo a continuación.

Este ritual, en el que ha reinado el amor más puro y la confianza más plena, ha llegado a su fin. Gracias, Diosa, por tu bendición; ya puedes abandonar mi ser. Que pase lo que tenga que pasar.

Por último, desliza las manos hacia los lados, adoptando la figura de estrella del principio, y bájalas. Dedica un segundo a conectar con la Diosa, a expresarle tu agradecimiento, a compartir con ella tus anhelos, miedos o preocupaciones. Imagina que el resplandor blanco empieza a retroceder para regresar al Universo, aunque sigue envolviéndote, escuchándote, protegiéndote.

PASO 6: ÁNCLATE Y DEJA UNA OFRENDA

Cuando consideres que has terminado el ritual, da una palmada o haz sonar unas campanillas para regresar a tu cuerpo, al aquí y al ahora. Puedes dejar una ofrenda o llenar el cáliz con un poco más de zumo, agua sagrada o vino. Apoya la frente en el suelo, en la postura del niño, para exhalar cualquier exceso de energía y devolverlo al centro de la Tierra a través de tu tercer ojo. Come algo, bebe un poco de agua, anota la experiencia en tu grimorio y disfruta.

Un apunte sobre la invocación

En general, cada vez que decides conectar con la Luna para absorber su energía, también invocas a la Diosa para expresarle tu intención de convertirte en una embarcación para la grandiosa y divina madre. Recibes a la Diosa con los brazos abiertos, que se adentra en tu cuerpo a través del chakra de la corona, o a través del cáliz que te acercas a los labios, o a través del aire que respiras.

Muchos consideran que invocar a la Diosa implica transformarse en un canal, pero es mucho más que eso. A base de práctica y experiencia, he aprendido que cuando invocas a la Diosa o al Dios, no solo invitas a esos seres inmensos y divinos a entrar en tu diminuto cuerpo humano, sino que además conectas tu consciencia, tu alma y todo tu ser con ese dios o diosa. Te conviertes en una parte de su composición energética.

Si es la primera vez que vas a trabajar con una diosa, te aconsejo que sigas los pasos del ritual anterior y que, en lugar de invocar a la Diosa directamente, empieces extendiéndole una invitación a tu espacio. Ve cambiando de método hasta dar con el que mejor te funcione. Cultiva esa relación. Y después, cuando te sientas preparada, invoca a la Diosa, conecta con ella en el plano físico. Fúndete con ese ser divino. La magiak es real, ¡sin trampa ni cartón! Y aunque no hay que ponerse dramático y pensar que va a ocurrir algo malo, recuerda que cuando juegas o molestas a las fuerzas universales, es una posibilidad. Tenlo presente antes de invocar a la Diosa; conócela a fondo antes de invocarla y medita bien por qué quieres invocarla. Y, sobre todo, sé muy clara con tu intención e invocación.

Honra a la Diosa e invoca al matriarcado

El paradigma tóxico que estamos viviendo está matando el planeta. El equilibrio no existe y, con el ser humano en la cima de la cadena alimentaria, la devoción y el cuidado de la Madre Tierra ha caído en el olvido. Estamos agotando sus recursos naturales y usurpando todo lo que *nosotros* necesitamos para sobrevivir. Esto es el patriarcado; mujeres, individuos no binarios, homosexuales, personas de color, transexuales, indígenas, personas que sufren algún tipo de discapacidad… En resumidas cuentas, cualquiera que no encaje con la definición clásica de El Hombre queda marginado. Hace doce mil años, la humanidad empezó a cultivar y a cosechar sus propios alimentos y, pasamos de ser una sociedad cazadora y recolectora, en la que colaborábamos los unos con los otros para sobrevivir, a una sociedad donde imperaba la competencia, en la que cada ser humano procuraba solo por él y su familia. Ahora vivimos en un nuevo milenio, al que muchos llaman la Era de Acuario, el momento perfecto para replantearnos qué tipo de sociedad queremos ser. La época actual está marcada por el humanitarismo, por el matriarcado, por la veneración de la Diosa, por la unión de todas las personas y por el inicio de un nuevo paradigma. El ciclo del calendario maya terminó en 2012, pero eso no significaba el fin de los tiempos que muchos predecían, sino el inicio de una nueva era, de un nuevo paradigma.

Muchas de nosotras estamos seguras de que en 2012 se produjo un despertar masivo en el que el ser humano recuperó la sabiduría que guardaba en su alma, en sus huesos. Y en cierto modo todo eso está relacionado con el despertar de las brujas que se está produciendo en estos momentos; muchas de nosotras recurrimos a la Tierra para reparar los daños y para sanarla porque, en lo más profundo de nuestro ser, sabemos que solo así podremos sanarnos a nosotras mismas, y a la consciencia colectiva. Somos sus abogadas y, como tales, debemos protegerla y denunciar cualquier trato injusto cuando lo veamos. Formamos parte de la Tierra, recuérdalo.

Con suerte, el 2012 marcó el principio del fin del patriarcado. Aquellas que trabajáis con la Diosa, que mantenéis una estrecha relación con los elementos, que deambuláis por el subconsciente y menguáis y crecéis igual que la Luna, ya estáis fomentando este nuevo paradigma. Al dar voz a la Diosa, al cederle el espacio que se merece, estás colaborando al equilibrio. Y así, entre todas, estamos promoviendo y alimentando el matriarcado.

El matriarcado no es el equivalente al patriarcado porque en sociedades matriarcales, las mujeres no se consideran más poderosas o influyentes que los hombres; en esta clase de sociedad, los hombres y las mujeres son iguales. Las mujeres son las cabezas de familia, y todos los miembros las admiran y veneran por su sabiduría. Reina la empatía y la colaboración, y no la competencia y el capitalismo. Se ha empezado a comprender a la Tierra y muchísima gente se ha dado cuenta del inmenso poder del dolor y el sufrimiento, de la importancia de mimar y ayudar al prójimo. Y este es el camino que has tomado, y el motivo por el que hacemos este trabajo: porque queremos crear un mundo más compasivo, más tolerante y más respetuoso con las distintas expresiones del alma.

Los elementales: trabajar con los espíritus naturales de los elementos

Cuando empiezas a avanzar por el camino de la bruja, o por cualquier camino que venera la naturaleza en toda su inmensidad, algo cambia. De repente, todo a tu alrededor parece despertarse y cobrar vida. Te das cuenta de que los árboles tienen espíritu y sientes que las flores te hablan. Notas una vibración distinta en cada piedra, pero también en los insectos. Te da la impresión de que el Sol se ríe contigo y que la brisa te acompaña a todas partes. Todas las energías que te rodean se vuelven tangibles y puedes percibirlas de una forma totalmente distinta. No solo las brujas creen en el animismo, ni tampoco todas creen que exista. No es necesario creer que todo tiene alma o espíritu para comprender que el mundo elemental puede cobrar forma, igual que las entidades energéticas.

Los elementos se manifiestan en el reino astral como hadas, un término que abarca todos los seres mágikos y ancestros de la naturaleza que ayudan a que el mundo natural esté en equilibrio. Se cuentan historias de enanos y hadas en todos los rincones del planeta, y aunque cada leyenda tiene su propia mitología, las coincidencias son innegables. La mitología que existe alrededor de las hadas y demás seres fantásticos es muy extensa, por lo que puedes recurrir a las hadas que encarnan los elementos con los que quieres trabajar y comprender esa energía desde una perspectiva distinta. También puedes formar relaciones personales con los elementos si trabajas con las hadas o criaturas míticas y espirituales. Son los guardianes de la Tierra, y te muestran un camino en espiral para conocer a Gaia de una manera totalmente distinta. Recuerda que cuando te pones en contacto con estos seres mitológicos lo haces en el plano astral. Puedes acceder a este reino a través de la meditación o el trance, o en los días de solsticio, equinoccio o días de cruces (días intermedios entre los solsticios y los equinoccios), cuando el velo que separa ambos reinos se vuelve más fino. Las hadas existen en un espacio liminal, que no es ni aquí ni allí, sino en un punto entre lo físico y lo intangible. Estos días festivos y sagrados que aparecen en la Rueda del Año son los equivalentes energéticos de estos espacios liminales y coinciden con el cambio de estación. Es más fácil adentrarse en el reino de las hadas durante los *Sabbats*.

Cuando trabajas con las hadas, recuerda que las deidades son seres con sentimientos propios que protegen la Tierra a capa y espada, así que procura dejar el espacio natural que has elegido más limpio e inmaculado de lo que lo has encontrado. También puedes dejar una ofrenda, como leche, miel, pan, pastelitos, azúcar, frutos rojos o fruta fresca.

TIERRA: GNOMOS

La energía elemental de la Tierra está representada por el gnomo, una criatura milenaria que guarda un parecido más que razonable con el clásico gnomo de jardín. Se dice que los gnomos viven en lo más profundo de las raíces de árboles ancestrales, que son los patrones de los animales y que protegen a la Tierra con uñas y dientes. Puedes invocarlos en tus rituales de sanación, sobre todo si tu intención es curar o sanar a una mascota o animal. Los gnomos son criaturas muy energéticas y puedes invitarlos a participar en rituales de protección. También pueden echarte una mano con la adivinación o ayudarte a comprender los sistemas energéticos. Si quieres conectar con los elementales de la Tierra, puedes hacerlo a través de una meditación, deslizándote por el sistema de raíces de un árbol ancestral, donde viven los gnomos, en esas profundidades de la Tierra a través de las que ni siquiera consigue colarse un rayo de luz. Conecta con los gnomos y formúlales una pregunta sobre un tema en concreto. Cuando hayas terminado, no olvides dejarles una ofrenda; con un poco de leche y miel acertarás seguro.

AIRE: SÍLFIDES

Las sílfides, que representan la liviandad e ingravidez del Aire, son unas criaturas diminutas y delicadas con alas que suelen mostrarse como susurros de luz o ilusiones sutiles como una telaraña. Las sílfides son una fuente de inspiración que nos recuerdan el inmenso poder de los sueños, y de la alegría. Además de encarnar el elemento del Aire, las sílfides nos enseñan a ver las cosas desde una perspectiva distinta, a seguir lo que nos dicta el corazón y a buscar un apoyo firme para seguir evolucionando con total seguridad. Se dice que las sílfides vuelan con el viento con gran alegría, excepto cuando hay tormenta; en ese caso, se convierten en criaturas agresivas y destructivas que canalizan la energía de la tormenta. Puedes invocar a las sílfides para hallar inspiración, pero también para que te ayuden a provocar esos cambios que tanto anhelas. Para conectar con las sílfides, quema humo sagrado, medita al aire libre o concéntrate en tu respiración cerca de un ventilador. Otra forma de conectar con ellas es a través de una visualización (imagina que puedes volar), o de una meditación centrada en la energía de una tormenta. También puedes crear obras de arte y dedicárselas a las sílfides. Cuando hayas terminado, deja una ofrenda de leche, miel o caramelos; otra ofrenda para los elementales del Aire es hacer burbujas de jabón.

FUEGO: SALAMANDRAS

Las salamandras parecen lagartijas rojas o amarillas que corretean entre las llamas y merodean por las profundidades más candentes de la Tierra. Además, estos elementales poseen la misma calidad intocable del Fuego: un ardor muy intenso. Estos seres pueden ser muy peligrosos, pero recurre a ellos si crees que necesitas protección o liberarte de energías tóxicas o negativas. Si al final decides trabajar con estos elementales, asegúrate de despedirlos como es debido cuando el ritual haya terminado. Las salamandras son criaturas que pueden llevarte a terrenos intensos, tanto en el plano astral como en tu cuerpo emocional. Te aconsejo que, si vas a invitar a la salamandra, lo hagas después de crear un círculo de protección. Después de despedirlas, quema una ofrenda de incienso.

AGUA: ONDINAS

Las ondinas, un término que abarca todos los espíritus acuáticos, como sirenas, nereidas y ninfas marinas, son la personificación perfecta de las energías elementales del Agua. Estas criaturas están conectadas a todos los cuerpos de agua, ya sean océanos, lagos, ríos o arroyos; pero no solo eso, también pueden enseñarte a conocer mejor tus emociones y cuerpo espiritual y a estimular tu artista interior. Cuando estés en la bañera o nadando en el mar, por ejemplo, puedes conectar con las ondinas para que te brinden su compasión y amor. Puedes recurrir a ellas cuando estés pasando una época de confusión emocional o cuando necesites ayuda para curar heridas emocionales. Todo esto forma parte del subconsciente y puedes conectar con estas hadas acuáticas para procesar y comprender tus sueños y tu mente subconsciente. Las ondinas te brindan la posibilidad de sanar, así que puedes meditar con ellas cuando estés sumergida en agua, o visualizando que lo estás. Imagina que una luz blanca y sanadora emana del agua, te envuelve y sostiene todo tu ser; después invoca a las ondinas para rogarles comprensión o sanación. Cuando hayas terminado, regresa a tu cuerpo, al aquí y al ahora, y deja una ofrenda de miel, leche, aguamiel, vino o pastelitos.

Encarnar el Espíritu: crea tu propio estilo

Cuando creas un *look* para transmitir la misma energía que un elemento, lo importante es la intención. Si te apetece lucir un estilo en particular, un estilo que exprese lo que pretendes invocar, encarnar o estimular, presta atención a cada detalle, a cada prenda, a cada complemento. ¿Qué necesitas para sentirte divina? ¿Qué prendas te hacen sentir como una diosa que camina entre mortales? Tener ciertas prendas en el armario o recurrir a ciertos rituales de vez en cuando para conectar con esta energía divina puede ser un verdadero acto de transformación. Pero también puede convertirse en un ejercicio de cuidado personal, un ancla física que puedes utilizar para provocar un cambio, una metamorfosis personal, o para conectar con el elemento del Espíritu de otra manera.

Si hablamos de estilo y moda, conectar con el Espíritu implica dedicar unos segundos a pensar en tu atuendo favorito, en aquel conjunto que te hizo sentir como una verdadera diosa. Lo importante no es la ocasión para la que elegiste ese conjunto, sino el cómo te sentiste enfundada en esa ropa. Cierra los ojos y visualízate; fíjate en todos los detalles. Trata de recordar la textura de la tela, el color de cada prenda, el patrón. Y ahora respira hondo. ¿Cómo te hace sentir ese conjunto? Anótalo y piensa qué tenía de especial esa ropa. Supongo que es un estilo que te inspira y que te hace sentir sensual, elegante, imbatible, hermosa, atractiva, mística. Pues bien, *eso* es el Espíritu.

Tener un estilo personal consiste precisamente en eso, en crear un estilo que te defina y con el que te sientas tú misma y darle un toque personal. Y en ese toque personal es donde entran en juego los elementos.

Antes de empezar, abre el armario y busca prendas que te gusten.

Regala o dona toda la ropa que hace tiempo que no te pones. ¡Necesitas dejar espacio para lo que está por venir! También te aconsejo que crees un tablón en tu cuenta de Pinterest, o que elabores un *collage* con prendas, colores, maquillajes y accesorios que más te gusten o te llamen la atención. De esta manera tendrás un espacio dedicado a la inspiración y te resultará más fácil saber qué patrones y tendencias te interesan más.

Si no sabes por dónde empezar, plantéate las preguntas que te propongo a continuación. Puedes anotar las preguntas y respuestas en tu diario o utilizarlas como inspiración para hacer *collages* o *mood boards* (pizarras de estado de ánimo). Busca ideas en Instagram, en Twitter, en revistas, en Tumblr, en tiendas de segunda mano, en pasarelas, en películas antiguas y en el mundo natural que te rodea.

¿Qué colores me favorecen?
¿Qué estilos y patrones me sientan mejor?
¿Qué me inspira ahora mismo, a nivel visual, artístico e histórico?
¿A qué estrellas de la alfombra roja, músicos o modelos admiro por su estilo?
¿Qué quiero atraer a mi vida cotidiana?

Después, plantéate en qué aspectos quieres centrarte. Puedes utilizar las características más importantes de los elementos para adentrarte en el reino del Espíritu, pero también puedes recurrir al Tarot, a las diosas y a los planetas si necesitas inspiración para renovar tu armario; convierte tu tirada de cartas diaria o el signo zodiacal en que esté la Luna o el Sol en tu propia fuente de inspiración. Las preguntas que te propongo deberían ayudarte a despejar algunas dudas. También puedes analizar el estilo particular de cada elemento, que encontrarás en sus respectivos capítulos, y la tabla de correspondencias de color, que encontrarás en el siguiente capítulo. Pero, sobre todo, ¡escucha a tu intuición! Si te das cuenta de que todo lo que tienes en el armario son prendas muy cómodas (muy terrenales) y te apetece experimentar, te animo a canalizar la creatividad del Aire, o la temeridad del Fuego a través de la moda. Si vas a empezar a trabajar en una nueva empresa y quieres que tu estilo denote profesionalidad, te aconsejo que canalices la energía de la Tierra con prendas de líneas definidas y limpias, o la serenidad del Agua con líneas más fluidas y sueltas que te aporten seguridad y calma.

Tierra: ¿qué me mantiene con los pies en el suelo? ¿Qué me proporciona seguridad?
Estilo: profesional, chic, clásico, cómodo, con varias capas, estructurado, natural, espontáneo.

Aire: ¿qué me inspira? ¿Qué me hace sentir presente y segura de mí misma?
Estilo: excéntrico, colorido, auténtico, fluido, creativo, elegante.

Agua: ¿qué me hace sentir hermosa y atractiva? ¿Qué me proporciona comodidad?
Estilo: holgado, suave, sedoso, expresivo, intencional, divino, fluido.

Fuego: ¿qué me hace sentir una persona influyente y ambiciosa? ¿Qué me hace sentir atractiva?
Estilo: poderoso, atrevido, extremo, sensual, seductor, llamativo, audaz.

Utiliza estas preguntas y tu *collage* o tablero de Pinterest como herramientas para experimentar con tu *look*. Recuerda que el estilo va más allá de la ropa; incluye talismanes, esencias, maquillaje, colores. Representa tu intuición. Es tu capa, tu disfraz, tu armadura. Es tu estilo personal, tu forma de expresión y la bandera que te representa, que vas a ondear cada día y que vas a compartir con otras personas. También debes aprender a ver la ropa desde una perspectiva distinta y a darle un toque creativo a tu armario. Te recomiendo que quedes con tus amigas para intercambiaros ropa, que entres en tu tienda de segunda mano favorita y busques dos prendas estrella. Para llevar el Espíritu a tu armario, no hace falta que te gastes una fortuna en ropa; de hecho, no hace falta que te gastes un solo euro. Tu estilo habla de ti, y de nadie más, y recuerda que igual que tu magiak y tú vais creciendo y evolucionando con el paso del tiempo, tu estilo también lo hará.

Preguntas para conectar con el Espíritu

La intuición es la compañera de vida más importante de cualquier bruja, una voz que debes aprender a escuchar. ¿Cómo? Pues prestándole toda tu atención para comprender los mensajes que trata de enviarte. Te aconsejo que utilices tu diario personal para conectar con los elementos porque ellos te ayudarán a averiguar lo que tu intención está intentando decirte sobre distintos aspectos de tu vida. El Espíritu, el hilo dorado que une la red de elementos, también puede actuar como puente cuando anotes tus experiencias en el diario, pues te ayudará a procesar y a entender lo divino. Las preguntas que te planteo a continuación están relacionadas con el Espíritu y pueden ser un punto de inicio para la reflexión. Después, déjate guiar por los elementos.

Como siempre, lo primero que debes hacer antes de empezar es preparar el espacio tal y como se indica en la página 29. Prepara el espacio de forma que te ayude a conectar con el Espíritu y abre el diario cuando sientas que estás preparada.

Espíritu: ¿qué merece mi agradecimiento ahora mismo? ¿Qué me dice mi intuición? ¿Qué siento cuando estoy en armonía con lo divino? ¿De qué manera se comunica lo divino conmigo? ¿Qué experiencias espirituales han sido importantes para mí? ¿Qué deseo y anhelo? ¿Por qué es tan importante para mí conectar con algo mucho mayor que yo?

Tierra: ¿qué me mantiene con los pies en el suelo? ¿Qué me ayuda a sentirme segura? ¿Qué aspectos de mi vida necesitan unos cimientos más sólidos y firmes? ¿Qué estoy alimentando, fomentando y estimulando? ¿Cómo estoy cuidando de mí misma?

Aire: ¿qué anhelo aprender? ¿Qué me inspira? ¿Qué aspectos de mi vida quiero trabajar? ¿Qué significan la libertad y el espacio ahora mismo para mí? ¿Dónde estoy presente? ¿Dónde no estoy presente? ¿En qué situaciones o aspectos vitales debo ser más paciente y comprensiva y menos mordaz y afilada?

Fuego: ¿qué trata de decirme mi sexualidad ahora mismo? ¿Cuándo siento amor y lujuria y erotismo en mi cuerpo? ¿Qué me apasiona y estimula y fortalece? ¿Qué me inspira? ¿De qué creo que debo desprenderme? ¿Dónde busco más intensidad? ¿Y menos?

Agua: ¿qué tratan de decirme mis emociones ahora mismo? ¿Qué siento ahora mismo? ¿Mi práctica espiritual es la adecuada? ¿Qué necesita mi Espíritu? ¿Qué trata de decirme mi corazón? ¿Qué aspectos de mi vida estoy sanando? ¿Qué aspectos de mi vida debería sanar.

El Espíritu en la astrología: comprender los planetas

La astrología nos ofrece un amplio abanico de posibilidades. Puedes utilizarla para plantear preguntas sobre un evento en particular (astrología horaria), para comprender los acontecimientos que está viviendo un grupo de personas y, por supuesto, siempre puedes recurrir a tu carta astral para entender tu vida y tu alma. Además, la astrología es una herramienta que puede ayudarte a comprender y guiar tu alma hacia su propia evolución, igual que el Tarot. Un mapa o carta astral, ideal para lanzar una pregunta sobre un evento o una persona, incluye tres elementos principales: los planetas, las casas y los signos zodiacales. Si el planeta es el actor, entonces la casa es la escena y el signo el disfraz o vestimenta que lleva. La relación entre las casas, los signos y los planetas es el objeto de interpretación del astrólogo, junto con sus tránsitos o lo que está ocurriendo en el Cosmos en ese preciso instante. Aprender la dinámica y funcionamiento de las piezas que conforman tu carta astral pueden ayudarte a entender por qué actúas como actúas y te enseñan lecciones que debes aprender y asumir en esta encarnación.

Si los planetas son los protagonistas de la película, entonces pueden considerarse como el elemento del Espíritu personificado en el zodíaco. Los planetas también pueden ser arquetipos, ya que tienen sus propias correspondencias, lecciones, bagaje e incluso sus propias deidades, que los romanos se encargaron de bautizar. Los siete planetas clásicos (el Sol, la Luna, Júpiter, Venus, Saturno, Marte y Mercurio), junto con las nuevas incorporaciones (Urano, Neptuno y Platón), transmiten una energía muy poderosa que puedes invocar e incluir en tus rituales y hechizos. Instruirse en magiak planetaria es decisión de cada una, pero te aseguro que conocer las correspondencias de los planetas, su significado, los días con los que están relacionados y qué ocurre cuando se mueven de forma retrógrada te ayudará a ahondar y desarrollar todavía más tu magiak.

EL SOL

En astrología, el Sol representa tu luz, tu fulgor, tu identidad. Es el astro que después de crear vida, ayuda a mantenerla. También es un fiel reflejo de cómo te ves a ti misma y de cómo te mueves por el mundo. Y gracias a este cuerpo celestial puedes brillar, reclamar y ocupar tu propio espacio y formarte a ti misma. El Sol representa y gobierna tu voluntad, tu personalidad y la forma en que te expresas. Es el equivalente activo de la energía receptiva de la Luna y, por lo tanto, de él puedes aprender lo que significa confiar en uno mismo, aprovechar el poder que tenemos y ser dinámicos y coherentes con nuestras acciones. El Sol nos recuerda al Fuego cuando arde en un entorno seguro y nos hipnotiza con sus llamas: cera que se derrite, el sol acariciando la piel desnuda, ideas nuevas, joyas doradas...

Deidad: Sol (romano) / Helios (griego).
Signo(s): Leo.
Día: Domingo.

LA LUNA

La Luna gobierna el reino de lo sutil, que está conectado con todo aquello que susurra, trepa o se cuela por las grietas y ranuras de tu subconsciente. No es un reino analítico como el del Sol, sino un reino energético y espiritual. Te adentras en un espacio donde prima el corazón, no el cerebro. La Luna refleja tu mundo emocional interior y suele ser una representación bastante precisa de cómo te sientes en un momento en particular y de tu verdadera naturaleza interna. Los ciclos lunares son un espejo de tus propios ciclos vitales y, a través de ellos, puedes averiguar qué aspectos de tu ser debes atender y alimentar más. Pero la Luna también te muestra tu sombra, todo lo que se esconde debajo de la superficie, todos los rincones a los que no llega la luz del Sol. La Luna es tu intuición y tu percepción.

Deidad: Luna o Diana (romano) / Selene o Ártemis (griego).
Signo(s): Cáncer.
Día: lunes.

MERCURIO

Mercurio, el patrón de la comunicación, el pensamiento, el conocimiento, los viajes y el intelecto, es un planeta que exige expansión y evolución. Mercurio empuña la espada de la sabiduría y mezcla el saber con la justicia y el discernimiento. El objetivo fundamental de este planeta es hallar la verdad. Representa el modo en que te expresas verbalmente, tu forma de pensar, de meditar decisiones y de analizar situaciones. Muchas personas conocen su signo solar o lunar, pero no olvides que Mercurio representa la forma en que compartes las distintas facetas de tu ser. Mercurio, el dios griego Hermes, el dios egipcio Tot, el dios de la escritura y el conocimiento oculto… se dice que todos son lo mismo, encarnaciones de Hermes Trismegistus.

Hermes Trismegisto fue uno de los oscultistas y filósofos más célebres del mundo antiguo además del autor de los famosos textos herméticos que se escribieron alrededor del siglo I de nuestra era. A diferencia de Platón, no está íntimamente relacionado con el ocultismo. El espíritu de este planeta se basa en la sabiduría y conocimiento de uno mismo para poder crecer y evolucionar.

Deidad: Mercurio (romano) / Hermes (griego).
Signo(s): Géminis, Virgo.
Día: miércoles.
Mensaje en retroceso: cuando un planeta se mueve de forma retrógrada (es decir, cuando inicia su retroceso), parece que se desplace hacia atrás si lo miramos desde la Tierra. En realidad no retrocede, pero en un plano energético podríamos decir que sí lo hace; en otras palabras, durante esa marcha hacia atrás, todo lo que el planeta gobierna tiende a desalinearse, a volverse un poco más caótico. Esto ocurre unas tres o cuatro veces al año y dura varias semanas. Durante este periodo de tiempo se recomienda viajar lo menos posible y no firmar ninguna clase de contrato. Además, la comunicación se vuelve más difícil de lo habitual. Pero en cada retroceso se esconde una lección. En el caso de Mercurio, nos recuerda que de vez en cuando debemos bajar el ritmo, planear ciertas cosas con antelación y leer la letra pequeña dos veces antes de tomar una decisión. El retroceso de Mercurio nos muestra qué aspectos de nuestra vida necesitan de nuestra presencia, paciencia y atención.

VENUS

El amante, el que anhela y busca el placer, el planeta de la riqueza, la abundancia, la sensualidad y la belleza. Venus es, sin lugar a dudas, el planeta más hedonista de todos. Te muestra distintas formas de amar y de ser amado y la manera en que recibes la abundancia que se te ofrece. Representa todo lo que te inspira, todos tus deseos. Trabajar con Venus implica aprender a recibir, a seducir y a averiguar qué significa para ti sentirte satisfecha, tanto a nivel sexual como emocional. Pero también es el planeta de la elegancia, la opulencia y la expresión de uno mismo; este planeta te invita a conocerte a fondo y a descifrar las relaciones que mantienes con los demás, con el poder, con el dinero y con la Diosa. Venus representa la relación que mantenemos con nosotros mismos y pretende que aprendamos a querernos y respetarnos, igual que la diosa que ostenta el mismo nombre. Venus es pasión y la musa de las musas. Es la personificación del amor y el romance y, por ese motivo, te ruega que conectes con tu corazón para saber qué reside en él. El amor es su lenguaje, y nunca se cansa de su dulce cantinela.

Deidad: Venus (romano) / Afrodita (griego).
Signo(s): Tauro, Libra.
Día: viernes.
Mensaje en retroceso: cuando Venus se mueve de forma retrógrada, puede mostrarte patrones que hasta el momento te habían pasado desapercibidos y que, por lo tanto, no habías roto. El retroceso de Venus ocurre una vez cada año y medio y dura unas seis semanas. Durante este periodo de tiempo, es posible que viejos amantes vuelvan a llamar a tu puerta, que sufras una ruptura amorosa, que tengas malentendidos con tu pareja y que tu creatividad e ingresos económicos se ralenticen. Este periodo te invita a venerar el punto en el que estás de tu viaje emocional, a pensar y a reflexionar antes de hablar en caliente y a procesar tus emociones. Aunque puede ser un periodo de apuros económicos, también puede ser la oportunidad de armarte de confianza y desprenderte del miedo a la pobreza y a la abundancia. Estas semanas de retroceso pueden servirte para ahondar en la verdad eterna y para conocer tu corazón; puedes hacerlo a través del arte, la poesía, rituales, magiak sexual, trabajando con cuarzo rosa y un sinfín de prácticas más.

MARTE

Venus representa la presa y Marte, el cazador. Este planeta representa la acción, la dominación, el poder. No hay persecución que se le resista. Aunque su energía puede resultar apabullante y abrumadora, si se domestica y se canaliza, Marte puede llegar a transformarla para así alcanzar un propósito u objetivo. Marte simboliza el poder, la agresión, el sexo, la guerra y la manera en que te revuelves y luchas por lo que más quieres. Puede mostrarte qué significa la fuerza y la dirección para ti y enseñarte a trabajar mejor con ellas. Este planeta tiene una lengua muy afilada; no olvidemos que Marte es el dios de la guerra. ¿Por qué estás dispuesta a enzarzarte en una batalla? ¿Qué guerras no merece la pena librar? Estas preguntas son las que te plantea este planeta.

Deidad: Marte (romano) / Ares (griego).
Signo(s): Aries, Escorpio.
Día: martes.
Mensaje en retroceso: es el retroceso menos habitual de los retrocesos planetarios; ocurre una vez cada dos años y dura unos dos meses y medio. Cuando Marte se mueve de forma retrógrada, te muestra partes de ti misma que preferirías no conocer. Verás que muchos planes se desmoronan y que la acción parece ralentizarse. Tal vez percibas cierta agresión o desequilibrio de poderes en el aire, por lo que la gente suele estar más arisca y a la defensiva. Este periodo de tiempo te ofrece la oportunidad de contemplar tu sombra desde una nueva perspectiva, ya que todos los traumas y miedos enterrados subirán a la superficie. No tardarás en darte cuenta de que este retroceso te invita a armarte de paciencia y a utilizar la ira y la impotencia como herramientas para aliviar el dolor del pasado y reescribirlo para el futuro.

LOS PLANETAS SUPERIORES

En astrología, Júpiter es el primero de los planetas superiores, seguido por Saturno, Urano, Neptuno y Plutón. Estos planetas no pretenden exponer los aspectos personales del individuo, sino que representan generaciones enteras y partes de la consciencia colectiva. Si bien el Sol, la Luna, Venus, Mercurio y Marte hacen referencia a las distintas influencias de cada individuo según su carta astral, estos planetas hacen referencia a las distintas influencias que han recibido grupos de personas durante el tránsito de cada planeta. Los planetas superiores tienen una órbita más lenta, así que transitan por cada signo zodiacal varios años, incluso décadas y, por este motivo, se considera que simbolizan al colectivo, y no al individuo.

Júpiter

Cuando te sientes afortunada, o crees tener una buena racha o piensas que la suerte por fin está de tu lado, estás bajo el dominio de Júpiter. Padre de dioses y hombres y bautizado como Zeus por los griegos, Júpiter representa tu generosidad y la forma en que la pones de manifiesto. Gracias a Júpiter descubrirás qué aspectos de tu vida debes mejorar para llevar una vida más próspera y consciente. Este planeta te obliga a salir de tu zona de confort y te invita a reconocer, valorar y compartir tus talentos y facultades. Júpiter, un planeta optimista que te enseña a contemplar todas las posibilidades, te trae buena suerte y te brinda la oportunidad de expandir tus horizontes; no olvides que este planeta está relacionado con la filosofía y los estudios espirituales. Puedes trabajar con este planeta para enriquecer tu vida con más abundancia, propósito y positivismo.

Deidad: Júpiter (romano) / Zeus (griego).
Signo(s): Piscis, Sagitario.
Día: jueves.
Mensaje en retroceso: el retroceso de Júpiter ocurre bastante a menudo, cada nueve meses y dura alrededor de cuatro meses. Cuando esto ocurre, se abre una ventana temporal a la que puedes dar la vuelta para contemplar tu interior. Viajes que no van según lo planeado, oportunidades que no salen como esperabas o emprender un nuevo viaje espiritual son algunos de los efectos de este movimiento retrógrado. Es un buen momento para corregir el rumbo, para honrar el camino que estás andando y para encontrar uno nuevo si fuese necesario.

Saturno

El tiempo goza de muy mala reputación; se dice que el tiempo es estricto, malvado y que se rige solo por fechas límite. Y, aunque esto también se puede aplicar a Saturno, este planeta también te enseña qué cimientos y estructuras necesitas para mantenerte anclada durante tus rituales y hechizos. Saturno, que simboliza el karma y la disciplina, te muestra las bases que has construido para que sopeses si son lo bastante sólidas y firmes. Esto se traduce en una relación amorosa complicada, en un dolor agridulce, a caballo entre el dolor placentero y el dolor insoportable. Pero Saturno es un planeta compasivo, y vela por tu bien. Te recuerda que puedes convertirte en una bruja, maga, mística u ocultista más fuerte y más poderosa si reconoces tus problemas y te enfrentas a ellos para superarlos. Saturno desprecia el escapismo o evasión de responsabilidades porque te impide crecer y evolucionar.

Deidad: Saturno (romano) / Cronos (griego).
Signo(s): Capricornio, Acuario.
Día: sábado.
Mensaje en retroceso: Cuando Saturno retrocede, prepárate para que cualquier cosa kármica que hayas escondido debajo de la cama aparezca de repente. Este retroceso ocurre una vez al año y dura alrededor de cuatro meses; durante este periodo tienes la oportunidad de enfrentarte y lidiar con todo aquello que has estado evitando a propósito. Si tus hábitos vitales no son sostenibles o saludables, este periodo se encargará de dejarlo claro y patente. Sin embargo, si el karma te ha preparado una sorpresa agradable, este periodo de retroceso solo te traerá cosas buenas. Es un momento perfecto para revisar rutinas y límites vitales, así que aprovecha la oportunidad.

Urano
Urano, el Dios del cielo, transmite la energía del despertar, del cambio repentino, de la invención y de la revolución. No forma parte de los siete planetas clásicos y fue descubierto a finales de 1780, durante la Revolución Industrial, cuando el mundo entero estaba cambiando a un ritmo vertiginoso. Urano representa el poder de la voluntad humana, el sinfín de posibilidades que tendrás si decides dejarte guiar por tu intuición y tu tercer ojo. Es un planeta emocionante y peligroso, que rompe con lo establecido y que implica cambios drásticos de la noche a la mañana. Urano provoca transformación y metamorfosis y te obliga a ver las cosas desde una perspectiva distinta. Simboliza

el inmenso poder del potencial humano y el inagotable poder de lo espiritual para revolucionar tu forma de ver el mundo.

Deidad: Caelus (romano) / Urano (griego).
Signo(s): Acuario.
Mensaje en retroceso: cuando Urano se mueve de forma retrógrada, lo cual ocurre una vez al año y dura alrededor de cinco meses, prepárate porque las cosas se van a ralentizar un poco. Verás el resultado de los cambios que has hecho en tu vida con más objetividad y podrás ahondar en las nuevas ideologías que has incorporado desde la calma y la tranquilidad, y no desde la revolución y la rebeldía. Aprovecha este periodo de tiempo para revisar todos tus miedos e inquietudes y para asegurarte que están en línea con tus valores y creencias. Este retroceso te ofrece la oportunidad de estar presente entre tanta transformación, de saber hacia dónde vas con mucha más claridad y compasión.

Neptuno

Neptuno es la elegancia personificada, una ilusión de sueños que te atrae y te salva cuando navegas por profundidades inesperadas. Si Venus representa tu relación con el amor a nivel personal, Neptuno representa la versión colectiva de esta relación. Este planeta refleja tus fantasías, tus estudios espirituales, tu conexión con el amor incondicional. Es el planeta de la consciencia cósmica. La energía de Neptuno es misteriosa; te traslada hasta las profundidades de las sensaciones y después te tapa los ojos con un velo de algodón de azúcar y te distrae con promesas de riqueza y abundancia. Neptuno quiere que evoluciones, pero también quiere que explores lo que merodea bajo la superficie de tus sueños.

Deidad: Neptuno (romano) / Poseidón (griego).
Signo(s): Piscis.
Mensaje en retroceso: el retroceso de Neptuno ocurre una vez al año y dura alrededor de cinco meses. Este periodo de tiempo te ayuda a ver con más nitidez lo que se esconde al otro lado del velo, pero siempre con una visión algo edulcorada. A veces puede ser difícil, otras puede ser

revelador, pero siempre es sutil. Inspírate en este periodo de tiempo para crear obras de arte y no caigas en la tentación de taparte los ojos y desaprovechar la oportunidad que te brinda Neptuno.

Plutón

Plutón, el dios del inframundo y el patrón del sexo, la muerte y la transformación, prospera y crece siempre que se produce algún cambio o cuando algo se revuelve y sube a la superficie. Se trata de un planeta que se desarrolla cuando hay metamorfosis y que hace referencia a la capacidad que tiene una generación para analizar, sentir, percibir, crear y reaccionar. En Plutón merodean todos tus miedos, todo aquello que te impide crecer y evolucionar. Simboliza ese punto de luz al final del túnel; para cambiar y transformarte, debes estar dispuesta a enfrentarte a tus mayores miedos, y Plutón es el encargado de mostrártelos. El poder de Plutón es inesperado e intenso y, lo quieras o no, te obligará a evolucionar. El famoso lema de «sexo, drogas y *rock and roll*» le viene como anillo al dedo; simboliza el poder de la vulnerabilidad radical, el poder transformador de la muerte y la magiak. Este cuerpo celestial es el que está más alejado del Sol y te invita a bajar el ritmo y a tener una mirada más introspectiva para descubrir qué miedos y traumas debes superar para seguir evolucionando.

Deidad: Plutón (romano) / Hades (griego),
Signo(s): Escorpio.
Mensaje en retroceso: el retroceso de Plutón te ofrece la oportunidad de adentrarte en tu subconsciente y en tu psique para después examinarlos con más claridad y objetividad. Este movimiento retrógrado ocurre una vez al año y dura entre cinco y seis meses. Es el momento perfecto para recuperar el equilibrio, para desprenderte de lo que ya no necesitas y prepararte para el renacimiento. Durante este periodo de tiempo podrás examinar los cambios que ha dado tu vida en los últimos tiempos, valorarlos y darte cuenta de qué otros cambios debes hacer. Es probable que afloren problemas relacionados con la muerte, la sexualidad y la magiak, pero recuerda que el objetivo siempre es tu crecimiento personal. Trabajar con los misterios y volatilidad de Plutón te puede ayudar a vivir esta muerte de tu propio ego con más compasión.

POR QUÉ LOS PLANETAS

Todos los planetas albergan una inteligencia superior, una semilla de la verdad cósmica que anhelan compartir contigo. Los planetas tienden a expresarse con más claridad a través de los signos zodiacales y los tránsitos que aparecen en tu carta astral ofrecen la oportunidad de aprender lecciones muy valiosas para tu evolución personal. Los planetas representan las distintas facetas del Espíritu y son el fiel reflejo de los dioses y diosas que llevan su nombre. Simbolizan la relación colectiva con estos iconos y deidades y conectan el espíritu de cada individuo con el Espíritu en mayúscula, con Dios, con el espíritu colectivo.

CAPÍTULO 6

En conexión

El viaje a través del pentáculo te cambia, te transforma. Una vez emprendes ese viaje, no puedes eludir la luz y la sombra y la oscuridad, ni tampoco esquivar los ríos y montañas y hogueras. Ya no puedes resguardarte del viento y los océanos y la Diosa. Has echado raíces, has plantado semillas, has regado la tierra y has gozado de la bendición de la lluvia. Lo etéreo te ha mostrado que todo está conectado. El hechizo que has usado ha invocado a todos los elementos, que han acudido a tu llamada con todo su poder. Y después de haber tocado cada punta de la estrella y de haber recorrido el perímetro del círculo que la envuelve, el ritual ha terminado. Conectar con los elementos te ha empoderado y te ha permitido crecer.

En este capítulo te propongo crear tus propios rituales y momentos sagrados, pero siempre con los elementos como guías. Has aprendido las características individuales de la Tierra, el Aire, el Fuego, el Agua y el Espíritu, pero si quieres empaparte de su sabiduría, te aconsejo que prestes atención y analices la forma en que se relacionan, se comunican y se conectan entre sí.

Los elementos te mostrarán tu verdadera naturaleza, esa naturaleza que tiene varias facetas. Descubrirás esa naturaleza en la mezcla de los elementos; la verás en el vapor, que acoge el Agua y el Fuego, la sensualidad y los sentimientos. También la advertirás en el hielo, unión de Agua y Aire, emociones y distancia, una frialdad penetrante y gélida. Y la percibirás en una noche de tormenta, en el rastro que dejan los tornados, huracanes y relámpagos a su paso, en esa intensidad salvaje que los elementos magnifican todavía más. Si bien los elementos existen en sus propios entornos, este no siempre es el caso. No olvides que posees las características de los distintos elementos, solo que en ciertos momentos unas se notan más que las otras.

Los elementos pueden actuar como arquetipos para ayudarte a identificar lo que sientes en un momento en particular. A estas alturas ya sabrás que la Tierra representa lo físico, el cuerpo, el hogar. El Aire, en cambio, hace referencia a la mente, a la presencia, a tus pensamientos y a tu capacidad de procesarlos. El Agua por su lado es tu subconsciente, tu intuición, tus sueños y tus sentimientos. El Fuego

simboliza tu pasión, tu necesidad de tomar cartas en un asunto, tu sexualidad y tu poder. Y el Espíritu refleja tu capacidad de expresar agradecimiento y de conectar con energías y con lo divino.

Algunos días te despertarás anclada, relajada y presente. Con los pies en el suelo. En el reino de la Tierra. Otros días te despertarás sensible, susceptiva y emotiva. Te sumerges en el reino del Agua. Otros días te levantarás llena de energía y vitalidad, con ganas de trabajar y de dedicar tiempo a tus pasiones. El Fuego se ha apoderado de ti. O puede que te despiertes inspirada, con un millón de ideas en la cabeza que quieres expresar y manifestar. El reino del Aire.

Habrá días en los que sientas que tu balanza interior se ha desequilibrado y que necesitas más energía de un elemento en particular. Si trabajas con aquellos elementos de los que te sientes más desconectada (a través del control de la respiración, cristales, cartas, centros energéticos y diosas asociadas con ese elemento), podrás atraer la magiak de ese elemento a tu vida y alcanzar un equilibrio personal perfecto.

Cómo invocar a los elementos, elementales y atalayas en tu ritual

Todas las brujas podemos crear un círculo para establecer un límite y sentirnos protegidas. En ese círculo podemos mostrarnos tal y como somos, sin máscaras ni prejuicios. Concebimos un lugar sagrado en el que poder llenarnos de energía y canalizarla. También tienes la opción de invitar a los elementos, elementales y puntos cardinales (también conocidos como atalayas) a tu ritual, permitiéndoles así que crucen el límite que tú has dibujado para ayudarte a reunir la energía necesaria. Justo antes de empezar el ritual, puedes invitar solo a una de estas energías (elementos, elementales o atalayas) o incluso a las tres. Y, como siempre, también puedes invitar e invocar a diosas, guías espirituales, maestros ancestrales u otros seres divinos a tu ritual.

Aunque puedes invitar a los elementos y elementales a cualquier ritual, lo cierto es que los Sabbats y los días de luna llena y luna nueva son los momentos más propicios del mes para conectar con el reino natural.

Un apunte en relación con invitar a salamandras y elementales del Fuego: las salamandras desprenden una energía muy intensa y, si al final decides invitarlas a tu círculo, te aconsejo que extremes las medidas de protección. Recuerda ser compasiva y, cuando consideres que deben regresar a su reino, despídeles como se merecen, «destiérralas» de tu círculo y ordénales que se marchen por su propia seguridad. Si no te sientes cómoda, sáltate el paso de invitar a las salamandras y, en su lugar, invoca el fuego elemental (la energía de este elemento personificada).

PASO 1: PREPARA EL ESPACIO

Prepara el ritual que vas a llevar a cabo siguiendo las indicaciones de la página 29 y crea un círculo desde la presencia, el amor y la confianza.

PASO 2: ÁNCLATE

Antes de empezar el ritual elegido, dedica unos instantes a anclarte. Puedes hacerlo sentada, tumbada o incluso de pie. Respira hondo y libera las tensiones acumuladas con cada exhalación. Confía en la Tierra, que te sostiene y te sujeta e imagina que de la base de tu columna vertebral nacen unas raíces que se deslizan hacia el suelo, que atraviesan las baldosas y el cemento y que se abren camino entre la tierra húmeda y oscura hasta alcanzar el centro de Gaia. Por estas raíces fluye una luz dorada y sanadora que se extiende por tu columna vertebral para nutrirte, para sanarte. No tengas prisa y disfruta de este momento el tiempo que necesites.

PASO 3: CREA EL CÍRCULO

Colócate mirando hacia el norte; utiliza tu dedo índice o una varita para dibujar el círculo y camina en el sentido de las agujas del reloj, o en *deosil*, por el espacio elegido. Imagina que vas dejando un rastro de llamas azules y violetas a tu paso. Sigue las indicaciones de la página 43.

PASO 4: INVITA A LOS ELEMENTALES Y PUNTOS CARDINALES

Deberías terminar de dibujar tu círculo en el mismo punto en que empezaste, es decir, frente al norte. Y, desde ese punto, comienza a invitar a los elementales. Si quieres, puedes utilizar la siguiente invocación para conectar con el elemento de la Tierra en toda su presencia:

Guardianes del atalaya del Norte, del elemento de la Tierra. Invoco a los gnomos, a los elementales de la Tierra y a mis ancestros para que me acompañen y me guíen durante este [ritual/nombre de tu práctica espiritual]. Sed bienvenidos. Yo os bendigo.

Gírate hacia la derecha de forma que estés mirando hacia el este y articula una invocación parecida a la que te propongo a continuación para conectar con el elemento del Aire en toda su expansión y libertad:

Guardianes del atalaya del Este, del elemento del Aire. Invoco a las sílfides y a los elementales del Aire para que me acompañen y me guíen durante este [ritual/nombre de tu práctica espiritual]. Sed bienvenidos. Yo os bendigo.

Gírate de nuevo hacia la derecha de forma que estés mirando hacia el sur y utiliza una invocación como la siguiente para conectar con el elemento del Fuego en toda su audacia e intensidad:

Guardianes del atalaya del Sur, del elemento del Aire. Invoco a (las salamandras) y a los elementales del Fuego más compasivos para que me acompañen y me guíen durante este [ritual/nombre de tu práctica espiritual]. Sed bienvenidos. Yo os bendigo.

Gírate de nuevo hacia la derecha de forma que estés mirando hacia el oeste y utiliza la siguiente invocación, o una parecida, para conectar con la energía emocional y psíquica del Agua:

Guardianes del atalaya del Oeste, del elemento del Aire. Invoco a las ondinas y a los elementales del Agua para que me acompañen y me guíen durante este [ritual/nombre de tu práctica espiritual]. Sed bienvenidos. Yo os bendigo.

Concéntrate en tu respiración y siente las hadas revoloteando a tu alrededor, y empieza a percibir la presencia de los ancestros y puntos cardinales.

PASO 5: REALIZA EL RITUAL O PRÁCTICA ESPIRITUAL

Ya quieras practicar magiak sexual lunar, o leer las cartas del Tarot durante el solsticio de verano, o escribir poesía en honor a tu Diosa madre, ahora es el momento de llevar a cabo tu ritual.

PASO 6: DESPIDE A LOS ELEMENTOS Y PUNTOS CARDINALES

Para dar el ritual por terminado, debes cerrarlo. Vas a deshacer los pasos anteriores, así que empieza mirando hacia el oeste. Te vas a mover en sentido contrario a las agujas del reloj, o *widdershins*, para despedir a los puntos cardinales. Acabarás mirando hacia el norte.

Colócate mirando hacia el oeste y di:

Guardianes del atalaya del Oeste, del elemento del Agua. Ondinas y elementales del Agua, os doy las gracias por haberme acompañado y guiado durante este [ritual/nombre de tu práctica espiritual]. El ritual está cerrado y el perímetro del círculo se ha disuelto. Que así sea.

Gírate hacia la izquierda y, mirando hacia el sur, di:

Guardianes del atalaya del Sur, del elemento del Fuego. Salamandras y elementales del Fuego, os doy las gracias por haberme acompañado y guiado durante este [ritual/nombre de tu práctica espiritual]. El ritual está cerrado y el perímetro del círculo se ha disuelto. Os ruego que regreséis a vuestro reino. Que así sea.

Gírate hacia la izquierda de nuevo y, mirando hacia el este, di:

Guardianes del atalaya del Este, del elemento del Aire. Sílfides y elementales del Aire, os doy las gracias por haberme acompañado y guiado durante este [ritual/nombre de tu práctica espiritual]. El ritual está cerrado y el perímetro del círculo se ha disuelto. Que así sea.

Gírate hacia la izquierda de nuevo y, mirando hacia el norte, di:

Guardianes del atalaya del Norte, del elemento de la Tierra. Gnomos, elementales de la Tierra y ancestros, os doy las gracias por haberme acompañado y guiado durante este [ritual/nombre de tu práctica espiritual]. El ritual está cerrado y el perímetro del círculo se ha disuelto. Que así sea.

Si has invitado a otras deidades, guías espirituales o maestros, es momento de expresarles tu agradecimiento y despedirles.

PASO 7: CIERRA EL CÍRCULO

Con el dedo índice o con una varita, tal y como has hecho antes, vas a cerrar el círculo. Para hacerlo, deberás caminar en sentido contrario a las agujas del reloj, o *widdershins*, alrededor del espacio; mientras dibujas el círculo al revés, imagina que las llamas azules que protegían su interior se deslizan por tus brazos, por tu columna vertebral y por tus piernas, hasta ahogarse en el suelo. Puedes seguir las indicaciones de la página 45.

PASO 8: TERMINA Y ANCLA EL RITUAL

Cuando estés preparada para dar por finalizado el ritual, busca un lugar cómodo en el que sentarte o tumbarte. Controla la respiración y, una vez más, concéntrate en esas raíces que te han mantenido conectada con la Tierra. Imagina que empiezan a replegarse hacia la base de tu columna vertebral. Te invade una oleada de calma y serenidad. Si quieres, puedes apoyar la frente en el suelo, adoptando la postura del niño, y devolver cualquier exceso de energía a la Tierra. Deja una ofrenda, bebe un poco de agua, come algo y celebra el gran trabajo que acabas de hacer. ¡Ya has terminado!

Un cuestionario para conocer tu constitución elemental actual

A veces nos resulta difícil saber qué estamos viviendo y sintiendo, tanto a nivel físico como psicológico. Hay momentos en los que creemos que las emociones nos abruman, nos superan y no sabemos cómo recuperar el equilibrio interior que tanto necesitamos. Así que para hacer más fácil esta introspección, te propongo un cuestionario que te ayudará a ver tu balanza elemental actual y a darte cuenta de qué elementos estás canalizando más. Te aconsejo que también consultes tu carta astral y que te fijes en qué signo y elemento está cada uno de los planetas porque estos datos te servirán para nutrirte a nivel energético. Al fin y al cabo, tu carta astral es un mapa de tu ser energético.

Aunque tu carta astral te muestra tu constitución elemental personal permanente (ya que es una fotografía de un momento en particular), no olvides que la forma en que te relacionas con los elementos cambia cada día, igual que tu aura. Dependiendo de los factores vitales, como pueden ser la salud, el trabajo, la casa, la sexualidad o la práctica espiritual, canalizarás un elemento u otro cada día. Este cuestionario está diseñado para que descubras con qué elementos estás más conectada y con cuáles menos ahora mismo. De este modo, sabrás qué elementos deben equilibrarse. Te recomiendo que utilices las sugerencias que te propongo al final del cuestionario para equilibrar tu balanza interior.

Si cuando estás haciendo el cuestionario crees que dos de las respuestas son correctas, márcalas las dos. No es un examen que apruebas o suspendes, sino una serie de preguntas que pretenden ayudarte a conectar con tu Espíritu de una forma totalmente nueva y diferente.

1. En estos momentos me siento:

    a. En relación con mi cuerpo – Me siento anclada, capaz y centrada. Estoy segura de que voy a conseguir lo que me he propuesto, a pesar de la tensión, ansiedad o miedo que eso me provoca en el cuerpo.

    b. En relación con mi mente – Pienso mucho. Le doy vueltas a las cosas y no dejo de reflexionar en algo hasta verlo claro. A veces este proceso puede resultar complicado.

    c. En relación con mis emociones – No desatiendo mis emociones y, aunque a veces me cueste concentrarme, mis emociones son mi combustible.

    d. En relación con mis pasiones – Estoy inspirada, iluminada y entusiasmada. Mis pasiones gobiernan mi forma de trabajar, mi forma de pensar, y a veces me cuesta mucho dedicar tiempo y esfuerzos a algo que no me interesa en lo más mínimo.

    e. En relación con mi energía – Me siento agradecida, alineada y en perfecto equilibrio. Soy consciente de que puedo conseguir todo lo que me proponga. Y mis metas y objetivos no me preocupan, ni me estresan.

2. En estos momentos de mi vida, anhelo más:

    a. Libertad – Quiero viajar, conocer mundo, vivir experiencias, aprender.

b. Estabilidad – Quiero alcanzar un estado de paz, abundancia y comodidad. Quiero sentirme en armonía con mi entorno y con mi vida.

c. Expansión – Quiero que algo encienda mis deseos y me inspire.

d. Amor – Quiero alimentar mi corazón, mis sentimientos, lo divino. Me muero de ganas por sentir un poco de conexión.

e. Transformación – No sé muy bien qué anhelo, pero quiero que sea distinto a lo que estoy viviendo ahora, un cambio a nivel celular.

3. Este aspecto de mi vida está floreciendo ahora mismo:

a. Yo misma – Mi mente, mi cuerpo y alma están en perfecto equilibrio. Llevo un tiempo cuidando y mejorando mi salud espiritual, física y mental.

b. Trabajo y casa – El trabajo que desempeño me gusta y me motiva y siempre vuelvo a casa sintiéndome realizada y satisfecha.

c. Mi corazón – La compasión y el amor guían mi vida. Mi corazón está lleno de felicidad y siento que estoy rodeada de relaciones que me veneran, me respetan y me nutren.

d. Mi sexualidad y deseos – Estoy satisfecha a nivel erótico y sé qué excita a mi cuerpo y a mi alma. Todo lo que hago me apasiona.

e. Mi inspiración y magiak – Me rondan muchísimas ideas por la cabeza y me siento inspirada para crear obras de arte, de devoción y de magiak.

4. En estos momentos estoy trabajando en:

a. Apaciguar mi mente. Estoy aprendiendo a gestionar mis pensamientos en lugar de huir de ellos.

b. Utilizar mi talento espiritual para ayudar a los demás. Estoy sanándome y aprendiendo importantes lecciones que algún día espero poder transmitir a los demás.

c. Llevar una vida más saludable y encontrar una estabilidad. Practico deporte, hago estiramientos, como mejor y medito. *Mens sana in corpore sano.*

d. Comprender y conectar con mis sentimientos, ya sea ansiedad, amor o celos. Todos ellos. Me esfuerzo por saber e identificar mis sentimientos en cada momento para alcanzar el equilibrio.

e. Encontrar maneras sanas de expresar mi ira y mi intensidad. Estoy aprendiendo a canalizar la rabia, la pasión y el deseo a través del arte, la creación, la respiración y el movimiento.

5. ¿Dónde me gustaría estar ahora mismo?

a. En ningún sitio. Soy feliz en el aquí y en el ahora.

b. En las nubes, volando con la libertad de un pájaro, o montada en un avión o un globo aerostático.

c. En una jungla o en una selva. En un lugar muy lejano y rodeada de naturaleza y árboles y animales.

d. En la orilla de una playa tropical o cerca de un cuerpo acuático, tomando el sol y relajándome mientras me tomo una bebida bien fría.

e. Escalando un volcán o haciendo otra actividad de aventura en un entorno totalmente distinto al que estoy acostumbrada.

6. La gente opina que soy:

a. Sensible – Tengo las emociones a flor de piel, soy intuitiva e inteligente a nivel emocional.

b. Apasionada – Cuando se me mete algo entre ceja y ceja, me entrego en cuerpo y alma para conseguirlo.

c. Cerebral – Siempre estoy pensando, tramando o planeando algo. Mi mente es mi mejor aliada.

d. Mística – Todo lo que hago, lo hago con intención, consciencia y conexión.

e. Leal – Soy una persona en quien se puede confiar y nunca pierdo los papeles; realmente valoro muchísimo a los buenos amigos.

7. Me encanta dedicar mi tiempo libre a:

a. Pasear en plena naturaleza, pero también me gusta quedarme en casa y decorar una habitación, ir de compras, limpiar, organizar y ordenar.

b. Aprender, ir a clases, leer libros, visitar museos, ver documentales, probar algo nuevo.

c. Crear, dibujar, escribir poesía, besar, hacer cosas que se consideran un tabú, aprender cosas nuevas e impulsar mis pasiones y aficiones.

d. Relajarme con mis amigos y amantes, expresarme, darme un buen baño, practicar rituales de cuidado personal, crear obras de arte inspiradas en mis sentimientos y sanación.

e. Meditar, escribir en mi diario, interpretar las cartas del Tarot, trabajar con diosas, estudiar textos espirituales, practicar hechizos y rituales, hacer algo esotérico.

8. Me siento orgullosa de:

a. Mi capacidad de comunicarme de una forma efectiva y de compartir mis ideas con claridad, carisma y sinceridad.

b. Mi empatía, mi capacidad de conectar con los demás y de ponerme en su piel.

c. Mi espíritu; soy una persona valiente y apasionada que defiende sus creencias y convicciones a capa y espada.

d. Mi magiak, mi fe en lo divino, mi compromiso con el crecimiento espiritual y con la sanación de mi alma.

e. Mi cuerpo; nunca dejo de explorar, de bailar y de tocar, siempre dentro de los límites sanos que yo misma he creado.

9. Si el día tuviese más horas, las dedicaría a:

a. Mantener relaciones sexuales, besar, explorar nuevas posibilidades eróticas y crear obras de arte inspiradas en la sensualidad, viajar.

b. Salvar el mundo, aprender, pensar, crecer, inventar, crear y concebir nuevas formas de ser.

c. Pasar tiempo en la naturaleza, rodeada de animales, disfrutando de un banquete delicioso o ir de compras.

d. Crear obras de arte, escribir poesía, ver películas antiguas, conocer gente nueva, nadar, aprender nuevas técnicas artísticas.

e. Meditar, asistir a retiros espirituales, aprender nuevos sistemas de magiak, estudiar las cartas del Tarot, los distintos cristales y sus propiedades, o lo oculto.

10. Cuando una situación me supera o me abruma, siento:

a. Confusión emocional, tristeza, dolor. Siento que no puedo respirar, que me ahogo.

b. Ciclos de pensamientos; adopto una actitud extremadamente crítica y estricta.

c. Ansiedad y tensión física; me cuesta respirar y lo único que me apetece hacer es dormir.

d. Pánico y tensión, como si hubiera perdido el control, como si fuese un caballo desbocado.

e. Adormecimiento, una versión un poco distorsionada de un estado tranquilo y sereno.

11. ¿Qué me inspira a vivir mejor?

a. Todo lo que me queda por aprender y por vivir; libros que todavía no he podido leer, historias que todavía no me han contado.

b. La naturaleza, las flores, la abundancia, tener un hogar, sentirme segura, ser capaz de apoyar a las personas que me importan y poder devolverles todos los favores que me han hecho.

c. Sexo, subversión, revolución, arte, *rock and roll*, lo oculto, destrucción, creación, transformación, acción y aventura.

d. Magiak, brujería, el Cosmos, evolucionar y sanar mis heridas para dedicar tiempo a ayudar a otras personas a hacer lo mismo.

e. El amor en todas sus formas, el corazón, mi capacidad de conectar con los demás, el arte, la belleza del mundo que me rodea.

SI LA MAYORÍA DE RESPUESTAS ES TIERRA

Mi querida bruja, eres firme en tus convicciones, estás presente en tu cuerpo y tienes muy clara tu verdad. Puesto que eres una bruja terrenal, lo más probable es que sientas una inmensa devoción por la naturaleza y que su poder trascendental sea tu mayor fuente de inspiración. Has establecido unos límites sanos y sólidos y eres consciente de lo que más debes cuidar, mimar y atender. Encarnas la estabilidad y fiabilidad de Gaia y tienes el don de ayudar a cualquier ser vivo a crecer.

Sin embargo, cuando esta energía se desequilibra, se puede manifestar como ansiedad, depresión y la sensación de estar atascada, de no poder avanzar. En sus formas menos extremas se traduce en cansancio, pereza o una falta de motivación o confianza. Si te aferras demasiado a tus creencias y a tu situación actual, no podrás florecer y evolucionar. Para equilibrar esta energía, te aconsejo que ocupes la mente en aprender algo nuevo, que reconozcas tus emociones en lugar de ignorarlas para así poder digerirlas, que conectes con tu sexualidad y pasión, ya sea masturbándote o haciendo algo que realmente te apasione, y que nutras tu espíritu con movimientos extáticos, bailes, rituales y agradecimiento.

Si necesitas más energía de la Tierra:
Cuando careces de la energía de este elemento, te sientes desconectada del mundo físico. No encuentras tu lugar en el mundo, eres incapaz de sentar cabeza y no logras encontrar un lugar estable

donde echar raíces. Para cambiarlo, debes regresar a tu cuerpo, el hogar de tu alma; pasa tiempo rodeada de naturaleza, da un paseo por el bosque, túmbate sobre la hierba de un prado y prepárate para recibir los mensajes de Gaia. También puedes invocar la energía de la Tierra moviendo el cuerpo, ya sea bailando, practicando algún deporte o incluso yoga, haciendo estiramientos y, sobre todo, cuidando de tu salud y comiendo sano. Otra opción es practicar visualizaciones de anclaje o incluso redecorar tu entorno. Hacer de tu casa un lugar acogedor y agradable es un ritual de anclaje en sí mismo.

SI LA MAYORÍA DE RESPUESTAS ES AIRE

Además de tener un ingenio ocurrente y una perspicacia tan afilada como una espada, eres capaz de adaptarte, de transformarte y de definir los límites tú misma. Tu mente es tu superpoder; te permite analizar situaciones, procesarlas y comunicarte con convicción y facilidad. Te conoces, y te conoces muy bien. Tu inmenso poder mental hace que necesites crear y compartir tus conocimientos con los demás y te apasiona ser profesora y alumna al mismo tiempo. Tienes claros tus principios y no te avergüenza manifestarlos. El poder del Aire es la presencia, la transparencia, la fuerza vital de un aliento. Aunque sea invisible a la vista, sus efectos son evidentes.

Sin embargo, el Aire tiende a desaparecer o a irse a la deriva, y esto es algo que podría ocurrirte si tienes un exceso de este elemento. Si no está equilibrado con el resto de elementos, el Aire puede volverse un elemento desarraigado y distante que parece haberse quedado atrapado en unos patrones que no le convienen. Esto suele provocar angustia o ansiedad mental y, en momentos de debilidad, es probable que prefieras ignorarlas, ya sea a través de hábitos poco saludables o de patrones y pensamientos que no te ayudan. Para equilibrar esta energía, practica técnicas de respiración y meditaciones de anclaje para así conectar con el aquí y el ahora, date un buen baño para procesar tus emociones, dedica tiempo a hacer algo que realmente te apasione y practica rituales para desprenderte de todo aquello que te impide evolucionar y purificar tu alma.

Si necesitas más energía del Aire:
Cuando careces de la energía de este elemento, te sientes estancada, sin motivación, sin estímulos y demasiado anclada. Echas de menos la sensación de libertad y crecimiento que te ofrece este elemento. Si anhelas la energía del Aire en tu vida, trabaja con humo sagrado y utilízalo para limpiar y purificar tu espacio. No te encierres en ti misma y alimenta tu curiosidad y ganas de aprender; apúntate a clases, investiga un tema que te interese o empieza algo nuevo. La energía del Aire está en cualquier cosa que inspire tu intelecto. Y, por supuesto, siempre puedes ahondar en este elemento si trabajas técnicas de respiración, conectas con el momento presente y escuchas a tus pensamientos (en lugar de esquivarlos).

SI LA MAYORÍA DE RESPUESTAS ES FUEGO

Estás en plena ebullición y tu vida es tu mayor fuente de inspiración. Eres sensual, apasionada, mágica y muy fogosa. Te deslizas por este mundo con un resplandor y magnetismo que atrae a todos los que te rodean; te muestras tal y como eres, y eso hace que todo el mundo confíe en ti, y en tu presencia. Consideras la sexualidad como una forma de expresión personal, canalizas la energía de este elemento y la transformas. Cuando estableces una relación íntima con este elemento, ya no te avergüenzas de tus deseos, anhelos y emociones. Ganas seguridad en ti misma y estás orgullosa de quién eres, a pesar de que tu personalidad desafíe las normas y los patrones patriarcales que nos rodean.

El calor del Fuego te invita a expresarte con total libertad, pero un exceso de su energía puede llegar a quemarte, a alejarte de lo que tu alma necesita y a alimentar los deseos de tu ego. Si vives permanentemente en este reino, puedes terminar desconectándote de tu compasión, consumida por tu propia lujuria. Para recuperar el equilibrio, debes averiguar qué necesitas para así encontrar claridad emocional en el presente, pero también te recomiendo que establezcas ciertos límites y que te liberes de la vergüenza o pudor que sientes por tu expresión sexual.

Si necesitas más energía del Fuego:
El Fuego, sinónimo de poder y seducción, te invita a adentrarte en el reino de la transformación sensual. Si careces de esta energía, te aconsejo que te rodees de este elemento y de sus colores. Trabaja con velas y lleva prendas o complementos de color rojo, dorado, amarillo y naranja. Es una forma efectiva de atraer la energía de este elemento. Si te apetece disfrutar de todo lo que este elemento puede ofrecerte, dedica tiempo a venerar tu sexualidad: mastúrbate, paséate desnuda por casa, baila, haz el amor, acaríciate y sedúcete a ti misma. Pero la lista para avivar tu llama interior y alimentar el fuego de tu alma no termina aquí: practica magiak sexual, toma el sol, alimenta tus pasiones, vive nuevas aventuras, viaja, come alimentos picantes o cítricos y vístete con prendas que te hagan sentir como una diosa del sexo.

SI LA MAYORÍA DE RESPUESTAS ES AGUA

Eres una persona intuitiva y cargada de energía, sin lugar a dudas. El Agua es el elemento que representa el corazón y la divina feminidad. Simboliza lo sutil. El amor incondicional. Eres sensible y tienes las emociones a flor de piel. Has creado tu propia relación con lo sutil y hablas con el Universo en tu propio idioma porque has dedicado tiempo y esfuerzos a convertirte en el canal, el médium. Y lo sabes. La gente tiende a creer que la ternura y la amabilidad son debilidades. Pero a pesar de su suavidad, el Agua es un elemento fuerte. La constancia de una sola gota de agua puede llegar a agujerear una roca. Este elemento es dócil, pero también salvaje. El Agua también es la tormenta que arrasa con todo lo que se cruza en su camino. Y también representa las profundidades más oscuras del océano, allí donde no llega la luz del sol.

Demasiada agua, sin embargo, y puedes desorientarte. La corriente puede llegar a arrastrarte, como si tus emociones y sentimientos fuesen piedras que te impiden subir a la superficie. En desequilibrio, las historias familiares, el dolor y sufrimiento acumulados y los patrones heredados que reproduces pueden llegar a consumirte. Eres una víctima. El Agua también puede ser volátil y agresiva si adopta la forma de huracanes, monzones u otros desastres naturales. Cuando te niegas a hacer espacio a ciertas emociones, te transformas en esas tormentas. Para recuperar el equilibrio, debes regresar al mundo físico; ánclate, practica técnicas de respiración y haz meditación para procesar tus emociones y volver al aquí y al ahora. Dedica tiempo a hacer lo que más te gusta, a tus pasiones, y expresa agradecimiento a las emociones y experiencias vividas antes de soltarlas al Universo.

Si necesitas más energía del Agua:
Cuando cierras la puerta a una emoción, en realidad estás cerrando la puerta a muchas otras emociones. Para saborear las emociones más deliciosas, agradables y placenteras, debes estar dispuesta a sentir otro rango de emociones menos apetecibles, como el dolor, el desamor, la oscuridad y la sombra. Al desconectar del Agua, pierdes tu centro energético, tu intuición, tu capacidad de comprender lo que tus emociones tratan de decirte. La conexión con tus sueños y la feminidad desaparece por completo. Para que esta energía vuelva a tu vida, pasa tiempo sumergida en agua, ya sea en la ducha, en la bañera o en el mar. Practica ejercicios que te obliguen a enfrentarte a tus emociones, ya sea terapia, meditación o arte. Si quieres canalizar la energía de este elemento, te aconsejo que trabajes la compasión, que crees obras de arte inspiradas en tus sentimientos, que prestes atención a tu intuición, que dediques parte de tu tiempo a observar la Luna, que mires películas emotivas o tristes, que escuches canciones románticas y que llores.

SI LA MAYORÍA DE RESPUESTAS ES ESPÍRITU

Hola querida indagadora, querida mística. Hola, bruja. Seguramente preferirías estar en mitad de un bosque, o sobre el altar de un templo antiguo y desnudar tu alma. O quizá te apetecería más beber del cáliz de la Diosa. O cantar desnuda bajo la luz de la Luna para absorber su energía junto a tu aquelarre. O aprendiendo rituales ancestrales. O estudiando minuciosamente las cartas del Tarot. Cuando ahondas en el Espíritu, adoptas una nueva forma de ser, una actitud que te invita a centrar toda tu atención en tu magiak para después difundirla y transmitirla. El Espíritu es tu conexión con lo divino, por supuesto, pero también representa la conexión con todos los seres de esta Tierra. Todos somos una manifestación del Espíritu, pero cuando consigues alcanzar la sabiduría del mago en tu vida personal, te conviertes en sanadora y puedes canalizar tu energía para que el resto del mundo evolucione. Llevar una vida espiritual implica estar en armonía con tu sabiduría interior y acceder a tu guía interior sin esfuerzos. ¡Enhorabuena! Cuando vives envuelta de la energía del Espíritu, te ves reflejada en lo divino y, para honrar esta hazaña, debes tratarte como un ser divino.

Se podría decir que el Espíritu contiene una pizca de todos los elementos. Combina lo mejor de la Tierra, el Aire, el Fuego y el Agua. Y por este motivo el Espíritu no tiene una vibración baja, aunque un exceso de su energía puede hacerte sentir aislada, enajenada. No importa si es real o imaginario; recuerda que siempre puedes utilizar la espiritualidad para esquivar toda la mierda que te vas encontrar a lo largo de tu vida. A veces lo más fácil sería encerrarte en un convento o en una cueva para poder meditar, o dedicar toda tu vida a practicar rituales y a desconectar del mundo material, a abandonar tu cuerpo físico. Pero la brujería implica encarnación, o dicho en otras palabras, trasladar la sabiduría divina al mundo físico para que el ciclo no se rompa y puedas transformar el mundo que te rodea. Si sientes que el Espíritu te está alejando de tu vida, te aconsejo que dediques tiempo a decorar tu casa, que invites a las personas que más quieras y que salgas más a menudo. También puedes practicar la técnica de respiración cuádruple para conectar con tu cuerpo, o practicar magiak sexual. Otra opción es explorar lo que tu psique está tratando de decirte y, para ello, no te va a quedar más remedio que adentrarte en tu propia sombra.

Si necesitas más energía del Espíritu:
Puedes recurrir a la magiak para conectar con la energía del Espíritu. Tal vez ha llegado el momento de ver qué hay detrás del velo de esta

realidad. Practicar rituales, estudiar adivinación y ponerla en práctica, pasar tiempo bajo la luz de la Luna, conocer los cristales, honrar al Dios o Diosa, cantar, meditar… El objetivo de todos estos ejercicios místicos es acercarte al Espíritu. Si todo esto no te funciona, prueba otras opciones, como bailar, dar vueltas como una peonza, practicar rituales de belleza y amor propio o venerar a tu dios o diosa interior. Pero la lista no termina aquí: besa, crea obras de arte, enciende velas, observa una hoguera, báñate en el mar, reza en un altar dedicado a los elementos, llora, reinvéntate, enamórate, conduce con las ventanillas bajadas. El Espíritu forma parte del reino de lo esotérico, lo espiritual, lo metafísico. Pero también vive en el reino del milagro del día a día.

Una guía para crear una práctica ritual con los elementos

La brujería se puede definir de muchas maneras. Es una forma de reclamar tu lado más salvaje y sagrado. Pero también es un regreso a la Tierra, a Gaia, a la Diosa. Y una manera de hechizar al mundo que te rodea. La brujería es práctica y constancia y requiere estar abierta a todas las posibilidades. Es compromiso, es devoción, es ritual. La brujería representa la comunión con la consciencia colectiva. La palabra brujería implica reclamar tu propia magiak.

A estas alturas los elementos ya te habrán cautivado (o eso espero). Te habrán buscado, se habrán presentado, te habrás acostumbrado a su presencia y quizá incluso hayan tratado de conquistarte. Y ahora quieres llevar esa relación a otro nivel. ¿Qué debes hacer? Comprometerte, por supuesto. ¿Cómo? Creando un ritual.

En cada capítulo de este libro he incluido rituales, ejercicios de encarnación y prácticas de magiak que te ayudarán a acercarte a los elementos y a conectar con ellos. Bien, el objetivo ahora es entretejer esos hilos dorados para crear un ritual que te permita reconocer y venerar dónde estás y qué necesitas. La guía que te propongo no es

más que eso, una guía, así que puedes adaptarla y cambiarla todo lo que quieras. Aprovecha lo que te funcione y deja el resto. Presta atención a tu intuición, ruégale al Universo que te guíe y sobre todo confía en ti misma.

Como siempre, antes de empezar un ritual, prepara el espacio y asegúrate de que el entorno es el adecuado para la práctica que te dispones a realizar. Recuerda que todos los rituales tienen un principio y un final, algo que marca el inicio del ritual, ya sea realizar una técnica de anclaje o encender una vela, y algo que sirve para poner punto y final, ya sea dar una palmada o hacer una visualización de anclaje. Puedes utilizar la guía que encontrarás a continuación siguiendo tu propio orden; no es una estructura rígida que deba seguirse al pie de la letra. Puedes añadir ideas a la lista y guardar una copia en tu grimorio para así tener una lista de los rituales que sueles practicar y saber qué te funciona y qué no.

Elige al menos una actividad de cada elemento para crear un ritual equilibrado.

1. TIERRA – EL PLANO FÍSICO

a. Ánclate – Visualiza unos hilos dorados que se abren camino en la Tierra para así nutrirte de su energía y su luz (meditación de anclaje en la página 40).

b. Crea un círculo para así establecer unos límites de protección (página 43).

c. Trabaja con cristales – Pueden ser propios de la Tierra o estar relacionados con otro elemento.

d. Practica un ritual de té – Elige las hierbas para el ritual basándote en correspondencias o en tu intuición o en cómo te sientes ese día (página 68).

e. Practica una meditación para conectar con la naturaleza (página 71).

f. Medita con Gaia, conecta con la Madre Tierra (página 79).

g. Encarna la Tierra a través de movimientos lentos y sosegados (como el ritual de la página 64).

h. Pasa tiempo rodeada de naturaleza, desconectada de la tecnología, centrándote en el aquí y en el ahora y absorbe toda su sabiduría.

i. Baila, da vueltas y practica yoga o deporte para ser consciente de tu cuerpo.

2. AIRE – EL PLANO MENTAL

a. Practica técnicas de respiración y utiliza la guía de la página 93 para explorar diversas técnicas.

b. Trabaja con humo sagrado para purificar el espacio o prueba el ritual de la página 120.

c. Medita – Puede ser una meditación guiada, una meditación en silencio o una meditación a una diosa. Tú eliges.

d. Medita con la respiración y el color y, si necesitas ayuda, consulta la tabla de la página 105.

e. Despréndete de patrones de comportamiento heredados o de relaciones tóxicas siguiendo las indicaciones del ritual de la página 118.

f. Practica la escritura libre y plasma en un papel todo lo que se te pasa por la cabeza; también puedes aprovechar las preguntas de la página 128 como guía.

g. Dedica tiempo a ejercicios de gratitud (página 95).

3. FUEGO – EL PLANO SENSUAL

a. Enciende una vela de devoción en tu altar.

b. Trabaja con mantras y afirmaciones (página 142) para fortalecer tu espíritu.

c. Conecta con Kali (página 160) para encarnar el elemento o a través de una meditación de lava (página 147).

d. Practica magiak sexual (página 161) para encarnar su calor y pasión.

e. Anota todo aquello de lo que quieres desprenderte en un papel y después quémalo, o escribe una carta a la persona o al patrón que quieres soltar y desterrar de tu vida.

f. Encuentra tu lado más femenino y salvaje con una técnica de respiración y movimiento, hazlo con el ejercicio que encontrarás en la página 137.

4. AGUA – EL PLANO EMOCIONAL

a. Observa la Luna, averigua en qué fase y signo está, conecta con su energía a través de una meditación o visualización (consulta la página 191 para saber más sobre fases lunares).

b. Date una ducha o baño ritual para purificarte y centrarte (página 217).

c. Enfréntate a tu sombra, ya sea mediante una meditación, escritura libre, obras de arte o probando otras formas de conectar con ella (página 226).

d. Purifícate con agua sagrada o agua lunar (página 231).

e. Conecta con tu intuición a través de la adivinación u observando el reflejo del agua.

f. Vuelve a alinearte con el centro de tu corazón, medita para conocer a fondo tus emociones (prueba la meditación de la rosa de la página 231), haz una visualización o conecta con Venus y practica su meditación (página 213).

g. Trabaja con rosas para sanar heridas y aceptar tu sombra con amor y compasión (página 231).

5. ESPÍRITU – EL PLANO ESPIRITUAL

a. Destapa cartas del Tarot a primera hora del día y anota la interpretación en tu diario.

b. Crea un altar con una intención – Puedes dedicárselo a los elementos, a la Luna, a un día sagrado o a una diosa en concreto.

c. Conecta con diosas y utiliza los distintos elementos para saber cuál te conviene más en este momento de tu vida (consulta la página 285 para aprender a crear una práctica de devoción a una diosa).

d. Conecta con cada elemento a través de una meditación (página 253.

e. Invoca a los elementos para que protejan y purifiquen tu espacio (página 292.

f. Invoca o invita a la Diosa (página 286).

g. Trabaja con los elementales o con un elemental en concreto (página 314) e invítalos a tu ritual.

h. Busca en tu armario prendas que transmitan la energía que quieres transmitir ese día. Para decantarte por una energía u otra puedes tirar las cartas del Tarot, fijarte en la fase y signo en que se encuentra la Luna o dejarte guiar por tu intuición.

Los elementos y tú

Hemos llegado al final de nuestro viaje, pero eso no significa que el viaje haya terminado. El camino que has decidido emprender continúa, y lo hace en espiral. Síguelo. Deja que los elementos te guíen allá donde vayas. Espero de todo corazón que la magiak te acune y el

Universo te proteja y te recuerde día tras día que posees una sabiduría infinita. Tienes todo el derecho a llevar la vida con la que siempre has soñado. Tienes todo el derecho a llevar una vida llena de amor, de experiencias transformadoras e increíbles, de abundancia y de amistades verdaderas. Tienes todo el derecho a sumergirte en las aguas de lo místico, a arder de sexualidad y erotismo, a expandirte en momentos de libertad, a encontrar un hogar en el que echar raíces. Mira a tu alrededor; los elementos están en todas partes. Y cuando conectas con ellos, pueden transformar el mundo que te rodea.

Las brujas elegimos vivir en un mundo distinto, un mundo en el que reina el equilibrio, en el que anhelamos sanarnos a nosotras mismas, pero también al resto de seres vivos. Dedicamos nuestro tiempo y esfuerzos a sanar a Gaia, al planeta, a la Madre Tierra. En el momento en que decides conectar con los elementos para evolucionar a nivel energético y kármico, creas un nuevo paradigma en el que la Tierra ocupa el centro. Cuando decides tomar un camino que se sale del modelo «aceptado» por la sociedad y avanzas por ese camino con coherencia y consciencia y conectas con la Tierra y la naturaleza, regresas a lo ancestral, a lo natural, a los recuerdos inherentes de tu alma. Estás sanándote, pero también estás sanando a Gaia.

Querida bruja, espero que sigas avanzando por tu camino espiritual de la mano de los elementos, que continúes explorando el mundo con curiosidad, admiración, esperanza y optimismo. Incluso cuando las cosas se tuerzan y lo veas todo negro, espero que recuerdes que la magiak te proporciona un sinfín de herramientas para imaginar un mundo diferente, un mundo en el que todo es posible. Espero que te liberes de paradigmas distintos y crees el tuyo propio, un paradigma donde reine el equilibrio, donde puedas sanar no solo tu alma, sino también la del resto de seres vivos, la de Gaia y la del subconsciente colectivo. Aprovecha las herramientas que te ofrecen los elementos —la estrella de cinco puntas, la espada, la varita, el cáliz y el ingrediente secreto, el espíritu— y utilízalas para invocar un mundo mejor para las generaciones que están por venir. Ha sido un verdadero honor compartir esta magiak contigo. Con amor, compasión y perseverancia.

Apéndice 1

Correspondencias elementales

Elemento	Dirección	Arcángel	Sentido	Hierbas
Tierra Aire Fuego Agua Espíritu	Norte Este Sur Oeste El cielo	Uriel/Ariel Rafael Miguel Gabriel Metatrón	Tacto Olfato Vista Gusto	Romero, incienso, hojas de laurel, roble, margaritas, tréboles
				Lavanda, eucalipto, romero, diente de león, artemisa, madreselva, ortiga, tomillo, sándalo
				Canela, albahaca, clavel, vainilla, verbena, tabaco, comino, pimienta roja, mandrágora, sangre de dragón, hierba de San Juan, lengua cervina
				Romero, manzana, manzanilla, hierba gatera, amapola, ginseng, rosa, gardenia, jazmín, abedul, berro
				Este elemento no tiene tantas asociaciones: afrodisíacos, hierbas como la granada, conchita azul, rosa, ortiga, bufera o ginseng indio

Cristales	Colores	Magiak	Signos zodiacales
Turmalina negra, ónice, hematita, obsidiana y, en general, todos los cristales, pues provienen de la Tierra	Verde, negro, marrón, gris, tonos tierra y neutros	Riqueza, abundancia, prosperidad, límites, protección, anclaje, compromiso, lealtad, hogar	Capricornio, Tauro, Virgo
Selenita, cuarzo transparente, cuarzo gris, sodalita, celestita, fluorita, lapislázuli, epidolita	Amarillo, blanco, plateado, iridiscente, transparente	Negocios, problemas legales, comunicación, viajes, inspiración, conocimiento, técnicas de respiración, viajes astrales, adivinación	Acuario, Géminis, Libra
Cornalina, cuarzo amarillo, calcita naranja, pirita, ojo de tigre, heliotropo, granate, rubí, peridoto	Rojo, naranja, amarillo, dorado	Transformación, iniciación, sexualidad, pasión, confianza, aventura, destierro	Aries, Leo, Sagitario
Amatista, ágata azul, jade, piedra lunar, perla, topacio, malaquita, rodonita	Azul, púrpura, índigo, plateado, blanco, rosa claro	Adivinación, trabajo de sombra, amor, sanación, amor propio, sanación kármica y ancestral, placer, trabajo intuitivo y psíquico, interpretación de sueños	Piscis, Cáncer, Escorpio
Cuarzo transparente, labradorita, charoita, diamante de Herkimer, selenita	Plateado, dorado, el arcoíris, todos los colores	Desarrollo espiritual, conectar con la intuición, desembrollo kármico, indagar en la vida pasada, iluminación, conectar y canalizar deidades	

Apéndice 2

Correspondencias de hierbas

Propiedades	Hierbas
Amor	Hierbas de Venus, acacias, jazmín, lavanda, muérdago, mirto, valeriana, verbena, violeta, rosa, gardenia, manzana y canela
Protección	Albahaca, matricaria, hisopo, laurel, agripalma, ortigas, enebro, hierba santa, gordolobo, cascarilla, pachulí, romero, serbal, sándalo, incienso, mirra, canela y verbena
Curación	Lavanda, clavel, romero, gardenia, ajo, ginseng, lúpulo, menta, azafrán, serbal, ruda, eucalipto y menta
Trabajo psíquico	Estragón, artemisa, ginseng, hojas de laurel, azafrán, camomila, diente de león, casida, hierba gatera, clavel, menta y nuez moscada
Manifestación	Bambú, haya, diente de león, ginseng, granada, menta, romero, sándalo, violeta y nogal
Creatividad	Laurel, lavanda, canela, mirto, valeriana y naranja
Destierro	Cascarilla, ortiga, bambú, benjuí, pimienta roja, romero, incienso, mandrágora y menta
Abundancia	Melisa, raíz de Juan el Conquistador, lavanda, mandrágora, hojas de roble, azafrán, valeriana, menta, canela y cítricos

Apéndice 3

Correspondencias de color

Color	Significado
Rojo	Pasión, amor sexual, vitalidad, calor, salud, atracción, fogosidad
Rosa	Amor, feminidad, cuidado y protección de los más pequeños, sanación, corazón, ternura, emoción, felicidad
Naranja	Valentía, creatividad, estímulos, calidez, atracción, poder
Amarillo	Confianza, fortaleza interior, poder, vitalidad, vigor, consciencia personal, felicidad, energía, masculinidad
Verde	Finanzas, suerte, riqueza, prosperidad, abundancia, sanación, corazón, energía de la Tierra, fertilidad
Azul	Serenidad, paciencia, sanación, el océano, el subconsciente, sueños, feminidad, relajación
Lila	Realeza, magiak, poder, ambición, progreso empresarial, espiritualidad, conexión con tu tercer ojo y ser superior
Negro	Absorbe energía, oscuridad, noche, sombra, destierro
Blanco	Atrae pensamientos positivos, sanación, luz, purificar, la energía del Cosmos. Despeja, purifica y protege
Plateado	Energía celestial, la Luna, protección, el subconsciente, el cielo, lo divino
Dorado	Riqueza, abundancia, resplandor, victoria, dinero, poder

LECTURAS ADICIONALES

Armady, Naha, *Everyday Crystal Rituals: Healing Practices for Love, Wealth, Career, and Home* (Althea Press, 2018).

Ashley- Farrand, Thomas, *Shakti Mantras: Tapping into the Great Goddess Energy Within* (Ballantine Books, 2003).

Basile, Lisa Marie, *Light Magic for Dark Times: 100 Spells, Rituals, and Practices for Coping in a Crisis* (Four Winds Press, 2018).

Beyerl, Paul V., *A Compendium of Herbal Magick* (Phoenix, 1998).

Conway, D. J., *Magia celta* (Obelisco, 2002).

Crowley, Aleister, e Israel Regardie, *777 and Other Qabalistic Writings of Aleister Crowley: Including Gematria & Sepher Sephiroth* (Weiser Books, 1996).

Cunningham, Scott, *Magical Herbalism: The Secret Craft of the Wise* (Llewellyn, 2003).

Dale, Cyndi, *El cuerpo sutil: una enciclopedia sobre la Anatomía Energética* (Editorial Sirio, 2012).

Driessen, Tamara, *The Crystal Code: Balance Your Energy, Transform Your Life* (Ballantine Books, 2018).

Echols, Damien, *High Magick: A Guide to the Spiritual Practices That Saved My Life on Death Row* (Sounds True, 2018).

Farrar, Stewart, y Janet Farrar, *A Witches' Bible: The Complete Witches' Handbook* (Phoenix, 1996).

Faulkner, Carolyne, *Los signos: Descifra las estrellas, redefine tu vida* (Planeta, 2018).

Garcia, Amanda Yates, *Initiated: Memoir of a Witch* (Grand Central, 2019).

George, Demetra, y Douglas Bloch, *Asteroid Goddesses: The Mythology, Psychology and Astrology of the Re-emerging Feminine* (Ibis Press, 2003).

Gillett, Roy, *The Secret Language of Astrology* (Watkins, 2012).

Grossman, Pam, *Waking the Witch: Reflections on Women, Magic, and Power* (Gallery Books, 2019).

Herstik, Gabriela, *Cómo ser una bruja moderna* (Roca Editorial, 2018).

Horowitz, Mitch, *El club de los milagros* (Obelisco, 2019).

McCoy, Edain, *A Witch's Guide to Faery Folk* (Llewelyn Worldwide, 2003).

Pollack, Rachel, *Los setenta y ocho grados de sabiduría del Tarot* (Urano, 1988).

Reed, Theresa, *The Tarot Coloring Book* (Sounds True, 2016).

Ryan, Christopher y Cacilda Jethá, *En el principio era el sexo* (Ediciones Paidós, 2012).

Sollée, Kristen J., *Witches, Sluts, Feminist*: (ThreeL Media, 2017).

Starhawk, Valentine, *La danza en espiral: un amor infinito* (Obelisco, 2002).

Wintner, Bakara, *WTF Is Tarot? & How Do I Do It?* (Page Street Publishing Co, 2017).

LISTA DE HECHIZOS

TIERRA

Formas de conectar con la Tierra, 38

Una meditación de anclaje, 40

Crear un círculo, 43

Tirada del Tarot, 56

Cristales, 57

Meditación con cristales, 60

Ritual de movimientos lentos, 64

Ritual del té, 68

Ritual de conexión con la naturaleza, 71

Meditación con la diosa Gaia, 79

Moda, 80

Cargar un talismán, 83

Preguntas, 84

Astrología, 85

AIRE

Un ritual de gratitud, 94

Formas de conectar con el Aire, 96

Técnicas de respiración, 98

Meditación con color y respiración, 103

Tirada del Tarot, 110

Cristales, 112

Meditación con la diosa Nut, 116

Ritual de la cuerda etérica, 118

Ritual de humo purificador, 120

Moda, 124

Preguntas, 128

Astrología, 129

FUEGO

Despierta tu lado salvaje, 137

Formas de conectar con el Fuego, 139

Mantras y afirmaciones, 142

Meditación con lava, 147

Tirada del Tarot, 153

Cristales, 154

Meditación con la diosa Kali, 160

Magiak sexual, 161

Sigilo y ritual de magiak sexual, 171

Moda, 176

Preguntas, 179

Astrología, 180

AGUA

Formas de conectar con el Agua, 188

Trabajar con la Luna, 191

Meditación con el corazón, 198

Tirada del Tarot, 206

Cristales, 207

Meditación con la diosa Venus, 213

Convertir la ducha o el baño en un ritual, 216

Agua sanadora, 224

Ritual con rosas para sanar tu sombra, 231

Destierro, 235

Moda, 238

Preguntas, 240

Astrología, 241

ESPÍRITU

Formas de conectar con el espíritu, 250

Meditación del pentagrama, 253

Adivinación y elementos, 256

Tirada del Tarot, 270

Ritual con todos los elementos, 272

Cristales, 277

Honrar a la Diosa, 286

Trabajar con los elementales, 292

Moda, 296

Preguntas, 299

Astrología, 301

EN CONEXIÓN

Invocar a los elementos, elementales y atalayas a un ritual, 314

Cuestionario para conocer la constitución elemental, 319

Guía para crear un ritual propio, 332

AGRADECIMIENTOS

Este libro está dedicado a Gaia, a la Madre Tierra. A Venus. A la Diosa en todas sus facetas, en todos sus rostros. También se lo dedico a todas las brujas que vinieron antes que yo y que me han permitido llegar hasta aquí. Quiero dar las gracias al Cosmos, por el privilegio de ser una sacerdotisa y un oráculo para su magiak.

Gracias infinitas a mi agente literario, Jill Marr, de Sandra Dijkstra Literary Agency, a mis editoras, Nina Shield y Lauren Appleton, y a Roshe Anderson, Marlena Brown y a todo mi equipo de TarcherPerigee.

Muchísimas gracias a toda mi familia, que me ha apoyado de forma incondicional durante todos mis años de brujería y subversión. A mi madre, por haber sido la primera en mostrarme la divina feminidad y el inmenso poder de la moda mágica, por enseñarme el rostro de la Diosa y por estar siempre a mi lado, llenándome de besos. A mi hermana gemela, por defenderme siempre con uñas y dientes, por su amor infinito, por ser mi Yaya y por ser la autora de las increíbles fotografías que aparecen en este libro. A mi padre, por su ternura infinita y por alimentar y estimular mi amor por lo desconocido y lo divino, y por ser un verdadero ejemplo de la divinidad masculina. A mi abuela, mi Tita, por ser uno de mis iconos de la moda, por creer siempre en mí y por apoyar mi visión de la vida. A mi abuela Rose, por ser uno de mis ángeles y guías, por su resiliencia, su poesía y por transmitirme su amor por la vida y las palabras. A mis abuelos —Tito, Joseph y Harry—, por ser los mejores guías y ángeles, por vuestro humor y apoyo y bendiciones. A todos mis ancestros, que se han alineado conmigo para ayudarme a llegar hasta aquí y lo han hecho con gran compasión. A mis primos, a mis tíos, a mis tías, a mis segundas madres, a mi círculo de amigos y amigas de Los Ángeles y a todos los que habéis formado parte de este viaje, mi viaje: os quiero.

A Alexandra Roxo, por haberme mostrado el camino que debía seguir para alcanzar mi potencial más sagrado, más femenino y más salvaje. Gracias también por el emotivo prólogo que aparece en las primeras páginas. A Suzanne Tatoy, por los maravillosos cristales que me prestó para las fotografías de este libro. Los cuidé como oro en paño. A Konrad y Jenn Ribeiro, por compartir los secretos sagrados de Topanga conmigo durante las sesiones de fotos y por vuestra amistad. A todos los editores que han apostado por mí y me han ayudado a llegar hasta aquí. A todo el equipo de *Nylon*, *HelloGiggles*, *The Numinous*, *The Hoodwitch*, *High Times*, *i-D*, *Allure* y un largo etcétera.

A mi aquelarre: a Marissa Patrick, un ser humano único sobre la faz de la Tierra. No puedo sentirme más agradecida y afortunada por tener a una persona tan maravillosa a mi lado. A Ashely Laderer, por ser mi mejor sistema de apoyo y mi mejor compañera de trabajo. A Kristina, Kelsea, Cory, Miranda, Hayley, VV, Amelia, Ivory, Zanya, Bret y a todos los seres mágikos, inspiradores, divinos, místicos y talentosos que forman parte de mi aquelarre. A todas las brujas que navegan por Internet, que me han visto y me han dejado entrar en sus vidas. A todas las brujas que considero mis amigas y maestras. A mi terapeuta. A Naha Armady, 22 Teachings, Mitch Horowitz, Theresa y Terry Read, la UPR, Los Ángeles Thoth y a todos los demás guías, patrones y mentores que me han acompañado a lo largo de este camino. No tengo palabras de agradecimiento para todos vosotros. Es un honor poder contar con vuestro apoyo.

SOBRE LA AUTORA

Gabriela Herstik es escritora, alquimista de modas y bruja. También es la autora de *Cómo ser una bruja moderna* y, en la actualidad, vive en los Ángeles. Es columnista de varias publicaciones, como *Nylon, High Times* y *Chakrubs*, y escribe artículos para otros medios de comunicación, como *Dazed Beauty, Allure, Glamour, i-D*, sobre brujería, moda, cannabis y sexualidad. Gabriela ha creado y publicado varios rituales de luna llena, luna nueva y otras festividades sagradas para la bruja y lleva más de trece años dedicándose a practicar hechizos y brujería. Es una fiel admiradora de Venus y cree que la magiak no está reservada para unos pocos, sino que es para todo el mundo. Si no quieres perderte su magiak, síguela en Twitter e Instagram (@gabyherstik) y visita su página **gabrielaherstik.com.**